AF346761

# THÈSE

## POUR

# LE DOCTORAT

# LES
# BANQUES D'AFFAIRES EN FRANCE
## DEPUIS 1900

## THÈSE POUR LE DOCTORAT

L'ACTE PUBLIC POUR LES MATIÈRES CI-APRÈS

*Sera présenté et soutenu le Jeudi 2 Février 1922 à 15 h. 1/2*

PAR

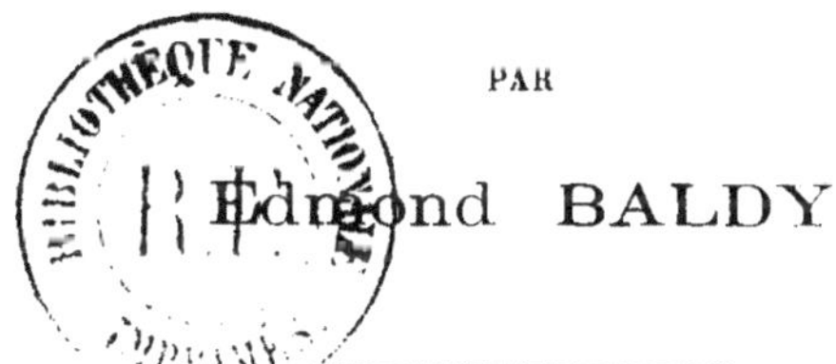

## Edmond BALDY

*Président :* M. RIST, *professeur.*

*Suffragants* { MM. ALLIX, *professeur.*
DOLLÉANS, *chargé de cours.*

## PARIS

### LIBRAIRIE GÉNÉRALE DE DROIT & DE JURISPRUDENCE

*Ancienne Librairie Chevalier-Marescq et Cᵗᵉ et ancienne Librairie F. Pichon réunies*
F. PICHON ET DURAND-AUZIAS, ADMINISTRATEURS
Librairie du Conseil d'Etat et de la Société de Législation comparée
20, RUE SOUFFLOT (5ᵉ ARRᵗ)

1922

# AVANT-PROPOS



Dans l'organisation économique moderne, le crédit
tend à prendre une place considérable qui est d'autant
plus importante à l'heure actuelle en France qu'il faut
reconstituer les régions dévastées, améliorer notre outillage économique et donner à l'industrie et au commerce
d'exportation un essor nouveau. Etant donné l'ampleur du
rôle ainsi assigné aux banques, l'étude des problèmes
bancaires et de l'organisation du crédit présente donc un
intérêt singulièrement accru.

Or, pour bien juger le système existant, pour en aper-
cevoir les lacunes et pour chercher ensuite les remèdes
adéquats, il nous paraît indispensable de connaître en
détail les diverses catégories de banques existant de nos
jours en France. La Banque n'est pas une, en effet : la
division du travail existe — plus ou moins poussée suivant les pays —. En dehors de la Banque de France, on
trouve chez nous de grandes banques de dépôts à succursales multiples, des banques d'affaires (anciennement
appelées banques de crédit mobilier), des banques coloniales, des banques d'outremer, les maisons de la Haute-
Banque, des banques régionales, des banques locales et
des maisons de banque privées diverses. Chaque catégo-

rie a une activité propre et vient prendre place dans l'organisme général. Mais, seules d'entre elles, la Banque de France et les grandes banques de dépôts ont jusqu'ici suscité des études approfondies.

Alors que la réorganisation industrielle du pays est un des problèmes dominants de l'heure actuelle, il nous a paru particulièrement intéressant d'étudier les banques d'affaires. Nous n'avons certes pas envisagé toutes les banques effectuant en France des opérations financières : notre but a été simplement d'exposer les opérations effectuées par les banques d'affaires françaises et d'étudier l'activité *des plus importantes d'entre elles* depuis 1900. Ainsi limité, le sujet, mal exploré jusqu'ici, demeurait d'ailleurs suffisamment vaste.

Puisse ce travail indiquer la voie dans laquelle bien des études nouvelles pourraient être entreprises !

Paris, 6 décembre 1921.

# LES BANQUES D'AFFAIRES
## EN FRANCE

---

## INTRODUCTION

### I

La Révolution industrielle de la première partie du XIX<sup>e</sup> siècle n'a pas été suivie immédiatement en France d'une adaptation du système de crédit. Les banquiers de province ne pratiquaient guère que les opérations d'escompte et les jeunes maisons qui devaient constituer plus tard la Haute-Banque faisaient surtout des opérations de change et d'arbitrage et des émissions d'emprunts d'États. Ni les unes ni les autres ne venaient en aide à l'industrie, soit pour fonder des entreprises nouvelles, soit pour commanditer des affaires déjà existantes ou émettre leurs titres. Ainsi organisé, le crédit ne remplissait nullement la *fonction excitatrice et régulatrice de l'industrie* que souhaitait Saint-Simon.

La première banque d'affaires apparaît seulement en 1852 avec la création du *Crédit Mobilier* (1). Ses fondateurs, les frères Emile et Isaac Péreire, saint-simoniens

---

1. Sur le Crédit Mobilier et les idées des frères Péreire, voir la remarquable thèse de J.-B. Vergeot : *Le crédit comme stimulant et régulateur de l'industrie.* Voir aussi la revue *Le Producteur*, organe du néo-saint-simonisme, année 1921.

convaincus, étaient des économistes et des financiers éminents : le premier doué d'une vive imagination créatrice et d'un talent de parole particulièrement convaincant, le second plus pondéré, possédant un sens aigu des réalités et mettant au point pratiquement les conceptions de son frère. Promoteurs du grand mouvement de construction des chemins de fer, ils comptaient parmi les dirigeants des deux plus importantes Compagnies, le Nord et le Paris-Lyon. C'est précisément la difficulté, après la crise de 1848, de trouver des capitaux et des moyens de trésorerie pour la construction de nouvelles lignes qui amena les Péreire à fonder une banque qui devait venir en aide aux grandes industries. Avec les sociétés de Crédit Mutuel qui étaient à créer, cet établissement devait constituer un système bancaire cohérent qui pourvoierait aux divers besoins de crédit que ressentait l'industrie.

Quelles opérations se proposait la nouvelle banque ?

En dehors des opérations courantes de banque pure, c'était, en premier lieu, la création d'entreprises nouvelles, la prise d'intérêt par l'acquisition de leurs actions dans des entreprises déjà existantes, la soumission et l'émission de leurs emprunts obligataires ou de leurs actions nouvelles lors des augmentations de capital. En second lieu, le Crédit Mobilier devait consentir de larges avances à l'industrie, soit à découvert, soit sur garanties diverses.

Ainsi, le Crédit Mobilier contribuerait au développement de l'industrie nationale : il en serait de plus le régulateur en répartissant judicieusement entre les diverses industries les capitaux disponibles pendant les périodes de prospérité et, en temps de crise, en soutenant les entreprises de son crédit.

A la réalisation de ce programme il emploierait les
60 millions de son capital-social, puis les fonds provenant
d'une émission d'obligations dont le montant égalerait au
plus le décuple du capital et qui devraient « toujours être
représentées, pour leur montant total, par des effets
publics, actions et obligations existant en portefuille »
(art. 5 des statuts).

L'idée est la suivante :

Au lieu d'émettre dans le public les titres, actions et
obligations, d'entreprises nouvelles ou en période
d'expansion, n'ayant sur le marché financier qu'un crédit
limité, la banque émet ses propres obligations à long
terme qui, beaucoup plus connues, jouiront de la faveur
du public ; les fonds ainsi obtenus lui permettent de faire
des avances aux diverses industries ou de souscrire et conserver en portefeuille leurs titres. Suivant l'expression
même des Péreire, on substitue ainsi « une valeur uniforme à la diversité des titres qui encombrent le marché ». Les entreprises une fois en pleine activité, la Banque peut progressivement écouler leurs titres dans le
public et le produit de ces réalisations lui sert à patronner de la même manière de nouvelles industries.

Le Crédit Mobilier devait aussi émettre des obligations
à court terme, sorte de billets de banque à intérêt, servant « à mobiliser les effets dont ils seront la représentation exacte ». Par ce moyen serait rendue possible l'utilisation d'une masse considérable de fonds de trésorerie et
de capitaux momentanément disponibles.

Les statuts de la Société Générale du Crédit Mobilier
furent approuvés le 18 novembre 1852 et le nouvel établissement commença aussitôt ses opérations. Il devait
dominer la finance française pendant une dizaine d'années

et exercer sur l'ensemble des banques européennes une influence durable.

Pourtant l'essor de la nouvelle banque fut au début compromis : cédant en effet à de nombreuses intrigues, le gouvernement n'autorisa pas l'émission des obligations à long terme qui devaient être le pivot des opérations financières de la banque. Le Crédit Mobilier n'avait plus, en dehors de son capital, que la ressource des dépôts et des comptes courants des particuliers et des sociétés avec lesquelles il était en relations et dont il assurait le service de trésorerie ; en 1853, il émit bien à deux reprises des obligations à court terme mais, devant la rapidité du développement des comptes courants, elles furent peu à peu retirées de la circulation.

Le montant des dépôts et comptes courants atteignit en effet 150 millions : ces sommes étaient employées en reports, en avances directes à l'industrie (73 millions en 1866) et surtout à l'acquisition d'actions et d'obligations de sociétés filiales. Le portefeuille-titres de la banque s'accrût sans arrêt et passa de 37 millions en 1853 à 120 millions en 1865.

Les principales entreprises fondées et financées par le Crédit Mobilier sont : des entreprises de chemins de fer, la ligne Dôle-Salins, Saint-Rambert-Grenoble, Cordoue-Séville, Nord de l'Espagne, chemins de fer russes, chemins de fer d'État autrichiens et François-Joseph... ; des compagnies d'assurances, la Confiance, la Paternelle, l'Union et le Phénix Espagnols... ; la Compagnie Générale Transatlantique et la Compagnie Immobilière de Paris qui joua un rôle primordial dans la transformation de la capitale entreprise par Haussmann.

Le Crédit Mobilier assurait le service financier des Compagnies du Midi et de l'Est, du Grand-Central, des mines de Silésie. Il apporta son concours aux chemins de fer du Centre et de l'Ouest de la Suisse, au chemin de fer des Ardennes, à la Société de la Vieille-Montagne... et, sans y engager ses capitaux, s'occupa de l'organisation de nombreuses compagnies, telles la Société des Chemins de fer de Rhône et Loire, la Compagnie de l'Ouest, la Compagnie des Omnibus, la Société Parisienne d'éclairage et de chauffage par le gaz...

Au total, 4 milliards de titres environ furent souscrits en quatorze ans par son intermédiaire : chiffre énorme pour l'époque et qui montre bien l'ampleur du concours qu'il apporta à l'industrie.

Cependant, le Crédit Mobilier s'était rapidement heurté à de graves difficultés. Difficultés extérieures, tout d'abord : la Haute Banque battit immédiatement en brèche ce rival dangereux et réussit à faire repousser l'émission des obligations par le gouvernement impérial qui, au début, pourtant, avait considéré avec faveur, en face des grandes maisons de banque royalistes, ce nouvel établissement sur lequel il comptait s'appuyer. Alarmé bientôt par la puissance acquise par les Péreire, le gouvernement changea d'orientation et chercha à favoriser la concurrence : en 1853, le Comptoir National fut transformé en société par actions, en 1855 fut créé le Syndicat des Banquiers et en 1864 la Société Générale. Au cours de cette lutte, le Crédit Mobilier essuya de graves échecs : il dut renoncer à fonder l'OEsterreichische Creditanstalt de Vienne et la Société des Chemins de fer du Sud de l'Autriche, affaires qu'il avait pourtant conçues et qui furent reprises par Rothschild et les banquiers de son groupe.

Difficultés intérieures, en second lieu : alors que des

placements facilement réalisables devaient seuls former la contre-partie des dépôts et des comptes courants, le refus d'autorisation de l'émission des obligations entraîna bientôt l'immobilisation de ces sommes dans des participations industrielles. Dès 1855 en effet, le passif exigible était supérieur à l'actif disponible à brève échéance et cette disproportion ne fit que s'accentuer, surtout vers 1860-1862. Le Crédit Mobilier n'avait pas des capitaux propres assez importants pour entreprendre les vastes opérations de financement qu'il s'était proposées : voulant, malgré tout, ne pas dévier de son but, il commit la lourde faute — souvent répétée depuis par nombre d'établissements — d'engager dans des placements fixes ses ressources exigibles. Il avait en outre consenti d'importantes avances aux Sociétés qu'il patronnait, avances difficilement récupérables qui étaient de véritables placements à long terme. Enfin des dividendes trop élevés (40,74 0/0 en 1855) avaient été distribués par suite d'une surévaluation des valeurs en portefeuille.

Dix ans après sa fondation, le Crédit Mobilier se trouvait donc dans une situation périlleuse : en 1866, le capital fut doublé pour essayer d'éviter la catastrophe, mais cela ne fit que la reculer. La faillite de sa filiale, la Société Immobilière de Paris, dans laquelle il était intéressé pour 80 millions, entraîna en octobre 1867 sa chute La Banque de France vint bien en aide au Crédit Mobilier mais les deux Péreire durent démissionner et en 1871 il fut entièrement réorganisé (1).

Ainsi la cause initiale de l'échec du Crédit Mobilier

1. Le nouveau Crédit Mobilier ne fut d'ailleurs pas plus heureux que son aîné et dut être liquidé en 1902 pour être à nouveau réorganisé.

n'est autre que l'interdiction de l'émission des obligations :
ne pouvant travailler avec un petit capital et une importante dette à long terme, le Crédit Mobilier voulut essayer
d'effectuer ses opérations financières non seulement avec
son capital mais encore avec ses ressources exigibles. Une
période de crise aurait amené sa chute : elle fut hâtée par
la concurrence âpre des établissements rivaux et par l'opposition du gouvernement.

Il n'en reste pas moins que le Crédit Mobilier a une
place primordiale dans l'histoire des banques d'affaires :
le premier, il entreprit, à côté des affaires de banque
pure, les opérations de financement et contribua ainsi
largement au développement de l'industrie française sous
le second Empire. En France, en Allemagne et en Autriche, il a ouvert la voie aux futures banques d'affaires
dont les Péreire sont les précurseurs.


## II


De 1870 à 1875, l'épargne française fut absorbée par le
paiement de l'indemnité de guerre à l'Allemagne. Cette opération une fois terminée, d'importants capitaux se trouvè-
rent disponibles sur le marché sans trouver d'emploi suffisant. Or, les placements à l'étranger étaient limités du
fait de la crise économique qui sévissait en Allemagne et
en Autriche et des banqueroutes de la Turquie, de l'Egypte
et de républiques sud-américaines. Il y eut alors en France
un vif réveil de l'activité économique, stimulé par le taux
très bas de l'intérêt, qui se traduisit par la création de
nombreuses entreprises ; mais, dès 1879, ce mouvement
dégénéra en une spéculation effrénée.

En bourse, les cours suivirent une marche ascendante extraordinairement rapide : c'est ainsi que, de 1879 aux derniers mois de 1881, les actions de la Compagnie du Nord passent de 1.495 à 2.400, les actions Banque de France bondissent de 3.210 à 6.500, celles du Canal de Suez qui étaient à 730 se retrouvent à 3.450.

Pendant cette période, ce ne sont que syndicats de bourse, augmentations de capital, émissions nouvelles. On émettait des actions à prime et libérées seulement du quart, ce qui contribuait, avec le bon marché des capi- taux, à favoriser l'agiotage. De nombreuses banques furent créées qui devaient être des banques d'affaires et qui furent surtout des banques de spéculation, jetant des milliards de titres sur le marché (près de 7 milliards de valeurs mobilières furent émis en 1881 contre 1.230 mil- lions en 1878 !). Les agents de change n'exigeant que des couvertures insignifiantes, tout le monde participait au jeu : la fièvre de spéculation était générale.

Parmi les banques nouvelles, la *Société de l'Union Générale*, fondée en mai 1878, prit bientôt une place prépondérante. Sous la direction de M. Bontoux, ancien directeur général des chemins de fer Lombards, la Ban- que, à tendance catholique par opposition aux Roths- child, s'engagea dans de multiples affaires financières, en particulier en Autriche (OEsterreichische Laender- bank). Ses débuts furent excellents : en 1880, elle distri- buait un dividende de 32 0/0 et, en juin 1881, ses actions cotaient déjà 1.500 francs.

C'est alors que se forma, dirigé par la Haute Banque, un puissant syndicat à la baisse sur les actions de l'Union Générale. Pour soutenir les cours de ses titres, l'Union Générale rachetait tous ceux qui étaient jetés sur le marché ; beaucoup de ventes étant faites à découvert, elle put à plusieurs reprises étrangler les baissiers et les cours dépassèrent 5.000 francs. Mais la campagne continua, alors que peu à peu les ressources de la banque étaient absorbées. Au début de 1882, l'Union Générale avait employé plus de 200 millions en rachats et le taux du report sur ses actions était de 118 0 0 : sa situation était critique.

Emporté par la spéculation, le marché financier était à la merci de la moindre secousse. A la nouvelle du refus de la concession d'une banque d'exportation à Trieste, les cours des actions de la *Banque de Lyon et de la Loire* qui était particulièrement audacieuse dans ses spéculations baissèrent brusquement à la bourse de Lyon : du 3 au 10 janvier 1882, ils passèrent de 1.500 à 580 francs. Une panique s'ensuivit, les agents de change forcèrent leurs clients à se liquider, les faillites commencèrent. Le 18 janvier, la Banque cessait ses paiements.

La débâcle du marché de Lyon s'ensuivit, entraînant celle de la Bourse de Paris : en quelques jours, les cours des principales valeurs de spéculation s'effondrèrent, en particulier ceux des actions de l'Union Générale qui, dès le 19 janvier, ne valaient plus que 1.250 francs. Les déposants se précipitèrent aux guichets : quelques jours après, l'Union Générale suspendait ses paiements et le 2 février elle était déclarée en faillite.

Les bonnes valeurs de placement étaient entraînées dans la baisse : le Suez redescendit à 2.000, la Banque des Pays Autrichiens ne cota plus que 500 francs contre 1.200 francs au début de l'année... La plupart des banques fondées pendant les dernières années firent faillite ou entrèrent en liquidation.

Une crise générale du crédit fut évitée grâce à l'intervention du ministre des finances : sur ses conseils, un groupe de banquiers et d'établissements de crédit, sous la direction de MM. Rothschild et de la Banque de Paris et des Pays-Bas, consentirent à la Compagnie des agents de change un prêt de 80 millions gagé sur la valeur des offices, de façon à assurer la liquidation du **31 janvier**. La Banque de France fournissait les fonds en escomptant les engagements personnels des sociétés et des banquiers.

Cette crise fut déterminée par les excès de la spéculation pendant toute cette période, par les émissions exagérées de valeurs dont beaucoup étaient sans fondement. L'Union Générale avait pourtant créé un bon nombre d'entreprises solides et saines qui existent d'ailleurs encore aujourd'hui : ce sont ses opérations en bourse qui amenèrent sa chute. En 1886, toutes les banques d'affaires fondées de 1878 à 1882 avaient disparu, telles la Banque de Lyon et de la Loire, le Comptoir Financier et Industriel, le Crédit de France, le Crédit de Paris, le Crédit Général Français... Les pertes de l'épargne étaient énormes.

Le marché fut très lent à se ressaisir : en 1884, les cours marquèrent bien une reprise lente et graduelle mais la défiance subsistait et, en 1886-87 encore, très peu d'affaires nouvelles pouvaient être constituées.

Une autre crise devait bientôt ébranler le marché et arrêter le nouvel essor des affaires. Se départissant de sa prudente règle de conduite, le Comptoir d'Escompte avait en 1874 ajouté à ses statuts l'autorisation « de négocier toutes opérations de banque ou de finances ou participer aux opérations de même nature faites par des tiers ». Le prix

du cuivre ayant assez fortement baissé, un puissant syndicat se constitua en 1887 sous la direction du Comptoir
d'Escompte et de la Société des Métaux pour réglementer
la production et la vente du cuivre et faire hausser les
prix. Des contrats furent passés avec la plupart des mines
d'Espagne, des Etats-Unis, du Cap, du Chili... pour prendre toute leur production à des prix assez élevés. Le syndicat se rendit ainsi acquéreur de 150.000 tonnes de cuivre
environ par an. Le Comptoir escomptait les warrants de
cuivre ; il avait pris une participation de 5 millions dans
la souscription du capital de la Société auxiliaire des Métaux
et donné sa garantie personnelle dans certains contrats
passés par la Société des Métaux avec les mines.

Un fait déjoua toutes les prévisions : ce fut la restriction considérable de la consommation. Les acheteurs se
dérobèrent devant cet accaparement et les stocks du syndicat ne purent être écoulés. Bien au contraire, les prix
baissèrent par suite de la diminution de la demande et
de la méfiance que commença à inspirer le syndicat. Celui-
ci, au fur et à mesure des livraisons, épuisait ses disponibilités et, malgré les énormes avances que le Comptoir
d'Escompte avait peu à peu été amené à lui consentir, il ne
put plus faire face à ses engagements. Les cours du cuivre
tombèrent à 40 et même 35 £ la tonne, alors que les achats
avaient été effectués à 60-70. Le 5 mars 1889, le directeur du Comptoir mit fin à ses jours.

Ce fut le signal d'un « run » des déposants vers
les caisses de la banque : le 6 mars, 17 millions furent
remboursés, le lendemain 47 millions. L'affolement était
général : les bruits les plus fantastiques couraient sur le
montant des engagements du Comptoir dans l'affaire des
cuivres et aussi sur les engagements supposés des autres

Établissements de crédit. Tout ce qui, de près ou de loin, touchait le Comptoir était suspect. L'effondrement du cours des actions des sociétés engagées dans le krach (celles du Comptoir d'Escompte passèrent en deux jours de 1.050 à 200 fr.) entraîna une dépréciation plus ou moins considérable de toutes les valeurs.

Pour empêcher la panique de gagner les déposants des autres grands établissements, la Banque de France, sur l'initiative de M. Rouvier, ministre des finances, vint en aide au Comptoir : elle se chargeait de tout l'actif de cette banque et, en retour, mettait à sa disposition 100 millions pour faire face aux remboursements. Un syndicat de sociétés de crédit et de banquiers garantissait pour 20 0/0 cette avance qui fut bientôt suivie d'une seconde de 40 millions.

Le Comptoir fut mis en liquidation : une partie des engagements contractés fut annulée, le directeur ayant outrepassé ses pouvoirs. La réalisation progressive de l'actif permit, après remboursement des avances de la Banque de France, de désintéresser presque intégralement les actionnaires. La banque fut immédiatement reconstituée sous la dénomination de « Comptoir National d'Escompte de Paris » et la nouvelle société reprit rapidement parmi les établissements de crédit une place de premier ordre.

Ce krach eut un retentissement énorme : c'est que le Comptoir d'Escompte était, en dehors de la Banque de France, la plus ancienne société de crédit ; il possédait une clientèle de choix dans le haut et le moyen commerce et ses titres, bien classés, ne donnaient pas prise à la spéculation (en janvier 1882, les cours de ses actions n'avaient presque pas baissé). De plus, la chute du Comp-

toir était tout à fait imprévue : quelques semaines auparavant, le **31** janvier, avait lieu l'assemblée générale et le
rapport et le bilan qui lui furent présentés étaient en tous
points favorables, accusant des bénéfices en augmentation
qui permettaient de distribuer un dividende plus élevé !

## III

Il était nécessaire de s'arrêter longuement sur ces krachs
car ils ont eu une influence primordiale sur le développement ultérieur des banques françaises. M. Germain, président du conseil d'administration du Crédit Lyonnais, fut
en effet vivement impressionné par les retentissantes faillites de banques qui venaient de se produire et par la
chute rapide du Comptoir d'Escompte. L'importante diminution de valeur, au cours de ces crises, du portefeuille-
titres du Crédit Lyonnais lui démontrait l'aléa des placements de ce genre et, d'autre part, il se convainquit des
dangers qui existent pour un établissement à suivre la
double politique de banque de dépôts et de banque
d'affaires. Il lui parut que maintenir de façon constante
entre les opérations financières et les opérations de banque
pure la juste proportion commandée par l'exigibilité
diverse des capitaux était assurément chose très difficile.
Les immobilisations existantes entraînent de nouvelles
immobilisations. Le Comptoir d'Escompte, à la formation
du syndicat des métaux, n'avait pas engagé des sommes
exagérées ; mais il était pris dans un véritable engre-
nage qui devait l'entraîner à sa perte. C'est qu'une
affaire fondée avec un capital modeste se développe, crée
souvent des filiales auxquelles la banque mère prêtera aussi

son concours financier ; et c'est surtout qu'une affaire malheureuse fait des appels répétés à la banque qui l'a fondée et celle-ci pour sauver sa participation se voit entraînée à faire des avances bien plus considérables qui souvent ne font que retarder la faillite : la banque veut sauver un million initial et elle est entraînée peu à peu à en perdre dix ou vingt.

Dès lors, M. Germain fut résolument partisan de la séparation absolue des risques en matière de banque : une banque devait être exclusivement banque d'affaires ou banque de dépôts mais non l'une et l'autre. La division du travail, déjà très poussée dans l'industrie, serait au même titre établie ainsi dans la banque où elle procurerait des avantages équivalents.

C'est pourquoi M. Germain orienta résolument son établissement vers la formule de pure banque de dépôts : il voulut en faire une sorte de *Joint stock Bank* française, plus souple et beaucoup moins stricte dans ses opérations. que celles mêmes d'Angleterre. La transformation fut rapidement opérée et c'est avec un remarquable esprit de suite que le président du Crédit Lyonnais maintint la ligne de conduite ainsi arrêtée.

Dans le rapport à l'assemblée générale des actionnaires du Crédit Lyonnais, le 9 avril 1902, M. Germain affirmait ainsi son programme :

« On aurait voulu quelquefois nous voir rechercher les affaires industrielles. Il en est assurément d'excellentes, mais les entreprises industrielles, même les mieux conçues, même les plus sagement administrées. comportent des risques que nous considérons comme incompatibles avec la sécurité indispensable dans les emplois de fonds d'une banque de dépôts. D'autre par , pour qu'elles arrivent à maturité et donnent les produits que l'on peut en attendre, un temps plus ou moins long est toujours nécessaire. Il ne faut pas avoir à compter sur la réalisation d'un actif industriel pour rembourser des dépôts à vue. Ceux-ci doivent avoir une représentation analogue à celle qui existe à la Banque de France. Le Crédit Lyonnais, banque de dépôts, ne peut trouver, pour ses emplois de fonds, de meilleur exemple que celui donné par la première, la plus puissante, la plus ancienne et la plus prospère des banques de dépôts : la Banque de France. L'actif de la Banque de France, en dehors des encaisses et des immeubles, se compose d'effets de commerce et de créances gagées. Ces valeurs sont les plus sûres et les plus réalisables qui existent. Ce sont elles qui doivent former la contre-partie des dépôts du Crédit Lyonnais ».

A l'exemple du Crédit Lyonnais et sous l'influence des idées de M. Germain qui avait dans le monde financier une autorité et une réputation incontestées, les autres grands établissements de crédit s'engagèrent dans la même voie et assignèrent comme but principal ou quasi-exclusif à leur activité les opérations de banque pure :

« Depuis l'origine, notre programme est demeuré le même. Notre premier objectif étant de donner pour base à notre activité les opérations professionnelles de banque, nous nous sommes efforcés, comme les années précédentes, de développer encore les affaires de cet ordre » (Rapport du Comptoir d'Escompte, en 1900). « Depuis des années, nous considérons que le rôle — je ne dirai pas l'unique rôle de la Société Générale mais le rôle principal — est de s'attacher surtout aux affaires de banque proprement dites » (Déclaration du président à l'assemblée générale du 30 mars 1901).

Les excès de **1882** et **1889** entraînaient donc par réaction un revirement complet de la politique bancaire.

## IV

Alors qu'une stagnation économique générale caractérise la période **1882** à **1895**, à partir de **1895**, au contraire, on constate un réveil très net de l'activité économique. En relation avec la hausse générale des prix, commence à cette date une période de prospérité et d'expansion industrielle et commerciale extrêmement rapide.

Le commerce extérieur français, qui avait diminué de **1875** à **1895**, croît de **74 0/0** de **1895** à **1910**, les exportations augmentant à elles seules de **82 0/0**, et, si l'on considère le poids des marchandises, on constate pour la seconde période une augmentation de **88 0/0** contre **16 0/0** seulement pour la première.

Le montant des effets de commerce timbrés, reflet fidèle de l'activité commerciale, qui n'avait pas progressé de **1880** à **1895**, augmente de **87 0/0**. Celui des effets escomptés par la Banque de France est de **8.700 millions** en **1880**, **8.200 millions** en **1895** et **14.580 millions** en **1910**. De même, le revenu des actions des sociétés françaises qui était stationnaire aux environs de **600 millions** pour la période antérieure à **1895** s'élève en **1913** à **1.395 millions**. Le rendement des impôts accuse des plus-values et les recettes d'intérêt général croissent de **50 0/0**. Par suite de l'exploitation des mines de fer de Lorraine, l'industrie métallurgique prend un grand essor ; des industries nouvelles se créent, telle celle de l'automobile.

Comment allait être financée au début du xxᵉ siècle l'in-

dustrie française en plein développement ? Les trois
grands établissements de crédit, s'ils ne se détournaient
pas complétement des affaires financières, orientaient nettement leur activité vers les opérations de banque pure.
Les maisons de la Haute Banque n'avaient pour la plupart
que des capitaux limités et étaient spécialisées dans les
émissions d'emprunts d'Etats étrangers dont l'importance
dépassait d'ailleurs leurs seules forces. En province, les
banques privées, n'ayant que des ressources tout à fait
réduites, ne pouvaient songer à intervenir utilement en
dehors des affaires purement locales qui, d'ailleurs, ne se
créaient qu'en petit nombre. Quant aux banques régionales qui auraient pu jouer un rôle tout à fait intéressant
auprès de la moyenne industrie, c'était en France un
rouage inexistant ou à peu près : dans la région de l'Est
toutefois, deux banques, la Société Nancéienne et la banque
Renauld allaient donner à ce point de vue un remarquable exemple et coopérer dans une large mesure à la prospérité du bassin lorrain : elles ont pris part à la fondation
et au développement de la plupart des sociétés minières
de la région et d'un grand nombre d'entreprises locales
de l'industrie et du transport. En dehors d'elles, on ne
peut guère citer que la Société Marseillaise, établissement de crédit qui dans une certaine mesure a joué le rôle
de banque régionale, principalement à Marseille, en s'intéressant à des entreprises de navigation ou de constructions navales et à des huileries et raffineries.

Pour venir en aide à la grande et aussi à la moyenne
industrie, de puissantes banques d'affaires, étaient, dans
ces conditions, nécessaires. Au seuil du xxᵉ siècle, seule,
la Banque de Paris et des Pays-Bas était en mesure de
remplir brillamment ce rôle, mais on allait assister à un

rapide développement de cette catégorie de banques.

En 1901, est fondée la « Banque Française pour le commerce et l'industrie » ; en 1902, le « Crédit Mobilier Français » prend la succession de l'ancien Crédit Mobilier qui rentre définitivement en liquidation ; en 1904, la Banque Parisienne, sans envergure suffisante, est réorganisée sur de plus larges bases et devient la « Banque de l'Union Parisienne » ; le Syndicat des Banques de Province manquant de personnalité juridique pour traiter lui-même des affaires, la « Société Centrale des Banques de Province » se crée en 1904 ; enfin, en 1911, est fondé le « Crédit Français ». Voilà pour les plus importantes.

Au début du xxe siècle, c'est donc en France un essor rapide des banques d'affaires en relation avec la reprise de l'activité économique et avec la remarquable expansion industrielle et commerciale : ces banques allaient jouer dans l'organisation générale du crédit un rôle particulièrement intéressant.

Etant donné les circonstances exceptionnelles que la France traverse depuis 1914, il nous semble logique de faire l'étude générale des banques d'affaires et de caractériser les principales d'entre elles, en les étudiant d'abord uniquement pendant la période normale 1900-1914 : ce sera de beaucoup la partie la plus importante de notre travail.

Cette base étant acquise, nous étudierons l'activité de ces banques pendant la période de guerre et au cours des années d'après guerre déjà écoulées, les changements d'orientation que les circonstances leur ont imposés et leurs tendances actuelles.

Notre étude est donc divisée en quatre parties, très inégales d'ailleurs :

**1<sup>re</sup> Partie** : *Etude générale des banques d'affaires.*

**2<sup>e</sup> Partie** : *Les principales banques d'affaires de 1900 à 1914.*

**3<sup>e</sup> Partie** : *Les banques d'affaires pendant la guerre.*

**4<sup>e</sup> Partie** : *Les banques d'affaires depuis la guerre.*

# PREMIÈRE PARTIE

## ÉTUDE GÉNÉRALE
## DES BANQUES D'AFFAIRES

---

### CHAPITRE PREMIER

#### DÉFINITION ET CARACTÉRISTIQUES
#### DES BANQUES D'AFFAIRES

Les *banques de dépôts* reçoivent sous forme de dépôts
à vue ou à échéance fixe et de comptes courants créditeurs
des sommes dont le montant se chiffre par milliards pour
les grands établissements de crédit français : ce sont,
d'une part, des capitaux d'épargne en attente de placements, d'autre part, des dépôts de caisse des commerçants et industriels, des grandes sociétés et des banques
étrangères. La plus grande partie de ces sommes est
immédiatement exigible, ce qui oblige ces banques à conserver de puissantes disponibilités. Par rapport au total
des sommes en dépôt et en compte courant, le capital
social de ces banques est minime et joue principalement
un rôle de garantie.

La nature de ces ressources détermine le genre d'opérations actives de ces banques : ce sont celles que l'on appelle « opérations de banque pure », c'est-à-dire l'escompte des effets de commerce et la prise en pension d'effets, les reports, les avances sur garantie de marchandises ou de titres, les avances en compte courant et les acceptations. Les banques de dépôts font en outre un certain nombre d'opérations de commission — recouvrements, exécution d'ordres de bourse, garde de titres — ; elles s'occupent enfin du placement à la commission des **valeurs mobilières** émises.

En principe, elles ne s'intéressent pas sous forme de commandites à l'industrie et n'apportent pas une aide directe au développement industriel du pays.

C'est précisément là le rôle essentiel des *banques d'affaires* : elles créent des entreprises nouvelles et fournissent aux sociétés en voie de développement ou momentanément en butte à des difficultés les capitaux qui leur sont nécessaires pour grandir ou se fortifier. Elles s'intéressent à des entreprises, les soutiennent de leur crédit à toutes les étapes de leur expansion et assurent leurs émissions. De plus, elles soumissionnent et émettent les emprunts publics, participent aux conversions et consentent des avances aux Etats.

Les banques d'affaires travaillent avec leurs propres capitaux — capital social et réserves — et ceux des groupements financiers affiliés ou de gros capitalistes amis. Elles ne sont pas en contact avec le grand public et ont uniquement pour clients les grandes sociétés financières et industrielles, les Etats et un noyau plus ou moins restreint de capitalistes. Les dépôts qu'elles acceptent sont à échéance fixe et, si elles s'occupent activement d'une opération de banque pure, les reports, c'est le plus souvent comme accessoire de leurs opérations d'émission ou pour soutenir sur le marché les titres de leurs filiales.

L'activité d'une banque d'affaires se présente sous deux faces distinctes :

1° Participation dans des sociétés financières et industrielles, financement d'entreprises, conclusion d'opérations financières avec les Etats emprunteurs.

2° Emission sur le marché des titres de ces sociétés ou Etats.

*Financement* et *émission* sont deux opérations qui s'enchaînent et découlent l'une de l'autre mais n'en sont pas moins nettement distinctes (1).

*La banque d'affaires est donc celle qui s'occupe avant tout d'opérations financières — financement et émission — et qui n'effectue des opérations de banque pure que de façon accessoire.*

Telle est, du moins en principe, la distinction entre les banques de dépôts et les banques d'affaires : en fait, la ligne de démarcation est moins nette, car la division du travail dans la banque en France n'en est encore qu'à un stade intermédiaire. Entre les deux types théoriques nettement caractérisés de banque de dépôts et de banque d'affaires, on trouve dans la réalité toute une gamme de nuances et la plupart des établissements relèvent à la fois des deux systèmes : anciennes banques de crédit mobilier, les grands établissements de crédit français n'ont pas encore complètement abandonné ce caractère et, par ailleurs, d'importantes banques de financement et d'émission développent avec soin leurs opérations courantes de

_______________

1. Cf. Liefmann. *Beteiligung- und Finanzierunggesellschaften,* pp. 73-86.

banque. Pourtant, chez la plupart des établissements, l'un des deux caractères l'emporte nettement et la distinction théorique conserve une valeur relative très suffisante.

A quels signes distinctifs s'attacher alors principalement pour classer une banque ? Deux caractéristiques s'imposent, à notre avis, pour les banques d'affaires :

1° Le pourcentage par rapport à l'ensemble de l'actif de leurs immobilisations sous forme de participations financières et de titres (rentes, actions et obligations) est beaucoup plus élevé que dans les banques de dépôts : il est le plus souvent de l'ordre du 1/5 ou du 1/6 pour les banques d'affaires, alors qu'il est minime — 1/50 ou 1/100 — pour les établissements de crédit. En 1912 par exemple, les chiffres sont pour quelques banques les suivants :

| | |
|---|---|
| Crédit Lyonnais | 0,36 0/0 |
| Comptoir d'Escompte | 0,85 |
| Société Générale | 4,64 |
| Banque de Paris et des Pays-Bas | 20,1 |
| Union Parisienne | 18,84 |
| Crédit Mobilier | 17,40 |

En 1920, les pourcentages sont analogues :

| | |
|---|---|
| Crédit Lyonnais | 0,16 0/0 |
| Comptoir d'Escompte | 0,13 |
| Société Générale | 1,76 |
| Banque de Paris et des Pays-Bas | 17,70 |
| Union Parisienne | 17 |
| Crédit Mobilier | 9,84 |

2° *Les banques d'affaires recherchent les affaires financières* : elles ne restent nullement confinées dans le cercle des sociétés qui sont leurs clientes, mais bien au contraire suscitent des entreprises nouvelles, essayent d'attirer à elles celles déjà existantes qui sont en pleine prospérité, entrent sans cesse en relation avec de nouveaux groupes pour la réalisation d'affaires projetées. A l'inverse, si, dans une certaine mesure, elles font bien des affaires financières, *les banques de dépôts ne font quasi-exclusivement que celles qui concernent leurs clients* : il est tout à fait normal qu'un grand établissement de crédit en relations continues avec une société industrielle, par exemple, assure les augmentations de capital de celle-ci et ses émissions d'obligations ; à ne pas le faire, il risquerait d'ailleurs de perdre son client. Il connaît l'entreprise et ses dirigeants, est bien documenté sur sa situation financière pendant les années précédentes et sur le classement de ses titres déjà en circulation : il peut donc assumer, en pleine connaissance de cause et dans les meilleures conditions possibles de réussite, le risque de l'opération financière à réaliser. Mais il n'est nullement dans son rôle d'immobiliser des capitaux dans des affaires qui ne le touchent pas : à accepter d'effectuer des opérations financières qui viennent de l'extérieur, il risquerait de se laisser entraîner peu à peu dans des engagements exagérés et de compromettre la liquidité de sa trésorerie commandée par l'exigibilité de ses ressources.

Si le pourcentage élevé des immobilisations (titres et participations) et la recherche des affaires constituent un criterium admissible des banques d'affaires, bien d'autres différences existent entre elles et les banques de dépôts : nous les trouverons au cours de l'étude détaillée de l'activité des banques d'affaires.

Quels sujets prendre pour faire cette étude ? L'absence de ligne de démarcation nette rend ce choix délicat. Les caractéristiques adoptées suffisent pour faire rejeter les classifications de fait adoptées par la plupart des grands journaux financiers. C'est ainsi que « l'Information » classe parmi les banques d'affaires la Compagnie Algérienne et la Banque Privée et que « l'Economiste Français » range parmi elles la Banque Nationale de Crédit, le Crédit Commercial de France et la Société Marseillaise : toutes ces banques sont à notre avis avant tout des banques de dépôts.

Nous avons arrêté notre choix sur les cinq banques qui sont, à notre avis, les plus importantes parmi les banques d'affaires telles que nous les avons caractérisées. Ce sont :

La *Banque de Paris et des Pays-Bas*, la plus ancienne et de beaucoup la plus puissante : fondée en 1872 par la fusion de la Banque de Paris et de la Banque de Crédit et de Dépôts des Pays-Bas. Capital en 1900 : 62.500.000 fr. (en 1921, 200 millions).

La *Banque de l'Union Parisienne*, qui occupe la deuxième place parmi les grandes banques d'affaires françaises : fondée en 1904 par un consortium des maisons de la Haute Banque protestante (Heine, Hottinguer, Mallet, Mirabaud, de Neuflize, Puerari et Vernes) qui racheta la Banque Parisienne. Capital initial : 40 millions de francs, porté à 60 millions un an après (en 1921, 150.000.000).

Le *Crédit Mobilier Français*, fondé en 1902 par la fusion de l'ancien Crédit Mobilier et de l'Office des Rentiers. Capital initial : 7.525.000 francs, rapidement augmenté (en 1921, 100.000.000).

La *Banque française pour le Commerce et l'Industrie*, appelée aussi Banque Rouvier, du nom de son fondateur : créée en 1901 par la fusion de la Banque Internationale et de la Banque Française de l'Afrique du Sud, toutes deux dans une situation difficile par suite de la crise industrielle de l'époque. Capital initial : 60 millions de francs (en 1921, 100.000.000).

Le *Crédit Français*, dernier venu de ces établissements : fondé en 1911 pour prendre la succession de la maison J. Loste et C^ie. Capital initial : 25 millions de francs (en 1921, 50.000.000).

A ces cinq banques d'affaires nous avons adjoint deux autres banques qu'il nous paraît indispensable d'examiner dans une étude sur les banques d'affaires :

En premier lieu, *la Société Générale pour favoriser le développement du Commerce et de l'Industrie en France*, fondée en 1864. Quoique grande banque de dépôts, elle a pendant longtemps été fortement engagée dans les affaires financières : le pourcentage de ses immobilisations — titres et participations —, après avoir été de **22** 0/0 en 1890, est en 1900 de **12,97** 0/0 et si, en 1912, il diffère sensiblement, ainsi que nous l'avons vu, de celui des banques d'affaires proprement dites, il est néanmoins nettement supérieur à celui du Crédit Lyonnais et du Comptoir d'Escompte. Etant donné l'importance de l'ensemble de l'actif de la Société Générale, ce pourcentage correspond à un chiffre d'immobilisations très élevé : **110** millions en **1900** par exemple, alors que celui de la Banque de Paris et des Pays-Bas n'est à la même date que de **70** millions environ. Capital en **1900** : **160** millions de francs (en **1921**, **500.000.000**).

En second lieu, la *Société Centrale des Banques de Province*, fondée en décembre 1904 par les membres du Syndicat des Banques de Province qui, n'ayant pas de personnalité juridique, ne pouvait pas traiter lui-même les affaires. Grâce au placement des titres mobiliers, les émissions nouvelles étant faites par leur intermédiaire, les grands établissements de crédit à succursales multiples attiraient peu à peu à eux, en effet, les clients de la plupart des banquiers de province. Ne pouvant en général s'adresser aux grandes banques d'affaires qui préféraient travailler avec les puissantes organisations des établissements de premier plan, les banquiers provinciaux se groupèrent alors afin de créer un organisme qui s'occuperait principalement de prendre des participations financières et d'émettre des titres dont ils effectueraient le placement : ils espéraient ainsi, grâce aux profits de ce genre d'opérations, lutter à armes égales avec les grandes banques et retenir leur propre clientèle. Le but de la Société Centrale était donc de faire des opérations financières de toute nature pour son compte ou pour celui des membres du syndicat. Capital initial : 1.185.000 francs, porté à 50 millions lors de la réorganisation en 1911 (en 1921, 200.000 000).

CHAPITRE II

## OPÉRATIONS DE PARTICIPATION ET DE FINANCEMENT

Les opérations financières que les banques d'affaires
traitent avec les Etats ou les villes ne diffèrent guère
intrinsèquement de celles qu'elles effectuent avec les
sociétés ou entreprises privées. Pourtant, des différences
de forme existent entre elles et, pour la commodité de l'exposition, nous les examinerons séparément.

### I. — Opérations de participation et de financement avec les sociétés ou entreprises privées

#### a) Constitution d'une société nouvelle

Les études préliminaires nécessaires avant toute fondation d'entreprise sont faites soit par la banque seule,
soit par un *syndicat d'études* constitué par elle avec les
groupes qui participeront à la fondation. Voulant en effet
créer une entreprise d'un genre déterminé, la banque
s'assure le plus souvent le concours d'entreprises déjà
existantes, ses filiales ou ses fidèles clientes : entreprises
similaires ou entreprises qui, situées à un autre stade de
la production, cherchent à acquérir ainsi des débouchés
ou bien à obtenir les produits ou les services qui leur

sont nécessaires — société de métallurgie prenant un intérêt dans un charbonnage, société d'électricité s'intéressant à une entreprise de tramways à laquelle elle fournira le courant... —. Fait aussi partie de ce syndicat, s'il y a lieu, une société spéciale d'études et de participation que la banque fonde souvent pour un genre d'entreprises qui l'intéresse plus particulièrement ou, si l'entreprise à créer doit fonctionner dans un pays étranger, une société d'expansion et d'organisation économique dans ce pays (ex. : la Compagnie Générale du Maroc).

Ces sociétés diverses — auxquelles se joignent éventuellement d'autres banques — forment sous la direction de la banque un syndicat d'études qui est chargé de la mise au point de l'affaire à créer. Les accords qui interviennent lors de la constitution du syndicat règlent la répartition entre les divers participants des dépenses préliminaires, prévoient la constitution en commun d'une société si les conclusions des études sont favorables et déterminent l'attribution aux fondateurs des avantages particuliers tels que actions d'apport et parts de fondateur.

Les études, dirigées par le syndicat, sont faites par les services techniques des groupes industriels intéressés et de la banque (ingénieurs-conseils qui lui sont attachés). On fait aussi appel à des sociétés spéciales composées de techniciens (par exemple, actuellement, le Bureau d'Organisation Économique), surtout quand le syndicat ne renferme aucune société industrielle ayant un objet similaire à celui de l'entreprise à créer.

L'étude préliminaire se fait d'abord au point de vue technique, puis au point de vue financier : les techniciens fournissent les éléments nécessaires et arrêtent un projet d'organisation si l'affaire leur paraît intéressante, mais ce sont les financiers seuls qui, après une étude sur ces bases, prennent les décisions, à l'encontre, parfois, des conclusions qui leur sont présentées. Le syndicat dirige d'ailleurs dans l'ensemble toutes les recherches et démarches, envoie des missions et négocie l'obtention de concessions, s'il y a lieu. Ses membres ne sont pas liés entre eux pour les décisions à prendre, en ce sens que celui qui trouve l'affaire mauvaise ou bien mal combinée au point de vue financier peut toujours se retirer s'il ne souscrit pas aux accords définitifs.

Si la banque veut fonder l'entreprise nouvelle avec le seul concours de l'une de ses filiales, le plus souvent la constitution d'un syndicat sera jugé inutile ; elle est normale au contraire quand des groupes indépendants les uns des autres s'intéressent d'accord à une même affaire. Toutefois, lorsque la société nouvelle a un but commercial ou financier et non industriel, les études, plus faciles, sont conduites le plus souvent sans constitution d'un syndicat : le côté financier de l'affaire à fonder est alors discuté librement entre les participants éventuels.

L'affaire étant bien mise au point et un projet de statuts ayant été élaboré, il s'agit alors de fonder effectivement la société.

La société peut être fondée par les membres seuls du syndicat d'études ; ceux-ci peuvent aussi élargir leur groupe si l'affaire est particulièrement importante et s'assurer le concours d'autres banques ou sociétés. Dans ce cas, le syndicat d'études joue vis-à-vis d'elles le rôle de *syndicat d'apporteurs* dont les membres auront lors de la constitution de la société des avantages plus importants que ceux attribués aux sociétés admises une fois l'étude terminée : parts plus grandes d'actions d'apport, de parts de fondateur, fut-ce commission en espèces, qui représentent la rémunération du travail préliminaire.

L'article 1ᵉʳ de la loi de 1867 dit que les sociétés par actions « ne peuvent être définitivement constituées qu'après la souscription de la totalité du capital social ». Cette souscription peut avoir lieu de deux manières différentes :

Ou bien les actions seront émises directement dans le public, les formalités constitutives n'étant effectuées qu'après la souscription de la totalité du capital : c'est le mode qu'a eu en vue le législateur français et qui est qualifié par les Allemands de *fondation successive* (Sukcessivgründung). Ce cas est pourtant le plus rare aujourd'hui et ne se présente guère plus que pour la fondation d'entreprises particulièrement importantes ou, à l'opposé, pour celle d'affaires locales.

Ou bien — et c'est le cas le plus général — les fondateurs souscrivent l'intégralité des actions, effectuent le versement obligatoire du premier quart, accomplissent les formalités légales et tiennent les assemblées constitutives : c'est la *fondation simultanée* (Simultangründung). La société est définitivement constituée et acquiert une existence légale : alors seulement les actions sont placées dans le public. Ce mode de fondation diminue certainement l'efficacité des prescriptions légales qui cherchent à prévenir les fraudes constitutives mais offre l'avantage de permettre une constitution beaucoup plus rapide de la société. De plus, il est un fait d'expérience, c'est que le public achète plus facilement les actions d'une société déjà fondée qu'il ne souscrit celles d'une société en formation dont la constitution sera peut-être impossible, faute de la souscription intégrale du capital. Il est vrai que, pour pallier à cet inconvénient, il y a parfois formation d'un syndicat de garantie qui souscrira les titres implacés dans le public (voir le chapitre suivant).

Le rapport de la Banque Française pour l'exercice 1907 fournit un exemple très net de ce second mode de procéder : « ... La Ville de Paris, ayant décidé de confier l'exploitation des services du gaz dans la capitale à une société de régie intéressée, a ouvert, en 1906, un concours... Nous avions donné notre appui financier à l'un des demandeurs, M. Rouland, qui, à la suite du concours, a été choisi comme régisseur. En vue d'assurer l'exécution de la convention passée entre la Ville et M. Rouland, nous avons groupé plusieurs des grands établissements de la place de Paris et divers éléments techniques importants. Ce groupe a souscrit le capital de 30 millions de la Société du Gaz de Paris, fondée par M. Rouland le 17 mai dernier... ».

Quels bénéfices et avantages immédiats la constitution d'une société procure-t-elle à la banque d'affaires ?

Ce sont en premier lieu les parts de fondateurs ou actions d'apport dont il lui sera attribué une part toujours importante, part variable évidemment avec le nombre et l'importance des autres fondateurs.

En second lieu, la banque aura dans le conseil d'administration de la société un certain nombre de sièges qui seront occupés par ses représentants (1). Elle s'assure par là une influence directe sur la conduite de l'entreprise et sur les relations financières de celle-ci avec elle-même,

---

1. Il en est ainsi même dans le cas de fondation successive : la nomination des administrateurs par l'assemblée générale n'est en effet qu'une simple formalité, la liste des membres du conseil établie par les fondateurs étant toujours ratifiée sans discussion.

banque fondatrice. *La liaison entre la banque et la société s'effectue donc par le conseil d'administration de celle ci.* C'est là un point particulièrement important au point de vue de l'organisation économique générale. Connaissant bien la situation du marché financier et les possibilités de la banque, les délégués de celle-ci peuvent avoir une influence très importante sur la direction de l'entreprise, l'empêcher par exemple de se lancer dans des extensions importantes au moment où l'on pressent une crise. Ils sont d'autre part ses porte-paroles autorisés vis-à-vis de la banque pour lui demander une aide financière ou lorsqu'il s'agit de réaliser une émission.

Mais les représentants de la banque font aussi partie le plus souvent des conseils d'autres sociétés filiales : il s'établit par là entre des entreprises de genres divers une liaison qui peut être tout à fait intéressante. Il y a certes excès si le même individu fait partie d'un nombre de conseils tel qu'il est obligé d'en négliger la plupart ; mais, limitée à une juste mesure, la liaison par les conseils d'administration est, au point de vue économique, excellente.

Vis-à-vis de la banque qui a engagé dans la société des capitaux sous forme de titres en portefeuille ou d'avances, le rôle de ses représentants dans le conseil est très important. Ils doivent renseigner la banque qui les délègue sur la situation et la marche des affaires de la société : c'est sur ces données que la banque base sa ligne de conduite envers sa filiale. Elle peut estimer ainsi avec une précision plus grande la valeur des titres qu'elle possède, le degré d'exigibilité des capitaux déposés chez elle par la société ou au contraire la sécurité des avances qui lui ont été consenties. Tout représentant d'une banque dans un conseil d'administration accomplit une mission dont il rend compte en général dans des notes et des rapports confidentiels (il en est ainsi dans la plupart des banques d'affaires, particulièrement à la Banque de Paris et des Pays-Bas).

Une autre source de très importants bénéfices pour la banque provient des commissions perçues à l'occasion de l'émission subséquente des actions dans le public : commissions de prise ferme, de garantie ou de placement. Ces bénéfices apparaissent lors des opérations d'émission qui sont ainsi intimement liées à celles de financement ou ne forment, si l'on veut, que la seconde partie d'une même opération : nous les étudierons en détail au chapitre suivant.

Il se peut aussi que la banque mette les titres en portefeuille et ne les revende que longtemps après, lorsque l'entreprise a fait ses preuves. Cela dépend de l'état du marché financier, des circonstances diverses qui peuvent influer sur lui, des émissions récemment effectuées ; cela dépend, d'autre part, de la nature et de l'importance de l'affaire elle-même : c'est ainsi qu'au début du xxᵉ siècle les créations de grandes entreprises de travaux publics ou de crédits fonciers étrangers étaient les plus goûtées du public. Suivant l'expression de M. Thaller, les capitaux sont en effet « moutons de Panurge » et toute nouveauté leur est suspecte.

Dans le cas où la banque garde en portefeuille les actions de la société, son bénéfice est différé et n'apparaît que lorsqu'elle écoule enfin ces titres dans le public ou lorsqu'elle revend en bloc à un autre groupe sa participation dans cette affaire. La loi exigeant la souscription intégrale du capital et le versement effectif du premier quart, la banque ne peut, dans le cas de prise ferme au pair des actions de la société, retirer de cette souscription aucun bénéfice immédiat sous forme de rétrocession de commission : toutefois, sur ce point, la pratique est variable et la jurisprudence n'est pas nettement fixée (un arrêt de Lyon, 6 mars 1912, admet la validité d'une commission prévue aux statuts) (1).

Un cas particulier de la fondation de société est la transformation d'une entreprise privée en société anonyme, soit dans le but de développer l'affaire, soit que les possesseurs actuels veuillent se retirer. En échange de leurs usines, installations et brevets, ils reçoivent des actions d'apport et la banque se charge de fournir le capital correspondant aux actions de numéraire et d'émettre ces titres dans le public. Mais les actions d'apport ne sont négociables que deux ans après la constitution de la société, alors que c'est immédiatement que, le plus souvent, les apporteurs désirent recevoir des espèces : dans ce cas, la banque fonde une société qui rachètera l'entreprise après approbation des contrats par l'assemblée générale.

Dans les rapports annuels aux assemblées générales, ces opérations de fondation de sociétés sont en général mentionnées, le plus souvent avec indication des principaux co-fondateurs et avec des renseignements généraux sur l'objet de ces entreprises nouvelles. Les rapports de l'Union Parisienne fournissent le type de ces comptes rendus brefs ; nous trouvons par exemple dans celui relatif à l'exercice 1905 les passages suivants : « Nous avons

1. Voir le chapitre suivant.

fondé, dans le premier semestre, avec la Banque de Paris et des Pays-Bas et la Société Générale de Belgique, la Compagnie de chemins de fer dans la Province de Buenos-Aires, société anonyme française... Ayant toute confiance dans le développement agricole et économique de cette immense et riche région de l'Amérique du Sud (La République Argentine), nous y avons constitué une Banque hypothécaire... Nous avons constitué avec le concours des maisons Speyer et C⁰ et A. Iselin et C⁰ de New-York la Société financière Franco-Américaine au capital de... Cette banque (banque d'Athènes) a constitué en 1905, avec le concours d'un groupe anglais et le nôtre, la Société privilégiée pour favoriser la production et le commerce du raisin de Corinthe..., etc. ».

La Banque Française, le Crédit Mobilier, la Société des Banques de Province emploient des rédactions analogues, quoique en donnant généralement moins de détails sur les entreprises fondées.

La Banque de Paris et des Pays-Bas est très concise dans ses relations et se sert le plus souvent d'expressions plus vagues, telles que « nous avons donné notre concours à la formation de... » ou « nous nous sommes occupés de la création de ... », qui n'indiquent pas le rôle directeur joué par la banque dans ces opérations. Elle dira par exemple (rapport sur l'exercice 1907) : « Nous nous sommes occupés de la création de la Compagnie Parisienne de distribution d'électricité dans laquelle nous avons pris une part importante... Nous avons concouru à la formation de la Compagnie du chemin de fer de Rosario à Puerto-Belgrano qui a pour objet la construction et l'exploitation d'un réseau de plus de 800 kilomètres... ».

Il est parfois mentionné que un ou plusieurs représentants de la banque font partie du Conseil d'administration de la Société nouvelle : cette indication est alors donnée dans le but de donner une impression de sécurité à la clientèle qui a absorbé les titres de cette société et à laquelle on laisse ainsi entendre que ses intérêts seront surveillés et au besoin défendus par ces administrateurs. Toutefois, ce fait est en général passé sous silence.

### b) Prise d'intérêts dans une entreprise existante

Au lieu de s'exposer aux risques inhérents à tout lancement d'entreprise nouvelle, la banque d'affaires préfère souvent prendre une participation dans une entreprise déjà existante qui a fait ses preuves. Par son service d'études et aussi grâce aux relations de ses dirigeants, la banque arrive à connaître assez exactement la situation financière réelle de la société visée, se procure les bilans détaillés (avec indication des réserves occultes par amortissement des éléments de l'actif) et peut ainsi prendre une décision en connaissance de cause.

La banque procède alors, suivant les cas, de l'une des deux manières suivantes :

Elle peut acheter un important paquet de titres de la société possédé par un autre groupe : ce paquet doit être suffisant pour lui permettre de jouer en fait un rôle dans l'administration de la société et, dans ce cas, la négociation s'effectue le plus souvent à un cours nettement supérieur à celui des transactions courantes en bourse. La conséquence immédiate sera un changement de personnalités dans le conseil d'administration de la société, les représentants de la banque prenant la place de ceux du groupe vendeur.

La société peut aussi procéder à une augmentation de capital qui sera souscrite par la banque. Ce second mode est le plus fréquent, soit que l'entreprise veuille donner une nouvelle extension à ses opérations, soit qu'elle se trouve dans une passe difficile. Dans ce dernier cas, les actions nouvelles sont souvent des actions de priorité ou des actions ayant un droit de vote plural, système qui se répand de plus en plus de nos jours : la banque court de gros risques en essayant de rétablir une situation compromise ; elle tient évidemment à pouvoir diriger la société à son gré.

Dans l'ensemble, la prise d'intérêts dans une entreprise existante est un mode de participation plus sûr que la fondation d'une entreprise nouvelle. Il est par contre moins rémunérateur, tout au moins immédiatement (par comparaison, bien entendu, avec la création d'une société qui réussit) : la banque ne reçoit pas en effet des parts de fondateur ou des actions d'apport et ne peut, à bref délai, écouler les titres dans le public avec une forte prime.

Les rapports annuels ne donnent le plus souvent pas de précisions sur l'importance de la participation prise dans une affaire déterminée et sur le mode d'acquisition de ces titres. A propos de l'Association Minière par exemple, l'Union Parisienne dit simplement (rapport 1910) : « La bonne situation de cette société et la composition de son portefeuille ont attiré notre attention et nous avons cru devoir profiter de l'occasion qui nous a été offerte de nous y intéresser. A la suite d'arrangements intervenus, l'Association Minière a transféré ses bureaux à notre siège social 7, rue Chauchat, et nous avons accepté d'être représentés dans son conseil... ».

C'est dans des termes analogues que la Banque de Paris et des Pays-Bas relate sa prise d'intérêts en 1910 dans « la Prévoyance », compagnie d'assurances contre les accidents, qui portait son capital de 2 à 6 millions : « Nous avons pensé que cette industrie intéressante était susceptible d'extension et nous avons pris un intérêt important dans la Prévoyance, Compagnie d'assurances contre les accidents de toute nature, existant depuis de longues années. Cette Compagnie, en dehors d'un portefeuille soigneusement composé, possède une organisation de premier ordre et jouit d'une réputation bien justifiée qu'elle doit à son fondateur, M. Alfred Mayen : nous sommes représentés dans le Conseil par deux de nos administrateurs » (Rapport 1910).

Ce mode de prise d'intérêts dans une société grâce à une augmentation de capital a été très employé par les banques d'affaires, notamment pour s'intéresser dans d'autres établissements bancaires. L'Union Parisienne a procédé ainsi en 1905 vis-à-vis des banques mexicaines et en 1910 vis-à-vis de la Banque de l'Union à Moscou ; de même, le Crédit Mobilier vis-à-vis de la Banque de Commerce privée de Saint Pétersbourg en 1909, le Crédit Français en 1912 vis-à-vis de la Societa Italiana de Credito Provinciale, la Banque de Paris et des Pays-Bas vis-à-vis de la Banque Commerciale Italienne... etc.

La participation d'une banque dans une entreprise pose la question du *contrôle* de cette société. Une banque possède le contrôle d'une société lorsqu'elle peut l'administrer suivant ses vues, lui imposer ses volontés et qu'elle a la majorité dans les assemblées générales. Pour cela, il semble *a priori* qu'il faille uniformément posséder 51 0/0 des voix : point n'est besoin le plus souvent d'un pareil pourcentage.

Tout dépend en effet de la répartition des titres de la société dans le public. Ils peuvent être aux mains d'un grand nombre de petits porteurs ou bien appartenir par gros paquets à un ou plusieurs groupes. Or, il est un fait, c'est que les petits actionnaires n'assistent que très exceptionnellement aux assemblées générales. Ils peuvent, il est vrai, se faire représenter ; mais, au bout de quelques années d'existence, par suite des transactions diverses, une grande partie des actionnaires sera inconnue de la société qui ne possédera guère l'adresse que des porteurs de certificats nominatifs ou des actionnaires de la première heure. On sait quelles difficultés éprouvent actuellement les sociétés un peu anciennes pour réunir le nombre de titres correspondant au quorum nécessaire à la tenue d'une assemblée générale extraordinaire.

Si donc il y a un ou plusieurs très gros actionnaires, la banque devra, pour avoir le contrôle de la société, posséder un nombre de titres *nettement* supérieur à celui des titres qui sont aux mains du groupe adverse : sinon, elle serait à la merci de quelques achats supplémentaires en bourse. Il est évident que le pourcentage de 51 0/0 est alors dans bien des cas nécessaire. Si, au contraire, la diffusion des titres dans le public est grande, le pourcentage nécessaire est bien moindre. *En général, la possession de 30 0/0 des voix suffit pratiquement pour assurer le contrôle d'une société.* Bien plus, si elle n'a pas en face d'elle un groupe hostile, la banque peut placer un bon nombre de ces titres dans sa clientèle : elle a alors soin de se faire adresser pour chaque assemblée les pouvoirs correspondants. Ce faisant, elle garde le contrôle de la société en n'assumant que des immobilisations très réduites. On voit par là quel intérêt offre pour une banque à ce point de vue une grande puissance de placement.

Les feuilles de présence aux assemblées générales fournissent les indications nécessaires au sujet de la répartition des titres : par elles, une banque sait quelle sécurité offre le contrôle qu'elle possède ou avec quelle facilité elle peut l'obtenir. Elle est parfois mise ainsi sur la piste de sociétés dans lesquelles il est particulièrement facile d'acquérir une influence : elle achète alors les titres qui se présentent sur le marché et ceux des capitalistes, assez gros porteurs, qu'elle « démarche » dans ce but. Certes, une fois les titres flottants absorbés, les cours risquent de monter rapidement en bourse; mais, si la banque procède avec patience et sans donner l'éveil, elle peut arriver à réunir un paquet de titres suffisant pour lui permettre de jouer un rôle dans l'administration de la société.

### c) RELATIONS D'UNE BANQUE D'AFFAIRES AVEC LES SOCIÉTÉS FILIALES OU CLIENTES.

I. *Service financier.* — La banque effectue le service financier des titres de la société : paiement des coupons, transferts, réfections, recouponnements, contentieux des titres. De plus, s'il s'agit d'une société étrangère, la banque est son représentant en France vis-à-vis de l'Administration des Finances.

La rémunération consiste, suivant les cas, en des commissions ou en un prix à forfait. Le service des coupons lui procure en outre d'importants dépôts de fonds à titre de provisions lors de chaque mise en paiement.

II. *Trésorerie*. — La banque reçoit en compte courant les fonds disponibles de la société : compte courant à vue pour les sommes, en général peu élevées, strictement nécessaires aux opérations journalières de la société ; compte courant à préavis ou à échéance fixe pour le surplus. Ainsi la société bénéficie sur la plus grande partie de ces fonds d'un intérêt plus élevé et, d'autre part, la banque n'a pas à redouter d'importants retraits imprévus. Bien au contraire, ces comptes offrent en fait un caractère spécial : très au courant de la situation financière de la société, la banque peut prévoir à l'avance les mouvements importants des comptes et estimer avec beaucoup de précision le degré d'exigibilité de ces fonds en temps normal.

En temps de crise, ces prévisions peuvent certes être en défaut : mais, comme la banque a une influence sur l'administration de la société ou tout au moins des relations amicales avec elle, les mesures indispensables sont prises à l'amiable entre la banque et la société au mieux de l'une et de l'autre. En aucun cas, la banque n'a à craindre de retrait par suite d'une panique générale ou d'une simple défiance lors d'une crise aiguë. Ainsi que nous l'avons déjà vu, il s'ensuit qu'une banque d'affaires a beaucoup plus de latitude que la banque de dépôts dans le choix des placements qui servent de contre-partie à ces fonds.

Les commissaires aux comptes de la Banque de Paris et des Pays-Bas soulignent chaque année (1) dans leur rapport la nature spéciale de ces comptes créditeurs :

« Le chiffre considérable des comptes créditeurs des

1. Jusqu'en 1914.

correspondants, en France et à l'étranger, témoigne de la grande extension des opérations de la Banque et provient en grande partie des services de trésorerie nécessaires pour les diverses affaires auxquelles elle a pris part. Nous nous sommes d'ailleurs assurés que la partie de ces dettes, qui était exigible sans délai convenu, ne dépassait pas le chiffre des disponibilités immédiates, le surplus étant soumis à des conventions particulières d'échéances fixes ou de préavis obligatoires... » (exercice 1899).

« Il y a lieu de remarquer que les exigibilités sont, pour la plus grande partie, soumises à des conditions de préavis ou à des échéances fixes connues à l'avance » (exercice 1910).

A l'inverse, une banque d'affaires consent des avances aux sociétés : ce sont soit des ouvertures de crédit passagères ou des crédits de campagne, soit des avances renouvelables qui sont en fait à plus long terme pour permettre à l'entreprise de se développer ou de surmonter des difficultés. De plus, si la société a besoin d'ouvertures de crédit à l'étranger, la banque donne sa garantie à l'établissement étranger qui consent les avances.

Les avances qui sont en fait à long terme sont souvent le prélude d'une augmentation de capital ou d'un emprunt obligataire : on attend, pour effectuer l'émission, le moment favorable au point de vue situation du marché financier ou situation de la société. Ce sont les circonstances qui imposent à la banque ces avances renouvelées aux sociétés filiales. Mais la banque cherche le plus possible à les éviter dans la mesure où elles ne sont pas facilement réalisables : toute avance reste en principe temporaire, même lorsqu'il est prévu qu'elle pourra être renouvelée. Ainsi que l'a montré M. Allix dans un article de la *Revue Politique et Parlementaire* (1), ces avances en compte courant forment la dette flottante de l'entreprise.

Le rapport de la Banque de Paris et des Pays-Bas sur l'exercice 1913 mentionne ce fait : « ... Nous avons donné ou continué notre concours à des sociétés dans lesquelles nous sommes intéressés, en leur consentant des avances temporaires jusqu'au moment où elles pourront en opérer la consolidation ».

Ce sont ces ouvertures de crédit aux sociétés filiales ou clientes qui composent la presque totalité des comptes courants débiteurs des banques d'affaires.

III. *Emissions.* — La banque effectue les augmentations de capital et les émissions d'obligations de la société. Dans le but d'assurer la souscription intégrale des titres émis, elle fonde avec le concours d'autres établissements un syndicat de prise ferme ou un syndicat de garantie (2) : la société ne court ainsi aucun risque d'insuccès et reçoit en toute occurrence le montant de l'émission. Toutefois, elle cède les titres au syndicat à un prix inférieur au prix réel d'émission dans le public, la différence constituant le bénéfice des banquiers (3).

L'entreprise effectue-t-elle une augmentation de capital pour absorber une autre société, c'est la banque qui sera chargée de l'échange des actions, moyennant la perception d'une commission.

IV. *Missions.* — *Réorganisation.* — Vis-à-vis des sociétés dans lesquelles elle est intéressée, la banque joue un

1. Numéro du 10 janvier 1921 (*La Banque et le Crédit*).
2. et 3 • Voir le chapitre suivant.

rôle important de direction et de contrôle par l'entremise de ses représentants dans le conseil. Mais, quand il s'agit d'entreprises étrangères, les banques d'affaires envoient de plus en mission, de temps à autre, un de leurs dirigeants-administrateur ou directeur — qui est chargé d'examiner la situation et de proposer ou de prendre toutes les mesures nécessaires.

C'est ainsi que la Banque de Paris et des Pays-Bas envoie en 1907 son directeur général, M. Thors, en Argentine, que M. de Reverseaux va la même année en Grèce pour le compte de l'Union Parisienne, que plus tard M. André Guieu est envoyé au Mexique par l'Union Parisienne... Ces missions sont très fréquentes.

D'autre part, bien des sociétés filiales doivent négocier avec les gouvernements : ainsi, les entreprises de travaux publics — construction et exploitation de chemins de fer ou de ports — qui demandent des relèvements de tarifs ou des modifications à leur contrat de concession. Les représentants de la banque conduisent alors les négociations ou tout au moins appuient les efforts des sociétés elles-mêmes : la Banque de Paris et des Pays-Bas négocie en 1899 avec le gouvernement argentin et celui de la province de Santa-Fé, pour régler la situation de la Compagnie française de chemins de fer de la Province de Santa-Fé ; l'Union Parisienne intervient en 1912 dans les négociations que poursuivait avec le gouvernement la Société privilégiée pour favoriser la production et le commerce du raisin de Corinthe ; jusqu'en 1914, la Société Générale fait mention chaque année de ses laborieuses négociations avec le gouvernement péruvien au sujet de sa participation Guano et du port d'El Callao.

Enfin, lorsque la réorganisation financière d'une société

est devenue nécessaire, elle est effectuée sous la direction
et avec l'appui de la banque d'affaires : telles les réorganisations par l'Union Parisienne de la Providence Russe,
de la Société métallurgique Donetz-Youriefka (en collaboration avec le Crédit Mobilier) et de la Société d'outillage
mécanique et d'usinage d'artillerie ; tels encore les concours donnés par l'Union Parisienne à la Société des
Mines, Forges et Fonderies d'Alais et par la Banque de
Paris à la Compagnie française des Câbles télégraphiques.
Ces réorganisations entraînent parfois des négociations
entre les sociétés et leurs obligataires : la banque est alors
l'intermédiaire tout désigné à cet effet.

En général, les banques d'affaires rendent comptent
chaque année dans leur rapport de la situation des entreprises les plus importantes parmi celles qu'elles contrôlent.
Les rapports de l'Union Parisienne de 1904 à 1914 sont à
ce point de vue des modèles du genre : ils passent en
revue les diverses sociétés contrôlées, mentionnent les
opérations financières qu'elles ont effectuées avec le concours de la Banque et indiquent en quelques mots les
résultats du dernier exercice. Ces renseignements brefs
sont le plus souvent suffisants pour permettre de suivre
d'année en année la situation de ces entreprises.

Le Crédit Mobilier et le Crédit Français suivaient des
pratiques analogues, quoique le nombre d'affaires passées
en revue fût moins important. La Société Générale ne
donnait guère de renseignement que sur le port du Callao,
la participation Guano et ses filiales bancaires à l'étranger. Quant à la Banque de Paris et des Pays-Bas, ses rapports, brefs et condensés, ne mentionnent, en dehors des
opérations financières effectuées au cours de l'exercice,

que les fondations de sociétés nouvelles : elles donne, toutefois, de temps à autre, quelques indications sur les chemins de fer sud-américains. Il est d'ailleurs juste de reconnaître que le nombre d'affaires importantes dans lesquelles elle a des intérêts nécessiterait un compte rendu d'une étendue très supérieure à celle habituelle des rapports de ce genre : c'est ce qui arrivait, dans les dernières années avant la guerre, pour les rapports de l'Union Parisienne qui, depuis, avec le développement de ses opérations, s'est ralliée à ce point de vue au genre de rédaction de la Banque de Paris (1).

### d) Participation d'une banque d'affaires dans des opérations de financement dirigées par d'autres banques.

Lorsque le financement d'une société exige des sommes très importantes, la banque d'affaires doit s'assurer le concours d'autres établissements. Toute banque d'affaires participe ainsi à des opérations qu'elle ne dirige pas et qui sont effectuées avec des sociétés qui ne sont ni sous son contrôle ni même ses clientes. Dans l'ensemble de ses affaires, ces opérations sont en général les plus nombreuses : la banque opère ainsi la division des risques au lieu de limiter son champ d'action et de s'engager à fond sur un nombre restreint d'affaires.

C'est ainsi que pour fournir à une entreprise les crédits de campagne, parfois considérables, qui lui sont nécessaires ou pour garantir les ouvertures de crédit qui lui sont consenties à l'étranger, toute une série d'établissements,

1. La Banque de Paris a récemment évolué à ce point de vue et a présenté pour l'exercice 1920 un rapport très développé. Voir à ce sujet la quatrième partie.

participant chacun pour une quote-part, sont groupés autour de la banque mère. S'agit-il de la constitution d'une société, des banques qui n'auront pas fait partie du syndicat d'études pourront être admises dans le groupe des premiers souscripteurs du capital : ce cas est fréquent pour la fondation de grandes entreprises de travaux publics qui exigent de très importants capitaux.

Ces opérations en participation sont généralement relatées dans les rapports annuels de façon plus brève que celles où la banque assume le rôle dirigeant; une formule souvent employée est : « Nous avons pris part à la fondation de ... ».

Bien plus importante encore est cette collaboration des diverses banques pour assurer les émissions. Ce n'est guère en effet que pendant les périodes de grande prospérité économique et d'activité financière intense qu'une banque peut effectuer seule une importante opération financière. Normalement, elle groupe autour d'elle un certain nombre d'établissements qui, prenant ferme les titres ou garantissant leur souscription, contribuent à assurer à la société les fonds qui lui sont nécessaires. Ces banques interviennent alors comme simples participants sous la direction de celle qui a pris l'initiative de l'opération (le rôle dirigeant n'entraîne d'ailleurs nullement pour une banque l'obligation de prendre une participation supérieure à celle des autres : ainsi, dans la prise ferme de l'emprunt marocain de 1904, la Banque de Paris et des Pays-Bas qui dirigeait le consortium intervenait pour 12,80 0/0 au même titre que le Comptoir d'Escompte et la Société Générale, la Société Marseillaise étant même engagée pour 14,10 0/0).

A part les deux plus grandes banques d'affaires, Banque de Paris et Union Parisienne, qui, étant donnée leur envergure, dirigent la plupart des opérations qu'elles traitent, les autres banques font plus d'opérations à titre de simples participants qu'à titre de promoteurs ou de dirigeants.

Par là, une banque d'affaires prend bien part au financement de la société à laquelle elle contribue à procurer les fonds nécessaires. Mais, pour la banque, ces opérations se présentent surtout par leur seconde face d'opérations d'émission (et c'est uniquement à ce point de vue qu'elles sont relatées dans les rapports). Une banque est ainsi amenée à participer à des opérations pour le compte de sociétés qui sortent tout à fait du cadre des entreprises auxquelles elle a coutume de s'intéresser, mais ces opérations restent pour elle passagères. Elle se détermine d'ailleurs à donner son concours, non seulement d'après les chances de succès de l'émission, mais encore d'après le crédit de l'établissement qui dirige l'opération.

Nous examinerons donc ces participations dans le chapitre suivant, au cours de l'étude des syndicats d'émission.

### II. — Opérations de financement avec les Etats

Les opérations de financement avec les Etats sont tout à fait analogues à celles effectuées avec les sociétés. Quoique ces opérations reposent sur les mêmes bases, on ne peut toutefois pas parler de financement en général d'un Etat. Une banque d'affaires en effet fera une avance déterminée à un Etat, assurera l'émission d'un emprunt, mais, à côté de ces fonds qui lui sont ainsi procurés, l'Etat a les ressources des impôts qui forment normalement la base de son budget et de sa trésorerie. D'autre part, il ne peut être question pour une banque d'ingérence générale dans la politique financière d'un gouvernement.

*Avances.* — Les banques consentent aux gouvernements étrangers des avances qui sont très souvent le prélude d'emprunts à émettre ultérieurement lorsque la situation politique et celle du marché financier seront favorables à ces opérations. Ces avances sont le plus souvent faites sous forme d'escompte de traites ou de bons à court terme : elles sont remboursées soit, en général, avec le produit de l'émission des emprunts, soit avec les ressources normales du Trésor s'il ne s'agit que d'une aide temporaire à un Etat dont la trésorerie est passagèrement gênée.

Ces avances ont été très nombreuses de **1900** à **1914** et les rapports annuels des banques en contiennent de nombreux exemples qui caractérisent nettement ce genre d'opérations :

« Nous avons fait, avec le concours de nos amis, les avances suivantes :

Au gouvernement du Grand-Duché de Finlande, une avance de **16** millions de francs contre escompte de bons du Trésor; au gouvernement de Sao Paulo (Brésil) une avance, aujourd'hui remboursée, de **4.500.000** francs contre bons du Trésor; au gouvernement portugais, une avance de £ **500.000**, garantie par la redevance du monopole des allumettes et une autre de **20** millions de francs garantie par le dépôt dans nos caisses de **72.718** obligations de premier rang de la Compagnie Royale des Chemins de fer portugais. » (Union Parisienne, exercice 1908).

« ... Il est à remarquer que notre établissement n'a conclu, en 1912, aucun emprunt d'Etat proprement dit. Les négociations qui avaient été engagées avec divers

gouvernements sont restées en suspens ; la situation internationale et monétaire imposait, en effet, une politique
de réserve à laquelle nous nous sommes naturellement
associés. Toutefois nous avons été conduits à négocier des
bons à court terme émis par plusieurs Puissances qui, eu
égard aux circonstances générales, ne pouvaient contracter d'emprunt consolidé dans des conditions favorables,
et ont préféré ne réaliser que des opérations plus limitées
et d'un caractère temporaire... » (Banque de Paris et des
Pays-Bas, exercice 1912).

« Nous avons également participé, avec ces mêmes établissements, à des opérations d'avances à plusieurs Etats
étrangers ; ces avances peuvent être considérées comme
la préparation d'emprunts ultérieurs qui viendront ali-
menter l'activité des banques appelées à s'en charger »
(Crédit Mobilier, exercice 1912-13).

De même, la Banque Française escompte, en **1906**,
50 millions de francs de traites du gouvernement argentin ; la Banque de Paris avance, en **1903**, 7.500.000 francs
au Sultan du Maroc, opération suivie un an après de
l'émission d'un emprunt et qui a marqué le début de
l'emprise de la finance française au Maroc ; pour la seule
année 1912, l'Union Parisienne mentionne, entre autres,
des avances aux gouvernements chinois, grec, bulgare et
ottoman.

*Emprunts.* — Bien plus importantes encore sont les
opérations d'émission d'emprunts.

Les banques d'affaires entretiennent en effet des relations suivies avec les gouvernements et, de temps à autre,
envoient leurs dirigeants en mission auprès d'eux (tel, en
1907, le voyage de M. Finaly au Japon pour le compte de
la Banque de Paris et des Pays-Bas). Aussi, s'agit-il de

contracter un emprunt, les gouvernements s'adressent tout naturellement à ces établissements qui sont connus d'eux : la Banque de Paris par exemple négociait, entre autres, les emprunts bulgares et nombre d'emprunts sud-américains (1). De même que pour les augmentations de capital ou les émissions d'obligations de sociétés privées, la banque assure l'émission de l'emprunt vis-à-vis de l'Etat en prenant ferme son montant, soit seule, soit avec le concours d'autres établissements, suivant l'importance de l'opération.

Ainsi, le Crédit Mobilier se charge seul en 1910 d'un emprunt de £ 1.500.000 du gouvernement de Bolivie et la Banque de Paris et des Pays-Bas, en 1907, d'un emprunt de 50.400.000 francs de l'état de Sao Paulo, emprunt dont elle assure l'émission avec la Société Générale ; l'Union Parisienne, de compte à demi avec la Société Marseillaise, contracte en 1909 l'emprunt de 45 millions de la Ville de Kioto ; de concert avec la Société Générale et le Comptoir d'Escompte, elle prend ferme en 1906 un emprunt de 60 millions du gouvernement de Suède ; la Société Centrale des Banques de Province négocie et signe en 1909 un emprunt danois de 56 millions, de compte à demi avec le Crédit Industriel et Commercial, et un emprunt de 15 millions du Congo français, de concert avec MM. J. Loste et C$^{ie}$... (2), etc.

Mais, lorsque le montant de l'emprunt à assurer est élevé, la banque d'affaires préfère restreindre pour elle les aléas de l'opération de prise ferme en groupant autour d'elle de nombreux établissements. Elle est alors gérante

1. Etant donné ses relations anciennes avec le gouvernement russe, c'était le Crédit Lyonnais qui jouait ce rôle pour les emprunts russes.

2. Voir les rapports correspondants.

du syndicat qui se constitue, ce qui lui vaut une rémunération spéciale, et, de plus, si elle a négocié seule l'emprunt, elle joue le rôle d'apporteur et peut à ce titre toucher une commission sur le produit de l'emprunt.

Par exemple, pour conclure en 1911 avec le Gouvernement Argentin l'emprunt intérieur de 350 millions de francs, l'Union Parisienne groupe autour d'elle la Banque Espagnole du Rio de La Plata, le Crédit Mobilier, la banque Louis Dreyfus, la Société des Banques de Province, la Société Marseillaise et la Société Générale de Belgique. Le syndicat de prise ferme de l'emprunt Marocain 1904 est composé de la Banque de Paris et des Pays-Bas (gérante), du Comptoir d'Escompte, de la Société Générale, de la Société Marseillaise, du Crédit Industriel et Commercial, de la Banque Française, de la Banque Impériale Ottomane, du Crédit Algérien, de la banque Allard, de la banque de l'Indo-Chine et de l'Union Parisienne. En 1913, un consortium se forme pour prendre ferme la tranche française de l'emprunt chinois de réorganisation ; il comprend : la Banque de l'Indo-Chine, la Banque de Paris et des Pays-Bas, le Comptoir National d'Escompte, le Crédit Lyonnais, la Société Générale, le Crédit Industriel et Commercial, la Banque de l'Union Parisienne, la Banque Française et le Crédit mobilier.

Pour les emprunts particulièrement importants, c'est le « Grand Consortium » qui se réunit sous la direction, le plus souvent, de la Banque de Paris et des Pays-Bas. Il est composé des trois grands établissements de crédit, du Crédit Industriel et Commercial, de la Société Marseillaise, de la Banque de Paris et des Pays-Bas, de l'Union Parisienne, de la Banque Française, et, depuis 1909, du Crédit Mobilier Français.

En règle générale et sauf pour les emprunts publics français, les banques d'affaires prennent toujours ferme tout ou partie des emprunts à l'émission desquels elles concourent. Ce fait n'est pas toujours mentionné dans les rapports annuels — bien que nombre d'émissions soient relatées de la façon suivante : « Nous avons pris ferme et placé… » — mais l'engagement de prise ferme n'en existe pas moins et est sous-entendu. Énumérant les divers emprunts auxquels elle a donné son concours en 1899, la Banque de Paris et des Pays-Bas ajoute dans son rapport : « Les engagements fermes que nous avions pris dans ces affaires sont maintenant entièrement liquidés ».

Cette règle ne peut toutefois être appliquée à la Société Générale qui, bien qu'ayant participé jusqu'en 1914 à beaucoup d'affaires financières, était avant tout banque de dépôts. Tantôt elle prenait des participations dans des syndicats de prise ferme, tantôt elle n'intervenait que lors du placement ; mais il est impossible, à la lecture des rapports, de classer à ce point de vue les diverses opérations qui sont uniformément mentionnées sous la rubrique générale « opérations d'émission et de placement ». Etant donné les liens qui existaient entre la Banque de Paris et des Pays-Bas et la Société générale (1), bon nombre d'opérations se présentaient de la façon suivante : prise ferme par la Banque de Paris qui rétrocédait une partie de sa participation à la Société Générale, le rôle de celle-ci consistant avant tout à effectuer le placement.

De même, la Société Centrale des Banques de Province, nouvelle venue et tenue un peu à l'écart par les grands établissements de crédit, ne faisait souvent pas partie, à

_____

1. Voir le chapitre suivant.

ses débuts, des syndicats de prise ferme et n'intervenait
alors que pour le placement.

Plus encore que pour les émissions de Sociétés privées,
les deux faces de ces opérations d'émission — financement par la prise ferme, émission dans le public — sont
ici intimement liées. C'est qu'en effet une banque qui se
charge d'un emprunt envisage dans tous les cas son émission *immédiate* dans le public. Elle garde bien en portefeuille des titres de sociétés privées, soit pour s'assurer
une influence dans leur sein, soit pour écouler ces actions
avec prime lorsque ces entreprises seront en pleine prospérité. Mais de telles raisons n'existent évidemment plus
lorsqu'il s'agit d'emprunts d'Etats ou de Villes : aussi ces
opérations doivent-elles être envisagées surtout sous leur
seconde face d'opérations d'émission (1).

*Service financier*. — De même que pour les Sociétés
anonymes, les banques assurent le service financier des
emprunts publics émis par elles. Elles reçoivent aussi en
dépôt des sommes importantes, soit à titre de provision
pour le paiement des coupons, soit à titre de dépôt temporaire après la réalisation d'une émission (c'est ordinairement la banque qui a négocié l'emprunt qui est chargée
de la centralisation des fonds). Le rapport de la Banque
de Paris et des Pays-Bas sur l'exercice 1904 dit à ce sujet :
« Cette augmentation (du total du bilan), qui porte principalement sur le compte « Correspondants et comptes-
courants en France et à l'étranger » est constituée, pour
une part importante, par les sommes qui nous ont été
laissées en dépôt par les gouvernements étrangers à la
suite des opérations effectuées pendant le cours de l'exer-

1. Voir l'étude d'ensemble au chapitre suivant.

cice. La plus grande partie de ces dépôts n'avait qu'un caractère temporaire ». Ces dépôts à échéance fixe constituent pour les banques d'affaires des ressources particulièrement intéressantes.

*Conversions.* — Les banques d'affaires participent aussi aux opérations financières plus spéciales qui peuvent être effectuées par les Etats, telles que conversions, unification de dette, etc. Lorsqu'un Etat convertit un emprunt pour réduire le taux de l'intérêt servi, il court en effet le risque de voir un grand nombre de porteurs opter pour le remboursement au pair de leurs titres. L'Etat s'adresse alors à une banque : celle-ci constitue un syndicat qui garantit le succès de l'opération. Il est chargé d'échanger les titres anciens contre les nouveaux, moyennant une commission par titre échangé qui constitue son bénéfice. En outre, lorsque, par suite des remboursements demandés, un certain nombre des nouveaux titres restent pour compte, le syndicat les absorbe au prix fixé dans le contrat avec l'Etat, prix avantageux de façon à permettre aux banques de réaliser quelque bénéfice en les plaçant dans le public.

C'est ainsi que toutes les banques d'affaires françaises ont fait partie, en 1906, du Consortium français, dirigé par la banque Rothschild, qui garantissait la conversion de la rente italienne 5 0/0 en 3 1/2 0/0. La conversion des rentes 5 0/0 de 1881-1888 et de 1892-1893 du Royaume de Roumanie en rentes 4 0/0 1905 était assurée par la Banque de Paris et des Pays-Bas, la Société Générale et le Comptoir d'Escompte et c'est un consortium composé de la Banque Française, de la Banque Impériale Ottomane et du Comptoir d'Escompte qui a dirigé en 1903-04 les opérations d'unification de la dette ottomane.

Le produit des emprunts contractés par les Etats étrangers de 1900 à 1914 était souvent destiné au développement de l'outillage économique national. Or, les banques d'affaires françaises étaient fréquemment intéressées dans les entreprises de travaux publics, chargées de la construction de ports ou de chemins de fer. Il s'ensuit qu'elles jouaient dans la négociation d'emprunts de ce genre un rôle particulièrement actif. Le gouvernement étranger payait même parfois leurs travaux aux sociétés d'entreprises avec des titres de rentes : dans ce cas, la banque d'affaires intervenait pour assurer la réalisation de ces titres. « Nous avons réalisé cette année, dit le rapport de la Banque Française pour 1909, une opération importante avec le gouvernement des Etats-Unis du Brésil en mettant en souscription publique 80.000 obligations 5 0/0 de ce gouvernement destinées au paiement des premiers travaux du port de Pernambuco et que la Société Française de construction nous avait cédées. Cette opération, effectuée de concert avec le Crédit Mobilier Français, a rencontré, comme vous le savez, un grand succès ».

Un exemple caractéristique du rôle des banques d'affaires dans les avances et les emprunts destinés à des travaux publics nous est fourni par la construction des routes dans l'empire ottoman de 1910 à 1914. D'une part, la Banque Française constitue une Société de Construction, ainsi que le mentionne son rapport sur l'exercice 1910 : « Avec un groupe d'importants entrepreneurs français, nous avons constitué un Syndicat d'entreprises en Turquie, ayant pour objet la construction de routes dans l'Empire Ottoman. Cette concession a été obtenue au mois de juillet dernier ; depuis cette époque, une société anonyme française de construction, au capital de 4.000.000 fr., a été constituée pour la réalisation de ces travaux qui ont déjà reçu un commencement d'exécution ». D'autre part, la Banque Française, avec le concours d'un groupe de banques, consentait au gouvernement ottoman une avance de 15 millions, qui fut portée en 1913 à 20 millions, un emprunt public n'ayant pu, en raison des circonstances, être encore émis. Par la suite, cet emprunt spécial, destiné au financement de la Société de Construction des routes, fut incorporé dans le grand emprunt ottoman de consolidation 1914, pris ferme par la Banque Impériale Ottomane, à la tête d'un syndicat d'établissements français dont faisait, entre autres, partie la Banque Française.

Les banques d'affaires qui ont négocié un emprunt étranger se trouvent les mieux placées pour essayer d'obtenir d'un Etat défaillant la reprise du service financier de ses titres. Elles sont les portes-paroles autorisées des porteurs et c'est un devoir pour elles de prendre en main leur défense. En 1901, par exemple, la Banque de Paris et des Pays-Bas agit ainsi avec succès auprès du gouvernement de l'Etat d'Espirito-Santo : « Nous avons eu la satisfaction, dit son rapport, de voir le gouvernement de l'Etat d'Espirito-Santo, à la suite des représentations très énergiques que nous avons faites auprès du gouvernement fédéral du Brésil, nous remettre le montant du coupon d'octobre qui avait été quelque temps en souffrance. Le coupon d'avril nous est parvenu dans les délais prévus ».

Telles sont, dans l'ensemble, les opérations de financement traitées par une banque d'affaires avec les Sociétés et les Etats.

# CHAPITRE III

## OPÉRATIONS D'ÉMISSION

En règle générale, les opérations d'émission forment la contre-partie des opérations de participation et de financement. Pour effectuer celles-ci, en effet, la banque d'affaires emploie ses capitaux propres — capital social et réserves — et, dans une certaine mesure, les ressources provenant des dépôts de fonds non exigibles à vue qu'elle reçoit. Mais, si ces fonds restaient ainsi immobilisés, la banque serait vite à bout de ressources. Elle s'adresse donc au public en émettant les titres des diverses sociétés et libère ainsi les capitaux qu'elle a engagés : elle peut ensuite entreprendre de nouvelles opérations financières. Une banque d'affaires ne conserve des immobilisations en général, que pour avoir le contrôle de certaines sociétés ou bien lorsque la situation du marché financier ou celle de la société ne permettent pas une émission immédiate. Dans ces derniers cas, d'ailleurs, l'émission n'est que remise à une date plus ou moins éloignée et s'effectue dès que possible.

De plus, ce n'est souvent que lors de la réalisation de l'émission dans le public qu'apparaissent les bénéfices de la banque qui a engagé des capitaux pour financer une entreprise.

Qu'il s'agisse d'actions ou d'obligations d'une société ou

bien de titres d'emprunts publics, les opérations d'émission revêtent dans tous les cas des modalités analogues : la nature des titres émis ne nécessite donc à ce point de vue aucune distinction.

Sauf pour les opérations de faible envergure, une banque préfère ne pas assumer seule les risques d'insuccès de l'émission : elle groupe autour d'elle d'autres établissements bancaires et constitue un *syndicat*. L'étude du rôle d'une banque d'affaires dans les émissions nécessite celle préalable des syndicats financiers. L'intervention de ces syndicats s'est, en effet, généralisée au début du xxᵉ siècle, en même temps que leur mécanisme se précisait. et ils constituent à l'époque moderne un rouage des plus importants. Nous allons donc les étudier dans leur ensemble, en les envisageant principalement au point de vue des banques d'affaires.

Qu'est-ce donc qu'un syndicat d'émission, quels modes divers affectent-ils et quel est leur rôle (1) ?

M. Le Roy donne la définition d'ensemble suivante :

« Le syndicat d'émission est une association en participation formée généralement entre financiers et banques dans le but de partager les bénéfices résultant de l'introduction dans le public des titres acquis et apportés, ou garantis par chaque syndicataire ou par certains d'entre eux, et de répartir éventuellement sur la masse les titres implacés » (2).

Ainsi que nous l'avons vu, une banque d'affaires —

---

1. Voir les articles de M. Thaller dans les *Annales de Droit Commercial*, 1911 et la remarquable et très complète thèse de M. Yves Le Roy, *L-s syndicats financiers d'émission,* Paris, 1914.

2. *Op. cit.,* p. 210.

ou bien. suivant les cas, un consortium de banques — négocie avec une société ou un gou ernement une opération d'émission. Un contrat intervient par lequel la banque prend ferme, souscrit tout ou partie des titres émis. Il règle toutes les questions concernant l'émission, principalement le taux auquel la banque prend les titres, et par conséquent la somme globale qui rentre dans les caisses de la société ou du gouvernement ; le taux auquel elle les émettra et à qui incomberont les dépenses d'impression des titres, de publicité et en général tous les frais d'émission. Le plus souvent, le contrat contient aussi la « clause de guerre » ou une clause plus générale de rupture : le banquier serait délié de ses engagements si des événements extraordinaires affectaient directement ou indirectement l'un des états que concerne l'émission — guerre, troubles politiques, crise financière —.

Le contrat signé, la banque groupe autour d'elle des établissements amis et constitue par exemple un *syndicat de prise ferme et de placement*, Ce syndicat souscrit au prix fixé tout ou partie des titres émis, est immédiatement acquéreur ferme de ces titres et ses membres deviennent de ce fait actionnaires ou obligataires de la société (1). Il s'ensuit que le syndicat est aussitôt redevable envers elle du montant des titres dont il se charge et, en pratique, il verse immédiatement à la société tout ou partie des fonds qui lui reviennent. D'autre part, le syndicat effectue ensuite

---

1. Si, toutefois, la banque a traité pour leur compte ou s'ils apparaissent en nom : suivant les cas en effet, les participants sont effectivement en droit propriétaires des titres. ou bien certains d'entre eux seulement, ou bien le gérant. Cette question de la condition des titres au cours du syndicat sort du cadre de notre étude et nous renvoyons sur ce point à Le Roy, *op. cit.*, p. 264 et suiv.

pour son propre compte le placement dans le public et récupère ainsi les capitaux engagés par lui ; une commission de placement est attribuée aux participants pour chaque titre placé par eux. Le bénéfice syndical global qui résulte de la différence entre le taux de souscription des titres par les banques et le taux d'émission effectif dans le public, comprend donc deux parties : la commission de prise ferme et la commission de placement.

Chaque participant se trouve engagé suivant un pourcentage déterminé par rapport au montant de l'émission ou bien prend une ou plusieurs *parts syndicales*, la part étant composée d'un nombre fixe de titres, 10.000, 20.000 par exemple.

Le syndicat prend ferme, avons-nous dit, *tout ou partie* des titres émis : il se peut en effet que les banques limitent leurs engagements en attendant de voir avec quelle facilité s'effectue le placement des titres. Une partie de l'émission est alors prise ferme et le reste à option : pendant un délai fixé — assez court d'ailleurs — le syndicat a la faculté de « lever » cette seconde tranche de titres à un prix qui peut être supérieur à celui fixé pour les titres pris ferme, car le risque est moindre, le syndicat ne levant l'option que si l'émission dans le public a du succès. Par suite, l'engagement de chaque participant porte à la fois sur une fraction des titres pris ferme et sur une fraction des titres pris à option.

L'établissement promoteur de l'affaire peut aussi agir différemment et fonder un *syndicat de garantie et de placement* qui effectue le placement dans des conditions analogues mais ne fait que garantir la souscription intégrale des titres émis. Il n'est pas preneur ferme et ne souscrit pas immédiatement les titres : seulement, s'il y a un solde

de titres implacés, ceux-ci sont appliqués aux divers participants au prorata de leurs engagements. Ce n'est donc
qu'à la clôture de la souscription, une fois cette répartition effectuée s'il y a lieu, que les syndicataires deviennent
actionnaires ou obligataires de la société.

De même que dans le syndicat de prise ferme et de
placement, le bénéfice syndical se compose ici de deux
parties : une commission par titre placé et une commission
de garantie pour tous les titres sur lesquels porte l'engagement de souscription éventuelle. S'il reste des titres
implacés, le syndicat les absorbe, en général, au taux
d'émission dans le public, déduction faite de la commission de placement, la commission de garantie lui étant
par ailleurs déjà acquise. Il a en outre, le plus souvent,
pour but complémentaire le placement de ce solde de
titres qui lui restent pour compte.

Tels sont les deux types de syndicats les plus usuels ;
mais la pratique offre des exemples plus complexes.

Il est des *syndicats de simple prise ferme* qui n'ont pas
pour but le placement des titres dans le public : leur rôle
se borne alors à souscrire les titres et à fonder un second
syndicat qui, à son tour, prend les titres ferme ou à garantie et effectue le placement. Les titres sont cédés au *syndicat de placement* à un cours intermédiaire entre le prix
initial et le prix d'émission dans le public, le premier
syndicat retenant pour lui la plus grande partie du bénéfice normal de prise ferme. Ce mode de procéder est souvent employé lorsque c'est un groupe restreint qui a
négocié l'opération : chaque membre assume des engagements importants qui, dès la formation du second syndicat, lui procurent d'appréciables bénéfices. Les engagements sont alors réduits car le groupe s'élargit par

l'adjonction d'autres banques qui apportent le concours de leur force de placement.

De même, le *syndicat de garantie* peut rester étranger au placement. Il se compose souvent alors, en plus des banques, de riches financiers, d'administrateurs et d'intermédiaires qui ont permis la conclusion de l'affaire. Les participations de ce genre permettent en effet à la banque de rémunérer sans débours toute une série de concours plus ou moins importants. Le placement est alors effectué par des banques qui ne sont pas liées par un engagement syndical et qui « travaillent à la commission ».

Ce syndicat reçoit la commission de garantie normale par titre émis et absorbe, s'il y a lieu les titres implacés. Comme dans le cas général, il peut alors avoir pour objet le placement de ce solde qui lui reste pour compte.

La banque d'affaires qui veut former un syndicat d'émission rédige un *acte syndical* qu'elle communique aux banques dont elle veut s'assurer le concours, accompagné le plus souvent d'une notice explicative et d'une épreuve officieuse de prospectus. Cet envoi aura d'ailleurs été précédé en général d'entretiens entre les dirigeants de l'établissement promoteur de l'affaire et ceux des banques intéressées. L'accord de celles-ci obtenu, les exemplaires de l'acte syndical sont signés, par tous les syndicataires et mentionnent alors la liste des participations ; ou bien — et c'est le cas le plus général — chaque syndicataire signe seul un acte d'engagement identique qui se termine par une formule de ce genre : « Le soussigné, après avoir pris connaissance du présent acte, déclare y adhérer pour une participation de ... ». Dans les deux cas, l'acte syndical contient toutes indications sur l'objet et l'étendue de l'opération, la gérance, la date et le mode de liquidation et la détermination du bénéfice syndical.

Les opérations du syndicat sont dirigées par un gérant (ou un comité de gérance) qui a les pouvoirs les plus étendus pour la réalisation de son objet. Ce rôle important est normalement dévolu à la banque d'affaires qui a engagé l'opération. C'est le gérant qui a la direction générale de l'émission et qui engage les dépenses de publicité nécessaires et c'est lui qui établit les comptes de liquidation. Les bénéfices sont représentés par le montant des commissions de prise ferme, la commission de placement étant acquise à chaque syndicataire pour tout titre placé par lui ; il faut en déduire les dépenses diverses engagées par le syndicat. Sur le bénéfice net, il est en premier lieu prélevé une commission (**10 0/0** habituellement) qui est attribuée au gérant, en rémunération de ses peines et soins ; le solde est réparti au prorata des participations·

Lorsque des titres restent implacés, le gérant effectue la répartition entre les syndicataires suivant le mode prévu dans l'acte syndical. Deux modalités sont surtout usitées en pratique : celle dite à la parisienne et celle dite à la lyonnaise.

Dans le *syndicat à la parisienne*, le solde des titres est réparti entre tous les syndicataires proportionnellement à leurs participations, sans tenir compte du nombre des titres placés par chacun. Le placement est alors effectué « pour compte commun » : les opérations de chaque syndicataire profitent à tous les autres en diminuant d'autant le solde à répartir éventuellement. Une banque qui aurait placé sa part entière et même au delà ne serait nullement dégagée et devrait subir une application.

S'il y a, au contraire, *syndicat à la lyonnaise*, le solde

est réparti entre les participants au prorata de la part non placée par chacun d'eux sur le montant de sa participation. Tout syndicataire qui a placé un nombre de titres égal à celui de sa part syndicale est donc certainement dégagé dans tous les cas.

Ce second système paraît le plus équitable. Tout participant qui connaît bien sa force de placement peut s'engager avec la quasi-certitude de n'avoir pas à subir une application inattendue. Aussi cette forme, plus récente, a-t-elle une grande vogue. Elle est en particulier employée dans les syndicats formés par la Société Centrale des Banques de Province avec les maisons régionales ou locales.

Elle offre cependant le grand inconvénient de faciliter cette fraude qui consiste à rétrocéder, en cas de placement difficile, une commission importante aux intermédiaires et même aux clients. Tout syndicataire étant dégagé dans la mesure des titres placés par lui, il se peut que certains préfèrent réduire leurs bénéfices plutôt que d'avoir à supporter une application : ils soldent alors des titres au rabais (1). Dans le syndicat à la parisienne, au contraire, tout participant reste exposé à une application supplémentaire et ne sait par conséquent sur quel nombre de titres il doit répartir son bénéfice syndical. Aussi les grands établissements de crédits préfèrent-ils toujours cette dernière forme : elle éloigne d'elle-même du syndi-

---

1. Pour obvier à cet inconvénient, la Société des Banques de Province n'indiquait que le montant de la commission de placement sans préciser celui du bénéfice syndical proprement dit. Mais tous les banquiers savent que le bénéfice global est partagé en deux parties le plus souvent à peu près égales, la commission de placement étant un peu inférieure à celle de prise ferme.

cat les banquiers qui fausseraient le placement ou qui n'ont pas de moyens financiers suffisants. Pour atténuer la rigueur de ce mode de répartition, les syndicataires sont seulement admis à *exclure des ventes* tout ou partie des titres composant leur participation. Ces titres exclus sont levés par eux au moment de l'émission et la répartition du solde implacé est alors effectuée au prorata des participations de chacun d'eux, sous déduction des titres exclus des ventes lors de la signature de l'acte syndical.

Le taux de prise ferme ou à garantie des titres émis, suivant les cas, la commission de placement et celle de garantie sont fixées dans l'acte syndical. Il peut en être de même pour le taux effectif d'émission des titres dans le public — et par conséquent pour la commission de prise ferme — : c'est le cas lorsque le contrat d'émission entre la banque et la société ou le gouvernement fixe lui-même ce taux de façon précise. Sociétés et gouvernements ont en effet intérêt à ce que le cours d'émission de leurs titres dans le public corresponde le plus exactement possible à l'état de leur crédit et à la situation du marché financier. Or, il peut se produire des circonstances telles que les banques, désireuses de libérer rapidement leurs capitaux, consentent un sacrifice sur le bénéfice primitivement envisagé et écoulent les titres à des cours relativement bas ; ou bien, à l'opposé, les banques voulant augmenter leurs bénéfices, peuvent essayer de placer ces titres à des cours très élevés, ce qui entraînera peut-être l'échec de l'opération. Dans les deux cas, le crédit de la société ou du gouvernement est atteint.

Mais il se peut aussi que le contrat ne fixe pas ce cours d'émission dans le public. L'acte syndical mentionne alors : « Le cours de réalisation des actions (ou obligations)

est envisagé aux environs de... ». Il en est ainsi souvent
lorsque la Société ou l'Etat n'ont pas un crédit nettement
établi ou lorsqu'il s'agit de la souscription au pair des
actions d'une société nouvelle. La pratique est très diverse
et on ne peut donner sur ce point de règle générale, car
il faut faire entrer en ligne de compte le degré de stabilité du marché financier. D'ailleurs, si le syndicat veut
réaliser un supplément de bénéfices, la chose est facile
même si le cours d'émission est fixé par le contrat : la
souscription est déclarée close, la répartition effectuée et
les titres sont ensuite négociés à des cours supérieurs.

Quel est le fondement juridique du bénéfice syndical
proprement dit, déduction faite de la commission de pla-
cement(1)? N'est-ce pas un prélèvement abusif effectué par
les banques? Il n'en est rien : le bénéfice syndical représente la *rémunération du risque*. Le syndicat qui prend
ferme un emprunt, qui souscrit un capital-actions dans sa
totalité, qui garantit une émission de titres, joue un rôle
d'*assureur* : alors que les résultats de l'opération d'émission sont tout à fait incertains, le gouvernement qui a
besoin de capitaux, la société qui se fonde ou qui veut
étendre ses opérations ont immédiatement la certitude de

1. Les diverses commissions syndicales sont-elles licites ? Facile à
résoudre par l'affirmative dans la plupart des cas, le problème n'offre de difficultés que lorsqu'il s'agit d'actions émises au pair dans
le public. Si un syndicat garantit l'émission ou si les banquiers agissent comme simples commissionnaires, ces prélèvements sont légaux,
sauf mention dans les statuts ou ratification par une assemblée générale ordinaire ou extraordinaire, suivant les cas. Mais si le syndicat
prend les titres ferme, ses membres deviennent de ce fait actionnaires : or, la loi exige la souscription de la totalité du capital social et
le versement effectif en espèces du montant correspondant à la fraction libérée. La rétrocession d'une commission, même après accomplissement de formalités constitutives, fait indéniablement échec à

recevoir dans tous les cas les fonds nécessaires. Bien plus, le syndicat de prise ferme est aussi *escompteur* : il procure à la société les capitaux et recouvre ensuite son avance sur l'épargne publique, de même qu'un banquier escomptant une traite fait immédiatement les fonds à un commerçant et se retourne ensuite vers son débiteur.

Ainsi, le service rendu à l'industrie et aux diverses sociétés est très important car, sans les syndicats, bien des émissions de valeurs seraient impossibles et bien des sociétés ne pourraient se constituer et se développer. Entre l'industrie et le public s'interposent ainsi les banquiers qui, groupés en syndicats, s'engagent hardiment dans l'incertain, véritables spéculateurs — en prenant ce mot dans son acception économique — qui, par leur action régulatrice, permettent à l'épargne de se former et de prendre confiance.

Il s'ensuit que le taux du bénéfice syndical global est essentiellement variable avec l'importance du risque. Très faible pour les émissions de puissantes sociétés ou des grandes compagnies, beaucoup plus important pour celles des entreprises ou des Etats sans grand crédit, il était en moyenne de 5 0/0 de 1900 à 1914. Il varie d'ailleurs avec les autres conditions financières du contrat d'émission :

la sincérité de la souscription et du versement : la commission semble donc illégale.

La doctrine est dans ce sens ainsi que, dans l'ensemble, la jurisprudence ; toutefois l'arrêt de la Cour de Lyon, 6 mars 1912, admet la validité d'un contrat de commission si les statuts prévoient expressément les frais de l'émission des actions. Il ne faut pas perdre de vue en effet que tout banquier qui prend ferme des titres, a en vue leur émission immédiate ou différée ; or, on aboutit à la conclusion paradoxale que c'est précisément dans le cas où il court les plus grands risques que toute rémunération lui est refusée. La pratique est flottante et la rétrocession d'une commission est assez souvent usitée.

importance des dépôts de fonds consentis par l'émetteur
et des provisions pour le service des coupons qui sont
pour les banques une autre source de bénéfices.

Plus complexe encore est la détermination du bénéfice
effectif résultant pour une banque d'une opération syndicale. Il dépend du montant des rétrocessions consenties
aux intermédiaires et en outre, si la banque doit absorber des titres implacés, d'un événement incertain, le placement ultérieur de ces titres. On s'imagine souvent que
les banques ont intérêt à placer des titres médiocres sur
lesquels elles touchent une forte commission : cela est loin
d'être exact. C'est qu'en effet des émissions douteuses
nécessitent des frais de publicité considérables, des commis
sions importantes aux intermédiaires, qui réduisent notablement les bénéfices, même en cas de succès complet ; et
si une bonne partie des titres reste pour compte à la banque qui les a pris ferme ou à garantie, ses fonds seront le
plus souvent immobilisés pour longtemps et peut-être
irrémédiablement perdus. De plus la désaffection de la
clientèle, rebutée par des pertes d'argent répétées, s'en-
suivra tôt ou tard. Aussi n'est-ce que parce qu'ils n'ont
pas une situation et un crédit suffisants pour être admis
à participer au placement de titres sérieux que des établissements cherchent à écouler un tel papier.

Toute grande banque d'affaires, lorsqu'il s'agit pour
elle de prendre une participation dans un syndicat financier, ne fait donc entrer en ligne de compte l'importance
du bénéfice syndical qu'après examen de la nature de
l'émission.

En dehors du cas, assez rare, où une seule banque est
preneur ferme et assume tous les risques du placement,

et bien que la formation d'un syndicat soit très usitée en pratique, il se peut que l'émission soit effectuée sans que l'on ait recours à une telle association. S'agit-il en effet d'obligations ou de titres d'emprunts publics, le fait que les titres émis ne sont pas souscrits en totalité n'influe nullement sur la validité du contrat de prêt qui est intervenu entre chaque souscripteur et la société ou le gouvernement. S'agit-il d'actions, les banques d'affaires et les divers fondateurs peuvent prendre ferme ou émettre directement les titres dans le public, en souscrivant, s'il y a lieu, les titres implacés, mais sans qu'il y ait constitution d'un syndicat de prise ferme ou de garantie. Le placement s'effectue alors de la façon suivante : les fondateurs — financiers ou banque — ou les administrateurs, suivant qu'il s'agit d'une fondation de société ou d'une augmentation de capital, passent des accords avec divers établissements bancaires qui ne sont nullement engagés entre eux, chacun d'eux prenant ferme ou à option un paquet de titres ou effectuant simplement du placement à la commission. Pour multiplier les lieux de souscription, on loue par exemple, moyennant une commission de placement, les guichets d'un grand établissement de crédit à succursales multiples. S'il y a des titres implacés, ce sont souvent les fondateurs de la société nouvelle qui les souscriront, formant ainsi une sorte de syndicat de garantie officieux.

Dans la pratique, la banque d'affaires qui a négocié un emprunt public forme toujours un syndicat de prise ferme et de placement qui souscrit la totalité des titres émis ou bien une partie seulement. le reste étant pris à option. Pour la souscription du capital d'une société nouvelle intervient presque toujours un syndicat : syndicat de garantie et de placement ou simplement de garantie dans le cas — assez rare, nous l'avons vu — de fondation successive ; syndicat de prise ferme et de placement, syndicat de prise ferme (ou souscription directe par les fondateurs) et rétrocession à un syndicat de placement, s'il y a fondation simultanée. S'il s'agit d'une augmentation de capital peu importante, elle peut être souscrite par des banques non syndiquées ; mais, généralement, un syndicat est aussi constitué : le mode de prise ferme qui a longtemps prévalu tend de plus en plus dans ce cas à être remplacé par celui de garantie, procédé qui offre en effet l'avantage de ne nécessiter aucune immobilisation de capitaux au début de l'émission. De nos jours, presque toutes les augmentations de capital s'effectuent avec formation d'un syndicat de garantie qui est chargé ou non du placement ; c'est en particulier l'usage général lorsqu'il s'agit des augmentations de capital des banques. Enfin, pour les émissions d'obligations, la pratique est très diverse : syndicats de garantie ou, peut-être plus souvent, de prise ferme et aussi engagements divers des banques pour le placement sans formation de syndicat.

Il était nécessaire d'exposer assez longuement le mécanisme et la fonction des syndicats d'émission car, ainsi que nous l'avons vu, c'est la banque d'affaires qui, pour une opération financière négociée par elle, s'occupe de constituer un syndicat dont elle sera la gérante. Par là, c'est elle qui assume la fonction principale de direction de cet organisme pour ce qui est des relations intérieures entre syndicataires (versements de fonds, liquidation, répartition des bénéfices et des titres) et aussi pour la réalisation effective de l'émission. Ces opérations syndicales sont extrêmement importantes pour une banque d'affaires : elles constituent pour elle des opérations courantes qui découlent de sa fonction même.

Avec l'étude des syndicats, nous venons d'envisager la préparation interne de l'émission ; il reste à exposer comment celle-ci s'effectue en fait et principalement quel rôle la banque d'affaires, souvent gérante du syndicat, joue dans sa réalisation.

La banque d'affaires ne se borne pas toujours à examiner au préalable si les circonstances politiques et l'état du marché financier sont favorables à l'émission envisagée : elle peut aussi jouer un rôle actif par la préparation du marché. Le taux d'émission de la nouvelle valeur est en effet déterminé, le cas échéant, par les cours pratiqués en bourse au même moment sur les titres déjà émis par la Société ou l'Etat en question. En procédant par rachats successifs, la banque peut donc faire hausser les cours et effectuer l'émission à des conditions meilleures. Cette intervention est toutefois assez limitée, lorsque le titre ne se trouve pas anormalement bas par rapport à l'ensemble de la cote : une hausse importante provoquerait en effet des ventes nombreuses et la banque se verrait obligée soit de laisser la baisse se produire presque aussitôt, soit d'absorber un nombre de titres peut-être considérable. Cette pratique est pourtant absolument nécessaire en cas de conversion d'un fonds d'Etat, car une chute des cours se produirait à la seule annonce de l'opération dont le succès serait ainsi compromis.

La date de l'émission étant fixée, il s'agit d'autre part

de préparer le terrain par la voie de la presse. La banque qui dirige l'opération est chargée de faire insérer dans les journaux toute une série de notices, d'articles et d'études sur la nouvelle valeur et la société qui l'émet. Elle établit le budget de publicité et, le plus souvent d'ailleurs, s'adresse à un « distributeur de publicité » qui se charge pour une somme forfaitaire de rémunérer les journalistes : en retour, ceux-ci doivent faire des critiques favorables. De nos jours, toute émission, quelque soit la valeur du titre émis, entraîne des frais de publicité énormes auxquels il n'est guère possible de se soustraire. Il faut en effet s'assurer le concours des journaux financiers connus et des grands quotidiens qui publient un bulletin financier — car ce n'est que par une répétition journalière des mêmes affirmations que le public se laisse peu à peu tenter —. De plus, il est souvent nécessaire de payer tribut à de nombreux individus dont les vagues feuilles sont toujours prêtes à de violentes attaques et sont alors habilement répandues dans les milieux financiers : au cours de l'émission, la banque ne peut laisser se répandre en bourse des bruits fâcheux sur la valeur émise et doit arrêter immédiatement ces manœuvres.

La banque gérante du syndicat est chargée d'accomplir toutes les formalités nécessaires pour l'émission des titres — insertion de la notice légale dans le Bulletin annexe au *Journal officiel* — et, s'il y a lieu, pour la demande d'admission à la côte (1).

---

1. Ces diverses questions, de même que celle des divers modes d'émission, nécessiteraient de longs développements. Mais, nous envisageons les opérations d'émission non en elles-mêmes mais spécialement au point de vue du rôle des banques d'affaires. Nous renvoyons donc aux nombreux ouvrages qui traitent ces divers points en détail.

Trois procédés différents s'offrent aux banques pour réaliser l'émission des titres dans le public : la souscription publique à date fixe, l'introduction directe en bourse et le placement aux guichets.

La *souscription publique* à date fixe est de beaucoup le mode le plus généralement employé. Le prospectus indique à quels guichets les souscriptions seront reçues : guichets de quelques-uns ou de tous les syndicataires et éventuellement d'un grand établissement de crédit étranger au syndicat. Tous les syndicataires banquiers contribuent au placement et perçoivent la commission prévue pour les titres écoulés par leurs soins. Les souscriptions peuvent d'ailleurs être transmises par l'intermédiaire de tous établissements de crédits, banquiers ou agents de change qui touchent de ce fait par titre souscrit une commission dont le maximum est prévu dans l'acte syndical.

Comment va procéder la banque d'affaires pour écouler les titres dont elle s'est chargée ?

Tout d'abord — et cela quelque soit le mode d'émission dans le public — elle peut, si elle le désire, répartir les risques assumés par elle ou même se dégager entièrement. Pour cela, elle forme, suivant l'une quelconque des modalités exposées, un *sous-syndicat* auquel elle rétrocède tout ou partie de sa participation. Il est composé des banquiers affiliés ou correspondants et souvent aussi d'administrateurs de la banque et de quelques gros capitalistes amis. Ordinairement, la banque apporte les titres à ce nouveau syndicat à un prix supérieur à celui auquel elle les a obtenus : elle prélève ainsi au passage une commission qui réduit d'autant le bénéfice du sous-syndicat.

Bien que n'étant en contact avec le public que par son siège social, toute banque d'affaires effectue directement du placement. Elle a, en effet, ainsi que nous l'avons vu, une clientèle de gros capitalistes qui, ayant des fortunes intéressantes à gérer, jugent préférable d'être en relations avec une banque d'affaires plutôt que de l'être avec une succursale quelconque de grand établissement de crédit. A ces capitalistes importants s'adjoignent nombre de capitalistes d'envergure beaucoup plus réduite mais qui s'intéressent aux placements mobiliers. Cet ensemble de clients dispose de façon normale de sommes importantes en attente de placement ; suivant la nature de la valeur émise, la banque sait d'ailleurs à peu près quel nombre de titres elle pourra placer auprès d'eux. Elle les avise avant même l'ouverture de la souscription et s'assure ainsi aussitôt de notables demandes. Parfois, les très gros capitalistes s'intéressent plus directement à l'émission en prenant des participations syndicales ou sous-syndicales.

L'activité de placement de la banque d'affaires s'exerce en second lieu de façon indirecte par le placement des titres auprès d'intermédiaires qui les rétrocéderont à leur tour. Dès que l'émission est définitivement arrêtée et que la date de la mise en souscription est proche, la banque propose la valeur en question à une série d'intermédiaires : banquiers de province (dont les plus importants pourront faire partie, s'il y a lieu, du sous-syndicat), démarcheurs, coulissiers, agents et correspondants divers. Ceux-ci ont le temps de travailler leur clientèle et font ensuite parvenir leurs demandes de titres irréductibles. Il peut arriver ainsi qu'une grande partie des titres émis soit déjà placée ferme avant l'ouverture de la souscription qui sera rapidement close.

Le bénéfice des intermédiaires consiste en une commission rétrocédée par la banque : elle ne peut être supérieure au chiffre fixé dans l'acte syndical, sous peine, pour la banque, de perte de son bénéfice syndical sur la totalité de sa participation. On cherche à éviter par cette clause une surenchère progressive de la commission qui tendrait à déprécier le titre et surtout à le laisser « flottant ».

L'intérêt de l'émetteur et des banques qui participent à l'opération est en effet que le titre soit rapidement « classé », c'est-à-dire qu'il arrive vite dans le portefeuille de ceux qui ont l'intention de le garder à titre de placement durable. Mais la masse des capitalistes et des épargnants ne peut être atteinte que peu à peu. Au-dessous des spéculateurs de premier plan que sont les divers syndicataires, s'interposent alors, avec moins d'envergure, les intermédiaires dont le rôle consiste précisément à s'assurer dès le début des titres qu'ils placent ensuite dans leur clientèle.

Or, si la commission rétrocédée était trop forte, les intermédiaires, assurés d'un notable bénéfice, se porteraient acquéreurs d'un nombre de titres très supérieurs à celui dont ils ont le placement et rejetteraient ensuite ces titres sur le marché, fut-ce à des cours légèrement inférieurs au taux d'émission dans le public, cours qui les laisseraient encore en gain. Pour obvier à cette fraude, l'acte syndical fixe la commission maxima rétrocédable et prévoit que, si les titres reviennent sur le marché au cours du placement ou pendant un certain délai ensuite (trois mois, six mois), suivant les cas, le gérant aura le droit de réclamer la commission de placement aux banquiers qui ont placé ces titres — on note les numéros des titres délivrés à chaque syndicataire — et pourra même racheter ces titres pour leur compte.

Chaque banque d'affaires a sa clientèle de banquiers et

d'intermédiaires divers dont elle étudie avec soin la force
de placement suivant la nature des titres et avec lesquels
elle entretient des relations très suivies, principalement
avec nombre de petits banquiers de province qui vivent
du placement. La banque attache une très grande importance à ces relations car elle peut prendre des participations d'autant plus fortes qu'elle a l'assurance d'être en
partie dégagée aussitôt. Nous avons vu, d'ailleurs, quel
intérêt offre pour une banque d'affaires une grande force
de placement au point de vue du contrôle des sociétés.

Devant le grand succès d'une émission, il arrive parfois
que des syndicataires s'appliquent directement à eux-
mêmes le solde encore non placé de leur participation :
après clôture de la souscription, ils écouleront ces titres
dans le public avec une légère prime. Au supplément de
bénéfices correspond alors une immobilisation plus longue
des capitaux et un risque plus grand, le public acheteur
à un prix donné pouvant fort bien s'abstenir à un prix
supérieur. Si tous les participants sont d'accord, le syndicat peut aussi — nous l'avons vu — déclarer la souscription close prématurément et le solde des titres est
alors négocié aussitôt à des cours plus élevés, sous réserve
bien entendu de la disparition des demandes.

Le second procédé d'émission est l'*introduction directe
des titres en bourse*. Les syndicataires agissent alors auprès
de leurs clients de façon à provoquer des ordres d'achat.
Les négociations en bourse sont dirigées par le gérant du
syndicat dont le rôle est ici particulièrement important
car l'acte syndical ne peut évidemment mentionner qu'un
cours minimum de placement ou le taux auquel seront
proposés ces titres le premier jour. L'écoulement des
titres s'effectue progressivement et est interrompu, en cas

de demande insuffisante, pour reprendre dès que les conditions sont plus favorables. Ce mode d'émission est surtout usité lorsqu'il s'agit de placer sur le marché français des valeurs déjà cotées à d'autres bourses. Il a été employé pour le placement d'actions de mines d'or sud-africaines et des obligations, puis des actions, des chemins de fer nord-américains (le rapport de la Banque de Paris et des Pays-Bas sur l'exercice 1911 mentionne l'introduction en bourse des actions de l'Atchison, Topeka et Santa-Fé Railway-Cy et aussi de celles de l'American Telephone and Telegraph Cy).

Le troisième mode d'émission consiste dans le *placement direct des titres aux guichets* par des ventes de gré à gré avec la clientèle. Les banques peuvent ainsi effectuer le placement en silence, sans aucune publicité même lorsqu'il s'agit d'emprunts publics, la loi de 1907 n'exigeant pas dans ce cas les diverses formalités. De par sa nature même, ce procédé est surtout employé pour les émissions d'obligations et d'emprunts publics et il est possible de diriger le placement de façon à mettre les fonds à la disposition de la société ou du gouvernement au fur et à mesure des besoins. Un capital-actions exige au contraire une souscription rapide ; les banques n'emploient guère ce dernier procédé d'émission que lorsque, ayant assuré par la prise ferme la constitution ou l'augmentation de capital de la société, elles préfèrent mettre les actions en portefeuille et ne les écouler que peu à peu avec une prime croissante. L'avantage du placement direct aux guichets est que le classement du titre est, dès le début, excellent Il offre par contre l'inconvénient de favoriser le placement à des cours majorés.

Ce mode d'émission nécessite évidemment une grande

force de placement ; aussi a-t-il été surtout employé pour des opérations auxquelles participaient de grands établissements de crédit, entre autres certaines émissions d'emprunts russes et argentins.

Il n'y a pas, d'ailleurs, entre les divers modes de procéder des cloisons étanches : on peut agir à la fois par placement direct et par ventes en bourse et, fréquemment, bien des titres sont placés aux guichets avant l'ouverture de la souscription publique.

Alors que le rôle de la banque d'affaires dans la préparation et la direction de l'émission est primordial, son intervention dans la réalisation effective du placement, si l'on ne tient pas compte des titres qu'elle rétrocède aux banques diverses, est, quoique très notable, bien moins importante que celle des établissements à succursales nombreuses. Ce sont les établissements de crédit à guichets multiples ou les grands banquiers de province qui jouent ici le rôle principal : l'intervention des uns ou des autres, mais surtout des premiers, est, pour le placement, indispensable lorsque le montant de l'émission à effectuer est élevé. Il s'agit en effet d'être en contact avec le grand public, avec la masse des capitalistes moyens et des petits épargnants, ce qui n'est pas le cas des banques d'affaires.

Toute grande banque d'affaires a donc intérêt à s'assurer le concours régulier d'un puissant établissement de crédit ou de grandes banques de province. Elle prend alors des engagements syndicaux portant sur un nombre de titres très important dont elle rétrocède une partie (ferme ou à option) aux banques amies qui peuvent même se borner à placer à la commission. Avec ces appuis divers, elle peut en outre effectuer seule des opérations importantes.

Les deux plus grandes banques d'affaires françaises travaillaient ainsi, de façon plus ou moins étroite, avec des établissements de crédit : la Banque de Paris et des Pays-Bas avec la Société Générale et avec la Banque Privée Lyon-Marseille, l'Union Parisienne avec le Comptoir National d'Escompte. Les relations de la Banque de Paris avec la Société Générale datent de 1905 : à la suite des faillites de la Raffinerie Say et de la Société des Sucreries d'Egypte, la Société Générale augmenta son capital de 100 millions ; cette émission était garantie par la Banque de Paris et des Pays-Bas qui mit une partie de ces titres en portefeuille. Deux représentants de la Banque de Paris, dont M. Bénac, entrèrent dans le Conseil d'Administration de la Société Générale dont le président, M. Hély d'Oissel, fut nommé en 1912 administrateur de la Banque de Paris. D'autre part, la Banque de Paris et des Pays-Bas a dirigé en 1909 la réorganisation de la Banque Privée, dans laquelle elle a pris un important intérêt, quatre sièges d'administrateurs étant occupés par ses représentants. Ces établissements de crédit gardaient d'ailleurs une large indépendance vis-à-vis de la grande banque d'affaires, mais lui apportaient régulièrement le concours de leur force de placement.

Quant à l'Union Parisienne, elle opérait fréquemment avec le seul concours du Comptoir d'Escompte, MM. Hottinguer et Heine, administrateurs de l'Union Parisienne, ayant des représentants de leurs firmes dans le Conseil du Comptoir.

De même, la Banque Française a amorcé, en 1913, une liaison analogue avec la Banque Nationale de Crédit : ces deux établissements ont de nombreux administrateurs communs.

Au contraire, le Crédit Mobilier et le Crédit Français travaillaient surtout avec des banques de province. « Désireux d'accroître notre force de placement qui, déjà, était importante, dit le rapport du Crédit Français pour 1912, nous nous sommes tout spécialement appliqués à réaliser ce programme d'extension de nos relations en province dont il vous a déjà été parlé, afin d'exercer notre action dans des centres nombreux et d'acquérir par là une large indépendance ». Le Crédit Mobilier avait conclu des accords avec une série de banquiers de ce genre ; le Crédit Français avait repris d'anciennes maisons de banque régionales qu'il avait transformées en sociétés anonymes avec l'aide de capitaux locaux, chaque conseil d'administration étant composé de personnalités de la région et de représentants du Crédit Français. Ces derniers établissements, dont le Crédit du Sud-Ouest et le Crédit du Rhône et du Sud-Est (celui-ci créé directement), avaient en 1914 un capital nominal de 31 millions et ces diverses participations figuraient au bilan du Crédit Français pour 14 millions environ (31 décembre 1915).

S'il est limité au point de vue du placement effectif des titres, le rôle de la banque d'affaires est primordial au point de vue des opérations de Bourse nécessaires au cours d'une émission. Le taux d'émission d'un titre étant fixé en se basant, s'il y a lieu, sur les cours des valeurs déjà émises par la Société ou l'Etat, il importe pour le succès de l'émission que les cours de ces titres anciens ne baissent pas pendant le placement — et cela d'autant plus que la marge est plus faible entre ces cours cotés et le taux d'émission du nouveau titre —. Le syndicat intervient alors pour *soutenir les cours* en procédant par rachats de

façon à ce que les cours ne descéndent pas au-dessous
d'un niveau fixé : rachats de titres anciens et aussi de
titres nouveaux, dès que ceux-ci sont cotés, car le soutien
des cours continue pendant quelque temps après la clôture de la souscription jusqu'à ce que le classement soit à
peu près satisfaisant.

C'est la banque d'affaires gérante du syndicat qui est
chargée de la direction du marché et qui donne des ins-
tructions dans ce sens à un ou plusieurs agents de change
ou coulissiers. L'acte syndical contient ordinairement une
clause fixant le maximum des rachats autorisés (en général 10 0/0 du nombre des titres composant la nouvelle
émission).

Si, l'émission terminée, de nombreux titres sont encore
flottants, il peut être nécessaire de régulariser le marché
des titres placés. Il importe en effet au crédit de la société
que les cours soient stables et ne varient pas brusquement à la merci des calculs et des besoins des spéculateurs. En général les opérations de soutien des cours
effectuées par le syndicat d'émission suffiront. Mais, si
l'opération de stabilisation entraîne des risques importants,
la banque d'affaires fonde alors un syndicat spécial *de
régularisation du marché* qui procède par achats et reven-
tes de façon à maintenir les cours, dans la limite du possible, autour d'un niveau fixé. Peu à peu la spéculation
délaissera le titre et les interventions nécessaires deviendront en même temps moins nombreuses. Le bénéfice
syndical résultera alors du solde créditeur, s'il y a lieu,
laissé par les diverses opérations de bourse.

Cette pratique des interventions en bourse est nécessaire : le syndicat doit se garantir en effet contre une chute
des cours provoquée par les baissiers qui exploiteraient

tout événement fâcheux ou bruit défavorable. De plus, sans ces rachats, il serait trop facile à une société concurrente, en jetant des titres sur le marché ou en vendant à découvert, de nuire au crédit de la société émettrice et peut-être même de faire échouer la souscription. Dans l'intérêt de leur crédit, les gouvernements eux-mêmes, lorsqu'ils émettent un nouvel emprunt, sont obligés de recourir à ces interventions.

Lorsque des valeurs nouvelles sont directement introduites en bourse, la banque d'affaires doit en outre créer un marché. Elle fait coter un cours initial et commence par acheter ses propres valeurs de façon à dessiner une légère hausse ; l'élan est ainsi donné et le public se porte acheteur. La banque surveille les cours et si des titres reviennent rapidement sur le marché, menaçant de provoquer une baisse, elles les « ravale ». Il y a évidemment dans ce mode de procéder une certaine part d'arbitraire, mais il n'est guère possible de l'éviter. D'ailleurs, la banque ne cherche guère à introduire des titres en bourse à des cours sensiblement majorés ; une fois le placement terminé, en effet, si elle se désintéresse du marché, une forte baisse se produira peu à peu qui entraînera une méfiance générale des porteurs envers la banque et ses émissions ultérieures ; si la banque veut au contraire continuer à soutenir les cours, elle réabsorbera des titres et aura tôt fait de perdre, et au delà, le supplément de bénéfices réalisé tout d'abord.

La banque d'affaires agit encore sur le marché des anciens titres, puis des nouveaux, en plaçant des sommes importantes en reports. Le classement des titres émis ne s'effectuant en effet que peu à peu, au fur et à mesure que l'épargne se forme et s'enhardit (car, suivant l'expression

imagée de M. Allix, « l'épargne, toujours défiante, n'aime
pas essuyer les plâtres (1) », c'est la spéculation qui se
charge, entre temps, d'une partie des titres. Les spéculateurs à la hausse conservent ces titres provisoirement et,
grâce à une série de reports successifs, attendent le
moment où l'épargne les absorbera. Or, ce sont les capitaux mis par les banques à la disposition de la spéculation
qui permettent à celle-ci de conserver ces titres. Par
suite, si elle trouve comme contre-partie en face d'elle
d'importants capitaux, si le report est peu élevé, sa tâche
est rendue plus aisée : les spéculateurs peuvent se charger
d'un plus grand nombre de titres et les conserver plus
longtemps, si besoin est. Au moment d'une émission, la
banque d'affaires facilite donc le report en lui consacrant
d'abondants capitaux, véritable crédit aux spéculateurs
qui permet d'attendre l'épargnant.

Une banque d'affaires effectue aussi des opérations de
placement de titres en dehors de toute émission conco-
mittante. Elle a en effet en portefeuille des titres dont elle
a préféré différer le placement dans le public, d'autres
qui représentent le solde implacé d'émissions. Quand elle
juge le moment venu d'écouler un paquet de titres à des
conditions avantageuses, elle forme un syndicat de placement ou bien passe simplement des accords avec des
établissements amis ; en même temps, elle peut procéder
par ventes en bourse dans la mesure où les titres sont
absorbés sans fléchissement des cours. D'élogieux articles
de la presse financière attirent l'attention sur la valeur en
question et, pour intéresser les journalistes au succès de

______

1. Edgar Allix, *Des Reports dans les Bourses de valeurs*. Thèse
Paris, 1900, p. 165.

l'opération, on pratique généralement le système des *options* : la banque consent à un journaliste pendant un délai donné une promesse de vente d'un certain nombre de titres à un prix fixé. Si les cours deviennent notablement supérieurs à ce taux, le journaliste lève les titres et peut ainsi réaliser un appréciable bénéfice. Il a donc un grand intérêt personnel à mener une active campagne de presse.

Parfois aussi, la banque agit uniquement en bourse. Elle fonde alors un *syndicat de bourse*, de structure analogue à celle des syndicats d'émission, qui rachète d'abord des titres de façon à amener les cours de la valeur au niveau qui paraît intéressant. Puis, les acheteurs étant stimulés par les articles de journaux et par l'annonce de bonnes nouvelles — augmentation des bénéfices et du dividende par exemple —, le stock des titres est progressivement écoulé.

Ces opérations d'émissions tiennent une large place dans les rapports annuels des banques d'affaires ; mais elles ne sont nullement relatées en détail au point de vue de la technique des opérations. La liste des émissions effectuées figure sous des rubriques très générales, telles que « nous avons ouvert nos guichets... nous avons participé au placement... nous avons procédé à l'émission... nous avons donné notre concours à la souscription de... ». De temps à autre, il est fait mention d'un syndicat de garantie ou de prise ferme, mais cela est assez rare.

Les banques d'affaires se contentent en général d'insister plus longuement sur les opérations dont elles ont eu la direction et elles marquent assez souvent ce fait en disant par exemple. « Avec le concours de plusieurs éta blissements de la place, *nous avons procédé à l'émission...* », alors que si elles sont simples membres du syndicat, elles emploient la formule. « *Nous avons participé à l'émission...* ». Mais il ne faut pas s'attacher à la lettre de ces formules, sinon on aboutirait bien souvent à des conclusions fausses. La plus ou moins grande brièveté des renseignements donnés, l'esprit de la rédaction sont des guides plus certains.

# CHAPITRE IV

## LES CAPITAUX DES BANQUES D'AFFAIRES.
## GROUPEMENT, IMMOBILISATION ET LIBÉRATION

I

Le capital social des banques de dépôts joue avant tout
un rôle de garantie vis-à-vis des engagements assumés.
Ces banques travaillent en effet avec les fonds placés par
leurs clients en dépôt ou en compte courant. Elles effectuent avec ces capitaux, des opérations qui n'entraînent
que des placements à court terme, toujours facilement
réalisables, tels que escompte, reports, avances sur
garantie ou en compte courant. Les banques d'affaires,
au contraire, travaillent avec leurs ressources propres —
capital et réserves — et c'est précisément avec ces fonds
qu'elles effectuent leurs opérations de financement et
d'émission, opérations qui entraînent l'immobilisation des
capitaux engagés.

Il s'ensuit que le capital social des banques d'affaires
est toujours entièrement appelé. C'est, d'ailleurs, le mode
généralement adopté par les établissements bancaires de
tous genres (1), car les titres peuvent ainsi être mis sous

1. Les actions de la Société Générale ne sont liberees que de la

la forme au porteur, ce qui facilite leur diffusion et leur classement. Toutefois, pour les banques de dépôts, on peut estimer aussi que la fraction du capital non appelée offre aux déposants une garantie excellente : ils ont la certitude que ces sommes restent en dehors de toute opération bancaire et qu'elles seraient disponibles intégralement le jour où, par suite d'une crise, il faudrait faire appel à elles. Les dépôts reçus par les banques d'affaires étant de nature spéciale, cette raison n'a plus pour ces banques la même valeur.

Le second élément des ressources propres des banques d'affaires, les réserves, a une grande importance. Nouveaux moyens d'action, elles permettent à une banque d'étendre ses opérations et la mettent de plus en mesure de supporter sans danger la répercussion des crises. Celles-ci atteignent en effet particulièrement le portefeuille-titres, car le cours des valeurs mobilières s'effondre en bourse. Si la crise est très grave et la dépréciation forte, on effectue alors de larges prélèvements sur les réserves qui assainissent la situation et permettent de faire face au danger. Dépourvu de réserves, un établissement financier pourrait au contraire être acculé à la faillite. La politique des banques de 1914-1915 offre un remarquable exemple de l'importance des réserves en cas de crise grave (1).

moitié, celles de la Société des Banques de Province et du Crédit Industriel et Commercial du quart seulement. Ces deux premiers établissements sont bien dans une certaine mesure des banques d'affaires mais le premier est avant tout incontestablement banque de dépôts et, quant au second, sa nature est trop spéciale pour que l'on puisse voir là une exception.

1. Voir Troisième Partie.

Le montant global du capital et des réserves d'une banque d'affaires doit donc être en étroite corrélation avec l'importance de ses opérations de participation et d'émission et, par suite, avec le montant de son portefeuille-titres et de ses participations financières. Or, la grande prospérité économique du début du xx⁰ siècle nécessitait le financement d'entreprises de plus en plus nombreuses et de plus en plus puissantes et la mise en valeur de pays neufs absorbait d'énormes capitaux. Comme les réserves ne peuvent normalement être accrues que peu à peu, par prélèvement sur les bénéfices, les circonstances devaient donc entraîner, non seulement, ainsi que nous l'avons vu, la naissance de banques d'affaires, mais en outre le développement rapide de leurs moyens grâce à des augmentations de capital. C'est en effet ce qui a eu lieu et nombreuses ont été ces opérations de 1900 à 1914. Elles ont d'ailleurs permis aux banques déjà anciennes d'augmenter énormément leurs réserves du montant de la prime d'émission des nouvelles actions. Les tableaux suivants donnent pour les banques considérées les variations du capital social et des réserves (voir p. 94 .

On voit que l'importance des réserves est essentiellement variable avec les établissements : alors que, au début de la guerre, la Banque de Paris et des Pays-Bas se présentait avec des réserves formidables, supérieures du tiers au capital social, parmi les jeunes banques d'affaires au contraire, seule, l'Union Parisienne avait réussi à constituer des réserves notables qui dépassaient largement la moitié de son capital.

La comparaison du montant total du portefeuille-titres et des participations financières à celui des ressources propres est particulièrement intéressante : le pourcentage

**Capital social** *(en millions de francs).*

| | Banque de Paris et des Pays-Bas | Union Parisienne | Crédit Mobilier | Banque Française | Crédit Français | Société Générale (2) | Société Banques de Province (3) |
|---|---|---|---|---|---|---|---|
| 1900 | 62,5 | | | | | 160 | |
| 1901 | » | | | | | » | |
| 1902 | » | | | 60 | | » | |
| 1903 | » | | 7,5 | » | | 200 | |
| 1904 | » | 40 | » | » | | » | |
| 1905 | » | 60 | 10 | » | | 250 | |
| 1906 | » | » | 25 | » | | » | |
| 1907 | 75 | » | » | » | | » | |
| 1908 | » | » | » | » | | » | |
| 1909 | » | » | 45 | » | | 400 | |
| 1910 | » | » | 60 | » | | » | |
| 1911 | » | » | » | » | 25 | » | 50 |
| 1912 | 100 | » | » | » | » | 500 | 100 |
| 1913 | » | 80 | 80 | » | 50 | » | » |
| 1914 | » | » | » | » | » | » | » |

(2) 1/2 versé.
(3) 1/4 versé.

**Réserves** *(en millions de francs).*

| | Banque de Paris et des Pays-Bas | Union Parisienne | Crédit Mobilier | Banque Française | Crédit Français | Société Générale | Société Banques de Province |
|---|---|---|---|---|---|---|---|
| 1900 | 18,9 | | | | | 18,7 | |
| 1901 | 18,9 | | | | | 19 | |
| 1902 | 18,9 | | | » | | 13,2 | |
| 1903 | 18,7 | | » | 0,04 | | 21,5 | |
| 1904 | 18,7 | » | 0,7 | 1,1 | | 21,8 | |
| 1905 | 30,7 | 10,1 | 0,8 | 1,2 | | 26,3 | |
| 1906 | 30,7 | 10,3 | 2,6 | 0,4 | | 36,7 | |
| 1907 | 66,9 | 10,7 | 2,7 | 0,6 | | 37,2 | |
| 1908 | 67,1 | 10,9 | 2,8 | 0,8 | | 37,7 | |
| 1909 | 69,4 | 11,2 | 3 | 0,9 | | 63,3 | |
| 1910 | 77,9 | 11,7 | 6,6 | 3,2 | | 64 | |
| 1911 | 82,4 | 17,4 | 7,8 | 5 | » | 64,8 | 0,5 |
| 1912 | 129,1 | 23,1 | 9 | 7,3 | 0,5 | 118,2 | 10,1 |
| 1913 | 131,6 | 48,8 | 13,7 | 9,1 | 1,6 | 124,5 | 10,2 |
| 1914 | 91,4 | 49,3 | 14,6 | 10,9 | 1,9 | 127,2 | 7,8 |

indique en effet le degré d'immobilisation des capitaux de
la banque. Il est, lui aussi. tout à fait différent suivant les
établissements (1). Cela tient à ce que, chez certains, le
caractère de banque d'affaires est nettement prédomi-
nant, alors que d'autres mènent également de front les
deux genres d'activité bancaires, car, ainsi que nous le
verrons en détail dans la Deuxième Partie, la spécialisation des banques considérées est loin d'être uniforme.
Le pourcentage de la Banque de Paris et des Pays-Bas,
banque d'affaires type, varie dans l'ensemble entre 70 et
100 0/0 : il augmente progressivement jusqu'à ce qu'une
augmentation de capital le ramène à un niveau inférieur
et reprend ensuite sa marche ascendante. Le degré d'immobilisation des ressources propres est évidemment un
des facteurs très importants à considérer pour savoir si
une augmentation de capital est nécessaire, mais bien
d'autres éléments interviennent aussi. Il faut en effet considérer l'ensemble des opérations de la banque, l'état de
la trésorerie, le montant des comptes courants créditeurs
et débiteurs, le degré d'exigibilité des capitaux prêtés par
les tiers et la facilité plus ou moins grande de réalisation
des avances consenties aux sociétés filiales.

## II

Avant de réaliser toute opération de participation ou
de financement, soit seule, soit de concert avec d'autres
établissements, il s'agit pour la banque d'affaires d'opérer le groupement des capitaux qui vont être engagés par
elle. Parfois, certes, la banque opère avec ses seules

1. Voir Annexes I, Tableau IX.

ressources : il en est ainsi par exemple pour les ouvertures de crédit. Mais s'agit-il de constituer une société ou de prendre un intérêt dans une entreprise déjà existante, la banque commence par s'entendre avec celles de ses filiales qu'elle compte intéresser à la nouvelle affaire : entente précise si l'on constitue en commun un syndicat d'études, ou bien simple accord de principe — qui sera complété ultérieurement — sur les grandes lignes de l'opération envisagée. De même, la banque d'affaires tâte aussitôt les gros capitalistes amis pour savoir s'ils s'intéresseraient éventuellement à l'affaire en question. La banque est donc rapidement en mesure d'évaluer l'importance de l'aide financière qui lui sera apportée dans la réalisation de l'opération projetée et peut déterminer en connaissance de cause le montant de la participation qu'elle peut assumer.

Dans le groupement des capitaux intervient de plus un troisième facteur qui, pour certaines banques, est de beaucoup le plus important. Le conseil d'administration d'une banque d'affaires comprend en effet parfois les chefs de maisons de banque privées. Celles-ci s'intéressent le plus souvent aux opérations financières de la banque dans le conseil de laquelle elle sont représentées. L'Union Parisienne offre un remarquable exemple de cette situation. Elle est en somme un consortium des importantes maisons privées de la Haute Banque protestante dont les dirigeants constituent son conseil et elle leur rétrocède des participations dans les opérations qu'elle engage : cela lui permet de prendre des engagements beaucoup plus importants avec la certitude d'être immédiatement dégagée en partie.

La Banque de Paris et des Pays-Bas agit de façon analogue vis-à-vis des banques Stern et Cⁱᵉ, Camondo et Cⁱᵉ, Demachy et Seillière qui ont été ou sont encore représentées dans son conseil ; de même, le Crédit Mobilier opérait fréquemment avec le concours de la maison Thalmann et Cⁱᵉ.

Pour une opération d'émission proprement dite, le groupement des capitaux se présente de façon semblable : la banque s'adresse alors, ainsi que nous l'avons vu, aux banques amies en question, aux banquiers correspondants de province et aux capitalistes notables qui gravitent autour d'elle.

Connaissant ainsi l'ordre de grandeur des capitaux qui viennent la dégager, la banque d'affaires n'a plus qu'à déterminer l'importance de la participation qu'elle peut assumer d'après l'état de sa trésorerie, le degré de liquidité de ses ressources propres et le degré d'exigibilité des sommes qu'elle a reçues en compte courant ou en dépôt.

D'ailleurs, toute banque d'affaires qui note avec précision la façon dont s'engage chacune de ses opérations et qui compare ces données entre elles peut évaluer d'emblée l'aide financière sur laquelle elle peut compter dès le début. Elle ne provoque de précisions que pour les rétrocessions importantes et s'engage aussitôt pour un montant donné. Le reste du travail préliminaire fournit des résultats qui servent de contrôle et préparent la réalisation effective de l'opération mais qui n'interviennent pas directement dans la fixation de l'engagement de la banque.

## III

Il est des immobilisations qui pour une banque d'affaires sont absolument nécessaires : ce sont les paquets de titres mis en portefeuille pour avoir le contrôle des affaires qui offrent un grand intérêt. Il en est d'autres que la banque n'assume que contrainte et forcée : ce sont les titres formant les « queues d'émission » qui lui restent pour compte. D'autres enfin sont volontaires mais ne sont considérées que comme temporaires : la banque a constitué une société nouvelle et elle juge que, par suite de la nouveauté de l'entreprise, le placement immédiat n'ira pas sans difficultés ou bien elle veut simplement écouler plus tard ces titres dans le public avec un bénéfice important ; elle met donc ces titres en portefeuille, avec l'intention de procéder au placement quand la société aura franchi la période des débuts et sera en pleine prospérité.

Si une banque d'affaires n'hésite pas à prendre le contrôle de sociétés importantes qui sont pour elle une source de bénéfices par suite des dépôts de fonds qu'elles effectuent, des émissions dont elles chargent la banque et aussi des affaires nouvelles qu'elles lui amènent, elle fait malgré tout un choix sévère et n'engage ainsi ses capitaux que lorsque les profits à en retirer justifient l'immobilisation de sommes parfois considérables. C'est avec plus de prudence encore qu'elle procède vis-à-vis des sociétés nouvelles dont elle met temporairement les titres en portefeuille sans avoir l'intention d'en garder le contrôle. Quant aux soldes non placés d'émissions, elle cherche bien entendu à les éviter : la chose n'est évidemment pas tou-

jours possible, quelle que soit la prudence en la matière ;
mais la connaissance exacte de sa force de placement et
de l'état du marché ainsi que la qualité des affaires lancées permettent à la banque de restreindre notablement
ces immobilisations inutiles.

L'immobilisation définitive — ou tout au moins à très
long terme — de ses capitaux sous forme de valeurs mobilières n'est nullement en effet le but de la banque d'affaires. Toutes ses ressources seraient vite absorbées et elle ne
pourrait plus avoir d'activité nouvelle ou bien alors il faudrait qu'elle augmentât sans cesse son capital social. La
banque est un intermédiaire entre les entreprises et
les Etats, d'une part, et les capitalistes et les épargnants,
d'autre part. Son rôle consiste avant tout à avancer des
capitaux qu'elle récupère peu après par appel dans le
public. Elle peut ainsi venir en aide à un grand nombre
de sociétés et non à quelques exceptions seulement. Une
grande partie de ses bénéfices provient d'ailleurs des
commissions perçues au passage : ils seront donc d'autant
plus élevés que la banque aura eu la possibilité d'effectuer de plus nombreuses opérations.

Les immobilisations à très long terme sont le fait, avec
des nuances différentes, des sociétés de financement et
des omniums (1). Pour une banque d'affaires, elles sont
souvent nécessaires — et leur montant global peut être
très important — mais restent limitées.

On voit quelle importance a pour une banque d'affaires
le problème de la libération de ses capitaux. La plus
grande partie de leurs opérations se liquident en quelques
semaines ou quelques mois et les ressources à nouveau

1. Voir le chapitre suivant.

disponibles sont immédiatement remployées dans des opérations préparées à l'avance. En période de prospérité économique et d'activité financière, alors que les émissions sont nombreuses et l'écoulement des titres facile, le degré de rotation des capitaux devient très grand ; il diminue au contraire sensiblement dès qu'une gêne se manifeste sur le marché et n'est plus que très faible en période de crise.

La liquidation d'une opération financière est rarement mentionnée dans les rapports annuels : elle l'est pourtant de temps à autre lorsqu'il s'agit d'engagements particulièrement importants ou lorsque la banque veut simplement prouver la puissance de sa force de placement.

Dans les premières années de sa fondation, le Crédit Mobilier Français a insisté à plusieurs reprises sur ce fait que les engagements assumés par lui étaient rapidement liquidés. Prenant la suite du Crédit Mobilier que de fortes immobilisations dans des affaires malheureuses avaient fait sombrer, le nouvel établissement jugeait nécessaire, pour ramener la confiance, d'insister sur le changement intervenu dans la ligne de conduite. « Nous ne prenons dans les affaires que nous faisons que des engagements restreints, faciles à réaliser..., dit le rapport à l'assemblée extraordinaire d'octobre 1903 ». Le rapport sur l'exercice 1904-1905 affirme plus nettement encore cette directive : « ... n'assumer que des engagements qu'on puisse liquider promptement en réalisant les participations que l'on a prises. Ce sont ces engagements et ces réalisations, les entrées et les sorties continuelles de titres qui en résultent, qui constituent les bénéfices les plus faciles et les plus importants, tout en laissant constamment dispo-

nible la plus grande partie du capital social..... Notre
portefeuille, complètement transformé, se renouvelle
constamment ». A propos de la création du Crédit Franco-
Egyptien, le rapport sur l'exercice suivant mentionne
que « suivant notre habitude constante, nous avons réalisé
la presque totalité de notre participation dans cette
société... ». Pour bien démontrer, d'ailleurs, que son portefeuille-titres était facilement réalisable, le Crédit Mobilier l'a ramené de 5.647.935 francs en 1903 à **2.201.437**
en 1905, montant évidemment très peu élevé. La démons-
tration faite, le portefeuille s'est par la suite notablement
accru.

Pour apprécier exactement le mouvement de libération
des capitaux d'une banque, il faudrait connaître les variations du montant et du nombre des diverses natures de
titres composant le portefeuille-titres et les participations
financières. La comparaison de ces postes dans les bilans
successifs ne permet évidemment de tirer aucune conclusion : des participations nouvelles prennent la place d'immobilisations réalisées, de nombreuses opérations sont
engagées et liquidées dans le courant d'un seul exercice et
n'apparaissent ainsi à un aucun bilan, des amortissements
sont effectués avant bilan. Le tableau suivant des variations du portefeuille-titres et des participations financières de la Banque de Paris, établi d'après les bilans annuels,
ne peut donc donner qu'une faible idée du mouvement de
libération des capitaux de cet établissement. Il permet
toutefois quelques constatations intéressantes : par exemple, l'augmentation importante du nombre des natures de
titres, alors que le montant global du portefeuille diminue (exercice 1902), indique l'importance des réalisations
effectuées.

*Situation du portefeuille-titres et des participations finan-
cières de la Banque de Paris et des Pays-Bas au 31 décembre de chaque année.*

| Au 31 décembre | (en millions de francs) | | Natures de titres composant le portefeuille | Nombre d'affaires composant le poste Participations |
|---|---|---|---|---|
| | Portefeuille titres | Participations financières | | |
| 1900 | 56,4 | 14,2 | 273 | 46 |
| 1901 | 66,1 | 12,3 | 330 | 58 |
| 1902 | 63,9 | 11,2 | 383 | 45 |
| 1903 | 77,4 | 8,9 | 370 | 43 |
| 1904 | 69,4 | 7,1 | 358 | 38 |
| 1905 | 62,1 | 13,4 | 376 | 46 |
| 1906 | 82,5 | 19,8 | 426 | 58 |
| 1907 | 73,6 | 26 | 418 | 68 |
| 1908 | 79,3 | 24,9 | 395 | 63 |
| 1909 | 83,2 | 15,7 | 361 | 61 |
| 1910 | 85,8 | 31,8 | 365 | 79 |
| 1911 | 98,7 | 34,4 | 407 | 94 |
| 1912 | 89,5 | 54,6 | 397 | 106 |
| 1913 | 94,9 | 64,8 | 401 | 120 |
| 1914 | 108,9 | 50,2 | 411 | 109 |

En résumé, toute banque d'affaires effectue d'importantes immobilisations de capitaux, définitives ou à long
terme, sous forme de valeurs mobilières, mais le plus
grand nombre de ses opérations financières est liquidé dans
un délai assez bref. Au point de vue de la nature des
opérations effectuées, la différence essentielle avec les banques de dépôts réside moins dans la durée des engagements que dans la facilité différente de leur réalisation.
Une banque de dépôts peut retrouver immédiatement
ses capitaux en faisant escompter son portefeuille-effets ;
une banque d'affaires ne peut, sans consentir de gros
sacrifices, précipiter le placement de titres, opération
toujours délicate et que les variations de l'état du marché peuvent entraver et rendre impossible. Comme c'est

justement en temps de crise qu'il est intéressant de réaliser des disponibilités, ces différences sont alors bien plus accentuées encore ; elles sont, d'ailleurs, en corrélation normale avec la nature différente des ressources des deux genres de banques.

# CHAPITRE V

## MÉTHODES D'EXPANSION

L'expansion des banques d'affaires se manifeste sous deux formes différentes :

1° expansion à l'étranger.

2° développement de leurs opérations dans un genre d'entreprises donné.

### I. — Expansion à l'étranger

Les grandes banques d'affaires n'ont pas de succursales en France ; elles possèdent seulement un important siège central à Paris. Des succursales réparties sur les diverses régions du territoire ne seraient, d'ailleurs, pour elles d'aucune utilité, puisque leur rôle ne consiste pas à être en relations directes avec la masse du public. Elles ne recherchent pas les opérations courantes de banque, n'ouvrent pas en principe des comptes courants commerciaux à vue de peu d'importance et, sauf leur action auprès de leur clientèle de capitalistes, ne contribuent au placement des titres que de façon indirecte, par l'intermédiaire de correspondants divers et d'établissements à guichets multiples. D'autre part, la plus grande partie des puis-

santes sociétés de banque existantes ont leur siège social
à Paris et c'est là qu'est le centre quasi-exclusif des grandes
affaires. Au contraire de ce qui existe en Allemagne, le
régionalisme économique et financier est très peu développé en France (sauf dans la région de l'Est et aussi
dans celle du Nord) et par suite ne nécessite nullement la
création, même en nombre très restreint, d'agences de
banques d'affaires. Les succursales de la Société Générale
n'existent évidemment que du chef de sa fonction de grand
établissement de crédit (1).

De même qu'en France, les banques d'affaires n'ont pas
de succursales à l'étranger. Les opérations financières
nécessitent en effet une unité de direction et de conception difficilement compatible avec la situation de dirigeants
de succursales, très éloignés du siège social et ne pouvant connaître qu'imparfaitement la situation générale
des engagements et les affaires en projet. Ou bien la succursale à l'étranger ne serait qu'un correspondant du
siège central au point de vue des opérations courantes de
banque nécessitées par la trésorerie des sociétés filiales
dans un pays, ou bien il faut donner à la succursale une
large indépendance, lui permettre de travailler avec un
capital propre et bien défini, et alors la succursale devient
une véritable banque autonome qui offre malgré tout le
désavantage d'être bridée dans son développement.

Pourtant, la plus importante banque d'affaires française possède trois importantes succursales à l'étranger :
Amsterdam, Bruxelles et Genève (2). Cela tient à l'origine

1. Il en est de même pour les succursales plus récentes de la Société
Centrale des Banques de Province et du Crédit Français. Voir la troisième partie.

2. Et depuis 1920, une agence à Rotterdam qui est rattachée à la
succursale d'Amsterdam.

de la Banque de Paris et des Pays-Bas qui a été fondée en
1872 par la fusion de la Banque de Paris et de la Banque
de crédit et de dépôt des Pays-Bas. Ce dernier établissement possédait quatre sièges : Amsterdam, Bruxelles, Anvers et Genève ; ils furent repris par la nouvelle banque qui, par suite de l'extension de la succursale
de Bruxelles, supprima d'ailleurs peu après, en 1876, celle
d'Anvers. Ces succursales sont, dans une large mesure,
indépendantes : elles secondent, certes, utilement le siège
central dans la réalisation des diverses affaires qu'il entreprend mais, de plus, s'engagent dans des affaires financières spéciales au marché sur lequel chacune d'entre
elles opère. Elles sont d'ailleurs dotées d'une direction et
d'un comité consultatif composés de personnalités financières éminentes du pays où se trouve leur siège.

S'il n'est nullement nécessaire pour une banque d'affaires
d'avoir des succursales proprement dites à l'étranger, il
est toutefois du plus haut intérêt pour elle d'avoir à sa
disposition un organisme bancaire dans tout pays où elle
désire prendre une place importante et lancer de nombreuses affaires. Cet établissement est tout d'abord le
correspondant de la banque d'affaires pour toutes les opérations de banque qu'elle peut avoir à traiter sur la place
étrangère pour le compte de ses diverses sociétés filiales
ou clientes. C'est en second lieu par son intermédiaire
que la banque d'affaires assure la trésorerie du groupe
d'entreprises qu'elle contrôle dans ce pays. Enfin cet
établissement bancaire signale à la banque d'affaires les
opérations financières qui peuvent se présenter — émissions, fondations de sociétés nouvelles, participations dans
des entreprises existantes —. En effet les gens à la recherche
de capitaux s'adressent tout naturellement en premier

lieu à la banque qu'ils connaissent, avec laquelle ils sont en relations courantes et qui a sur la place un crédit réputé ; celle-ci, d'autre part, est à même de donner une première appréciation sérieuse sur l'opération envisagée et la valeur des hommes qui la proposent.

Ces établissements à l'étranger prennent bien des participations dans des affaires financières aux côtés de la banque d'affaires qui les contrôle ; mais, en général, ils sont avant tout banques de dépôts ou bien banques de crédit pour le commerce extérieur.

Cette liaison avec des banques à l'étranger, envisagée comme procédé d'expansion d'une banque d'affaires, est extrêmement générale, soit qu'elle précède le lancement d'affaires dans un pays donné, soit qu'elle n'intervienne que lorsque plusieurs opérations de financement ou d'émission ont déjà été effectuées. Il est très rare de voir une banque d'affaires ne posséder aucun appui bancaire dans un pays où elle contrôle plusieurs entreprises.

La banque d'affaires peut d'ailleurs employer l'un des trois procédés suivants : création d'une banque nouvelle, prise d'intérêt dans une banque du pays déjà existante ou simplement accords conclus avec un établissement de ce genre. Ces modalités diverses correspondent souvent à des degrés différents dans le développement économique des pays envisagés. Dans un pays neuf à développement économique peu avancé, la banque d'affaires fonde en général une banque nouvelle ; dans un pays développé économiquement, elle prend de préférence un intérêt dans une banque déjà en activité ; enfin, s'il s'agit d'une grande Puissance possédant d'importants établissements bancaires, la banque d'affaires ne peut le plus souvent songer à prendre une forte participation dans l'un de ceux-ci ;

plutôt que de créer une banque nouvelle dont l'essor serait douteux, elle a alors intérêt à conclure des accords avec l'un d'eux.

Les exemples de banques filiales à l'étranger abondent ; nous donnons ci-dessous l'énumération des plus importantes (période antérieure à 1914) :

1° *Fondation de filiales au début de l'expansion dans un pays* : Banque de Paris et des Pays-Bas : Banque Russo-Chinoise en 1895 (devenue en 1910 la Banque Russo-Asiatique), Banque Générale de Bulgarie en 1905, Banque Franco-Japonaise en 1912 et, dans une certaine mesure, Banque d'Etat du Maroc, qui n'est pas à proprement parler une filiale de la Banque de Paris mais dans laquelle cette dernière représente les intérêts français ;

Union Parisienne : Banco Commercial Español, Banque Commerciale Roumaine et Banque Balkanique en 1906, Banque Franco-Serbe en 1910, Banque de la République du Chili et Banque de la République d'Haïti en 1911 ;

Crédit Mobilier : Crédit Franco-Egyptien en 1905, Banco de la Nacion Boliviana en 1910 (de concert avec la Banque Française).

Banque Française : Banque de la Havane en 1904 ;

Société Générale : Société Française de Banque et de dépôts, Société Générale Alsacienne de Banque, Société Suisse de Banque et de Dépôts, importants établissements de crédit à l'étranger, indépendants mais qui forment en somme le prolongement du réseau d'agences de la Société Générale.

2° *Prise d'intérêts au début de l'expansion dans un pays dans une banque déjà existante* : Banque de Paris et des Pays-Bas : Banque Commerciale Italienne en 1899, Banque Marmorosch Blank et C$^{ie}$, Banque Nationale du Mexique, Banco de Londres y Mexico ;

Union Parisienne : Banque d'Athènes, Banque Centrale Mexicaine, Banque de Guanajuato et Banque de l'Etat de Mexico en 1905, Banque du Nord en 1906, Credito Italiano en 1907 ;

Banque Française : Banque Internationale de Bruxelles et Banco del Peru y Londres en 1906, Credito Italiano ;

Société Générale : Banque du Nord en 1901 (devenue en 1910 Banque Russo-Asiatique), Banque de Salonique en 1910.

3° *Fondation de filiales dans un pays où la banque d'affaires a déjà pris pied* : Banque de Paris et des Pays-Bas : Banque Espagnole de crédit en 1902, Banque d'Outre-mer à Bruxelles en 1899, Banque Française et Italienne pour l'Amérique du Sud en 1910, Banque du Commerce à Anvers en 1911 ;

Union Parisienne : Banque de l'Union Anversoise en 1910 ;

Crédit Mobilier : Banque de Commerce Privée de Moscou en 1911.

4° *Prise d'intérêts dans des banques existantes dans un pays où la banque d'affaires a déjà pris pied* : Union Parisienne : Banque de l'Union à Moscou et Banque Française du Rio de la Plata en 1910 ;

Banque Française : Banque de Commerce de Sibérie en 1911 ;

Crédit Mobilier : Banque de Commerce Privée de Saint-Pétersbourg en 1909, Crédit Anversois en 1910, Banque Russe du Commerce et de l'Industrie en 1911, Banco Ultramarino en 1912.

Comme accords passés avec d'importants établissements

étrangers, on peut citer ceux de la Banque de Paris en 1883 avec les maisons Baring et Morton, Rose à Londres.

Un second moyen d'expansion, particulièrement important lorsqu'il s'agit de pays neufs, consiste dans la soumission d'emprunts publics de l'Etat envisagé. Une banque d'affaires trouve là de nombreux avantages : en dehors du bénéfice direct qu'elle retire de ces opérations financières, elle accroit de ce fait sa situation et son crédit dans le pays et, d'autre part, se crée de bonnes relations avec les pouvoirs publics. Or, pour une banque qui veut opérer dans un pays neuf, ce dernier résultat est d'un intérêt primordial, car elle a ordinairement l'intention de constituer de grandes entreprises de travaux publics. Bien vue des gouvernants, elle pourra obtenir plus facilement et à de meilleures conditions des concessions de chemins de fer et de ports. Aussi continue-t-elle par la suite à s'intéresser à l'émission de nouveaux emprunts, de façon à entretenir et à développer les relations amicales qu'elle a su établir.

C'est ainsi qu'à l'origine de l'expansion au Maroc de la Banque de Paris et des Pays-Bas, se trouve une avance de 7.500.000 francs consentie en 1903 au Sultan du Maroc et rapidement suivie de l'emprunt 5 0/0 1904. De même, la Banque de Paris assure dans les premières années du xx<sup>e</sup> siècle l'émission des emprunts bulgares ; elle soumissionne un grand nombre d'emprunts brésiliens ou argentins et émet un emprunt chinois dont le produit est destiné à la construction de la ligne Pékin-Hankéou, effectuée par un groupe franco-belge. Voulant étendre son champ d'action en Bolivie, le Crédit Mobilier se charge de l'emprunt bolivien 5 0/0 1910 et la Société Générale, pour faciliter ses négociations avec le gouvernement péruvien au sujet de la Participation Guano et du port du Callao, donne son concours à l'émission en **1911** d'un emprunt extérieur sur le marché de Londres. Ce ne sont là que quelques cas : les nombreuses émissions d'emprunts publics de 1900 à 1914 fournissent les exemples les plus divers.

Ainsi, à la base de l'expansion d'une banque d'affaires dans un pays se trouvent en général une participation dans un établissement bancaire et la soumission d'emprunts publics. Ainsi amorcée, l'expansion se développe suivant les circonstances diverses dans le cadre d'un plan d'ensemble bien défini.

Dans les pays neufs ou à développement économique peu avancé — cas très fréquent des régions dans lesquelles les banques d'affaires cherchent à étendre leur action — il importe d'améliorer l'outillage économique du pays avant de fonder avec des chances de succès d'importantes entreprises industrielles et commerciales. La banque tourne donc son activité en premier lieu vers la création d'un crédit foncier et celle d'entreprises de travaux publics : ces deux genres d'affaires nécessitent d'ailleurs de nombreuses émissions d'obligations qui étaient avant la guerre des titres favoris de l'épargne française ; il y a donc là pour la banque d'affaires une source de fructueuses opérations financières.

La création d'un crédit foncier dans un pays neuf, en général agricole, est particulièrement intéressante du fait du manque de capitaux chez l'habitant et du taux élevé des prêts hypothécaires, ce qui permet de réaliser des bénéfices élevés. De plus, l'accroissement de la production agricole entraîne peu à peu le développement du trafic des chemins de fer et des ports et profite ainsi indirectement aux autres filiales de la banque. Enfin un puissant crédit foncier peut constituer un moyen d'action un peu analogue à celui d'une banque au point de vue des relations dans le pays et de la connaissance des affaires nouvelles qui se présentent.

Aussi ce genre d'entreprise est-il depuis longtemps en faveur. Parmi les créations effectuées de 1900 à 1914, nous citerons, entre autres : le Crédit Foncier Argentin, la Banque Hypothécaire Franco-Argentine, la Caisse Hypothécaire Canadienne, le Crédit Foncier d'Orient, la Banque Hypothécaire de Bulgarie, le Crédit Foncier Franco-Bulgare, la Banque Agricole d'Egypte, le Crédit Foncier Péruvien, la Caisse Hypothécaire Argentine... etc.

Les entreprises de travaux publics ne sont pas moins intéressantes. La construction de lignes de chemins de fer ou de ports nécessite en effet des capitaux considérables : en assurant les émissions d'emprunts obligataires la banque réalise directement des bénéfices mais en outre, comme les importantes commandes de matériel nécessaire vont à prix égal par préférence aux sociétés industrielles filiales de la banque, il en résulte indirectement pour celle-ci de nouveaux profits.

Il est certain que ces deux genres d'affaires, crédits fonciers et entreprises de travaux publics, n'offrent pas le même intérêt dans un pays à développement économique très avancé. La banque d'affaires s'occupe alors d'emblée d'entreprises industrielles ou commerciales diverses, ce qu'elle ne fait *en principe* dans un pays neuf que lorsque l'outillage économique lui donne la possibilité de lancer ces affaires dans de bonnes conditions.

Dans le choix des diverses entreprises auxquelles elle
s'intéresse, la banque se guide, nous l'avons vu, d'après
un plan d'ensemble : elle cherche à contrôler une série
d'entreprises qui se servent les unes aux autres de débouchés, de telle façon que les bénéfices réalisables restent
le plus possible à l'intérieur de ce groupe. Chargée par
exemple de construire des lignes de chemins de fer, elle
prend des intérêts dans des entreprises métallurgiques et
de construction de matériel ; la fondation d'une société
de construction d'immeubles l'amène à créer des usines
de ciment; possédant des mines de fer, elle fonde des
entreprises de métallurgie et prend des participations dans
des charbonnages... Pour assurer une plus grande solidarité entre elles, les entreprises qui sont ainsi en étroites
relations d'affaires se lient d'ailleurs le plus souvent par
des liens financiers. Elles se soutiennent mutuellement,
s'entr'aident dans leur développement et forment bloc
pour résister aux difficultés d'une crise.

Il est évident qu'une banque d'affaires ne peut songer
à créer un ensemble cohérent d'entreprises dans tout pays
où elle a des intérêts. Elle ne procède ainsi que dans les
régions où elle porte particulièrement ses efforts d'expansion. Quant à ses diverses filiales des autres pays, elles
rentrent simplement dans un cadre d'ensemble plus général. La banque ne peut en effet disperser son appui financier sur un grand nombre d'entreprises dont plusieurs
végéteraient sans doute et qu'elle ne pourrait efficacement
diriger et contrôler ; mieux vaut porter son effort sur un
nombre restreint d'affaires qui seront soigneusement sur-
veillées.

Si toutefois la banque d'affaires veut accentuer son
emprise dans des pays divers sans éparpiller son action,

elle fonde une *société financière*, spéciale à chaque pays, qui s'intéresse dans des entreprises multiples, même d'envergure restreinte, et peut les diriger effectivement. La Banque de Paris et des Pays-Bas fonde ainsi en 1911 la Société financière pour l'industrie au Canada et en 1912 la Compagnie générale du Maroc. L'Union Parisienne constitue en 1906 la Société financière et commerciale franco-brésilienne, en 1911 la Compagnie Marocaine et la Caisse générale de prêts fonciers et industriels (qui a porté son activité principalement au Brésil) ; elle prend en 1910 une participation dans la Compagnie de l'Est asiatique danois ; en 1905, elle avait déjà créé la Société financière franco-américaine qui était plutôt un simple omnium de titres d'entreprises industrielles des Etats-Unis. La Banque Française prend des intérêts dans la Société franco-serbe d'entreprises industrielles et la Société financière au Brésil est créée en 1911 par le Crédit Mobilier.

Un remarquable exemple du processus d'expansion d'une banque d'affaires à l'étranger est celui de la Banque de Paris et des Pays-Bas au Maroc. A la tête d'un groupe d'établissements français, cette banque fait en 1903 une avance de 7.500.000 francs au Sultan du Maroc, puis assure l'émission des emprunts de 1904, 1910, 1914 et 1918. Elle représente les intérêts français dans la Banque d'Etat du Maroc, fondée en 1907, dans la Société Internationale de régie coïntéressée des Tabacs au Maroc et dans la Compagnie générale du Maroc, fondées en 1910 et 1912, sociétés dans lesquelles elle a pris une place prépondérante. Par l'intermédiaire de la Compagnie Générale, la Banque de Paris est intéressée dans la Compagnie franco-espagnole du chemin de fer de Tanger à Fez, dans la société des ports marocains de Méhédya-Kénitra et Rabat-Salé, dans la création du réseau de chemins de fer du Protectorat, ainsi que dans nombre d'autres entreprises. Elle a une participation dans la Société de Construction Marocaine et a constitué en 1920 la Société des Brasseries au Maroc et la Compagnie du Sebou.

— Vers 1906, l'Union Parisienne commence à porter son activité en Russie. En dehors des nombreux emprunts d'Etat à l'émission desquels elle participe, elle prend des intérêts dans la Banque du Nord, la Banque de Commerce de l'Azoff-Don et la Banque de l'Union à Moscou. De 1906 à 1914, elle réorganise la Providence Russe et la Société métallurgique Donetz-Youriefka qui absorbe la Société des laminoirs et tréfileries de Saint-Pétersbourg et se lie avec la Société métallurgique Oural-Volga. Elle constitue la Compagnie du chemin de fer du Nord-Donetz, la Société des embranchements de chemins de fer, la Société Russe de Construction, la Société foncière Cheremeteff et la Société Baltique de Constructions navales. Elle prend des participations dans la Société métallurgique Russo-belge, la Société russe pour la fabrication de munitions et d'armements, la Société des usines Poutiloff et la Société des usines de Briansk et transforme en société anonyme la maison C. Giraud et fils.

Comme exemples moins importants, on peut citer l'action au Chili de l'Union Parisienne qui amorce en 1911 son expansion dans ce pays en prenant des intérêts dans la Banque de la République et en fondant peu après la Société des travaux publics au Chili, celle au Pérou de la Banque Française qui prend une participation dans le Banco del Peru y Londres en 1906, puis dans la Compagnie Péruvienne de navigation, qui consent des avances au gouvernement et fonde le Crédit Foncier Péruvien (de concert avec la Banque de Paris).

## II. — Développement des opérations dans un genre d'entreprises donné

Alors que, dans ses grandes lignes, le système bancaire français présente une spécialisation des banques plus poussée qu'en Allemagne, surtout au point de vue de la séparation des banques d'affaires et des banques de dépôts, la division du travail est pourtant beaucoup moins grande en France qu'en Allemagne dans la banque envisagée dans ses rapports avec l'industrie.

Il existe en effet en Allemagne de nombreux établissements bancaires, dénommés « Finanzierunggesellschaften » — sociétés de financement —, dont l'objet est de prendre des intérêts dans des entreprises industrielles ou — cas le plus général — de les fonder et d'assurer leur développement. Laissant de côté, non seulement les opérations courantes de banque avec le public, mais aussi les émissions d'emprunts d'Etats et toutes opérations financières de passage, ces sociétés confinent leur activité dans le groupe des affaires qui leur sont propres, assurent la trésorerie de ces filiales et se chargent de leurs émissions.

La division du travail ne se limite d'ailleurs pas là et nombre de ces sociétés de financement ne s'intéressent qu'à une seule branche du commerce ou de l'industrie : c'est alors *la banque spéciale* pour ce genre d'entreprises.

Le système est le suivant : la banque émet en son nom propre dans le public des obligations qui sont facilement souscrites, étant donné le standing et le crédit de l'emprunteur. Avec ces capitaux, elle constitue quelques sociétés d'un objet donné dont elle garde les actions en portefeuille. Lorsque, grâce à l'appui de la banque, ces entreprises auront franchi la période aléatoire des débuts, lorsqu'elles distribueront des dividendes et seront en plein essor, alors seulement la banque écoulera leurs actions dans le public mis en confiance et ce, avec le bénéfice légitimé par la diminution des risques à courir. La banque récupère ainsi largement ses capitaux et peut soit rembourser sa dette obligataire, soit bien plutôt procéder à de nouvelles créations de sociétés qui pourront être aussi les filiales des premières et leur servir de débouchés.

Ce système est donc basé sur la substitution de titres — Effektensubstitution —. Ce sont là exactement les idées de Saint-Simon et des frères Péreire que nous avons rappelées dans notre Introduction : comme dans bien d'autres domaines, il faut constater ici que ce sont des Français qui ont été les promoteurs de ces idées qui nous reviennent aujourd'hui d'Allemagne avec une apparence de nouveauté (Liefmann dans son remarquable ouvrage « Beteiligung und Finanzierunggesellschaften » rend d'ailleurs hommage à l'initiative française en matière de banque) (1).

Ces banques spéciales peuvent évidemment constituer au point de vue économique de puissants organismes. Or, il n'en existait pas à proprement parler en France, sauf peut-être, pour les mines d'or, la Compagnie française de mines d'or et de l'Afrique du Sud, devenue en 1910 la Compagnie française de banque et de mines. Pour servir leur expansion à l'étranger, les banques d'affaires créaient

1. P. 344.

bien des sociétés financières mais celles-ci n'étaient nullement spécialisées et ne présentaient que des caractéristiques bancaires atténuées ou même inexistantes.

Quelques rares *sociétés de financement* ont pourtant été créées par les banques d'affaires *pour une branche déterminée d'industrie*. Quoique assez analogues aux banques spéciales allemandes, ces sociétés en diffèrent par ce fait qu'elles ne jouent au point de vue bancaire vis-à-vis de leurs filiales qu'un rôle limité quoique encore important, la banque d'affaires mère intervenant dans une assez large mesure pour assurer la trésorerie générale de ce groupe. De plus, elles s'intéressent très souvent à des entreprises déjà existantes alors que les banques allemandes effectuent surtout des créations nouvelles. On peut citer comme sociétés de ce genre la Société Centrale pour l'Industrie électrique, filiale de la Société Générale constituée en 1909, qui est intéressée dans d'importantes entreprises d'électricité en France et à l'étranger (Compagnie centrale d'énergie électrique, Compagnies réunies du gaz et de l'électricité de Lisbonne, Société d'électricité de Rosario, Consortium de Constantinople, Compagnie Barcelonaise d'électricité, Compagnie Sévillane d'électricité, Compagnie générale de distribution d'énergie électrique..., etc.), et l'Association Minière dont la Banque de l'Union Parisienne a pris le contrôle en 1909. Ces deux sociétés n'avaient d'ailleurs pas émis d'obligations et travaillaient avec leurs capitaux propres.

Un troisième procédé peut être employé par les banques d'affaires pour développer leurs opérations dans un genre d'entreprises donné : c'est la constitution d'*omniums*. L'omnium est un système de sociétés qui, dans un même

genre d'industrie (1), sont contrôlées par une société mère
qui assure leur direction générale technique, commerciale
et financière. La société mère constitue le plus souvent
ses filiales d'après un plan d'ensemble tel que celles-ci,
dépendant étroitement d'elle-même, soient aussi liées économiquement entre elles. Pour se procurer les capitaux
nécessaires, elle procède par émission d'obligations et
n'émet dans le public les actions de ses filiales que lorsque celles-ci ont fait leurs preuves.

Les omniums paraissent donc se confondre avec les
sociétés de financement : ils en diffèrent toutefois, à notre
avis, à deux points de vue. En premier lieu, si l'omnium
dirige la trésorerie générale du groupe de ses filiales, son
activité bancaire est plus limitée encore que celle des
sociétés de financement : elle peut même être nulle et la
société mère n'est alors qu'un omnium de titres, société de
participation dans des entreprises auxquelles elle ne
donne que les directives générales. En second lieu, l'omnium constitue des sociétés dans lesquelles il reste fortement intéressé, se réservant toujours un large contrôle,
alors même qu'il place une partie de leurs titres dans le
public : ce sont pour lui des immobilisations durables de
ses capitaux. La société de financement, au contraire, qui
cherche beaucoup moins à constituer un groupe d'entreprises liées, peut se dégager plus complètement et renouveler ses participations, tout en gardant d'amicales relations d'affaires avec les sociétés qui ne sont plus sous sa
dépendance obligée. Malgré tout la distinction entre ces
deux organismes est souvent délicate car, dans la pratique, toutes les nuances peuvent exister.

1. En général, mais ceci n'est point absolu.

Parmi les plus importants omniums fondés par les banques d'affaires françaises de 1900 à 1914, on peut citer : la Société générale électrique et industrielle, la Compagnie centrale d'énergie électrique, la Société financière des caoutchoucs, la Brazil Railway, l'Union Minière et Métallurgique de Russie, la Société parisienne pour l'industrie des chemins de fer et des tramways électriques... (1).

La création de tels organismes — sociétés de financement spécialisées, omniums — offre pour la banque d'affaires de grands avantages. Elle possède ainsi d'excellents organes d'étude, de contrôle et de surveillance et, au lieu de disperser ses efforts et son aide financière, elle n'est en rapport qu'avec une société centrale par l'intermédiaire de laquelle elle est intéressée dans de multiples entreprises. Etant donné son importance, cette société peut avoir à sa tête un état-major de dirigeants remarquables spécialistes : la banque a ainsi le maximum de garanties possible au sujet de la qualité des affaires lancées.

D'ailleurs, au point de vue économique général, ce système de création de sociétés filiales liées entre elles est un système d'*économie de forces* (2). Il permet en effet de réaliser une meilleure organisation technique, économique et financière grâce à l'unité de direction générale, au choix de techniciens moins nombreux mais de plus grande valeur, à la centralisation des services de commandes et souvent aussi des ventes, à l'abaissement du prix de revient, grâce enfin à l'entr'aide financière des

---

1. Quelques puissants omniums existaient déjà dont la Société française pour l'exploitation des procédés Thomson-Houston et la Compagnie générale d'électricité (liée avec le Crédit Commercial de France).

2. M. Rist à son cours.

diverses entreprises. Economie de forces, en outre, au point de vue de l'épargne publique : par la souscription des obligations de la société ou de l'omnium, celle-ci aide à l'essor industriel sans courir les risques offerts par toute entreprise qui se fonde et elle peut ensuite s'intéresser directement à des sociétés ayant fait leurs preuves ; il y a là une meilleure utilisation de l'épargne qui, au point de vue général et pour la masse des petits capitalistes, est des plus intéressantes, car elle aboutit à une véritable « assurance contre les pertes de capital » (1).

1. M. Rist à son cours.

CHAPITRE VI

## BILANS ET COMPTES DE PROFITS ET PERTES

I

Ainsi que nous l'avons déjà vu, entre la banque d'affaires et la banque de dépôts types, toutes les nuances existent en fait. Comme base de cette étude, nous avons choisi celles des grandes banques qui nous ont paru présenter le plus nettement les caractéristiques des banques d'affaires, mais c'est à des degrés divers et entre elles-mêmes existent des différences sensibles que nous étudierons dans la deuxième partie. Il y a donc là une première difficulté pour tirer de l'étude de leurs bilans des conclusions générales.

De plus, les bilans de ces banques, la plupart de création récente, offrent pour les premiers exercices des variations importantes : il y a peu de continuité dans les pourcentages des divers postes par rapport à l'ensemble de l'actif et cela d'autant plus que le total du bilan est peu élevé et qu'il est procédé à des augmentations de capital successives (Crédit Mobilier Français). Au contraire, les bilans des banques anciennes, telles le Crédit Lyonnais ou, dans la catégorie envisagée, la Banque de Paris et des Pays-Bas, ne présentent que des variations continues et progressives qui laissent aux divers postes une assez grande stabilité proportionnellement au total du bilan.

Sous ces réserves, il est toutefois possible de dégager de l'examen de ces bilans un certain nombre de caractéristiques générales. En outre, entre ces bilans et ceux d'une banque de dépôts pure, le Crédit Lyonnais par exemple que nous prendrons comme terme de comparaison, existent des différences très nettes qui permettent un intéressant parallèle.

*A l'actif*, nous avons classé dans une première colonne — voir Annexes I, tableau VIII — les *fonds disponibles* représentés par les espèces en caisse et dans les banques, les fonds à recevoir de la liquidation en bourse et les coupons à encaisser. Le pourcentage minimum de ce montant global est celui de la Banque de Paris et des Pays-Bas qui, de 1900 à 1913, varie entre 3,4 et 7,9 0/0, tout à fait analogue à celui du Crédit Lyonnais qui s'établit entre 5,9 et 8,4. Le maintien de fonds disponibles aussi peu élevés représente d'ailleurs un résultat beaucoup plus facile à obtenir pour la Banque de Paris que pour le Crédit Lyonnais qui a de multiples succursales. La Société Générale dont le nombre d'agences est encore plus élevé, présente des pourcentages légèrement supérieurs, variant de 6,8 à 10,9 0/0. Ceux de l'Union Parisienne, qui a repris l'organisation déjà existante de la Banque Parisienne, sont aussi assez stables et peu élevés — 3,8 à 10,5 0/0 —, tandis que, pour les raisons indiquées plus haut, les autres banques conservaient dans l'ensemble des fonds disponibles relativement plus élevés dont le pourcentage par rapport au total du bilan présentait d'ailleurs des variations plus importantes.

Les trois postes suivants correspondent aux opérations

de banque pure : *portefeuille-effets, reports, avances sur garanties*. Mais pour une banque d'affaires, ces opérations, beaucoup moins importantes que pour une banque de dépôts, ne sont que l'accessoire de ses opérations financières. Elle ne cherche pas à se constituer un portefeuille d'escompte en se portant acquéreur de papier commercial ou en provoquant les remises du plus grand nombre d'industriels ou de commerçants. Ses opérations d'escompte et d'avances sur garanties sont quasi-exclusivement celles qu'elle effectue pour le compte de ses sociétés filiales ou amies. Par le jeu normal des affaires, elle est amenée à effectuer pour celles-ci des opérations de banque courantes, ce qui lui procure en même temps des emplois pour les capitaux qu'elle doit conserver facilement disponibles. Il arrive d'ailleurs fréquemment que d'importantes sociétés filiales se fassent ouvrir un compte d'escompte chez une banque de dépôt, tout en laissant chez la banque d'affaires la plus grande partie de leurs fonds en compte courant.

Quant aux reports, nous avons vu, au cours de l'étude des opérations d'émission, quel rôle important ils peuvent jouer pour le soutien des cours en bourse : ils sont donc bien souvent directement liés à des opérations financières. Leur taux rémunérateur avant-guerre faisait que les banques d'affaires employaient des sommes d'autant plus élevées dans ce genre de placement.

L'ensemble de ces opérations courantes est beaucoup moins important pour une banque d'affaires que pour une banque de dépôts et la différence est surtout marquée pour le portefeuille d'escompte. Alors que celui-ci représente la moitié environ de l'ensemble de l'actif du Crédit Lyonnais (minimum 44,6 0/0 ; maximum 51,6 0/0), il varie pour la Banque de Paris entre 8,7 et 22,1 0/0 de l'ensemble de l'actif et pour l'Union Parisienne entre 12,1 et 25,3 0/0 ; la Société Générale a évidemment un portefeuille beaucoup plus important mais qui reste nettement inférieur à celui du Crédit Lyonnais, puisque de 41,4 0/0 au maximum il s'abaisse jusqu'à 33,5 0/0.

Le montant total des reports et des avances sur titres est parfois proportionnellement aussi élevé pour une banque d'affaires que pour une banque de dépôts. C'est alors par suite de l'importance des opérations de reports effectuées par les banques d'affaires dont les avances sur garanties sont par contre assez faibles (insignifiantes même parfois : pour la Banque de Paris, de 1902 à 1911, elles n'ont pas dépassé 0,8 0/0), tandis que l'inverse se produit pour les banques de dépôts. La Société Générale est dans ce dernier cas, les avances variant entre 13,4 et 9,5 0/0 de l'actif alors que les reports atteignent au maximum 5,3 0/0. Au total, les pourcentages sont analogues : ils varient pour le Crédit Lyonnais de 13,1 à 24,1 0/0, pour la Banque de Paris de 8,7 à 26,5 0/0, pour l'Union Parisienne de 13,8 à 25 0/0 et pour la Société Générale de 13,1 à 17 0/0.

Il est à remarquer que ces opérations courantes de banque sont relativement beaucoup plus développées chez la Banque Française que chez les autres banques d'affaires : cela tient à son caractère mixte que nous envisagerons plus loin (1).

Les *comptes courants débiteurs* des banques d'affaires sont constitués pour la plus grande partie par les avances consenties à leurs sociétés filiales dans le but d'assurer

---

1. Voir Deuxième Partie. Chapitre I.

leur développement (1). — Cependant la Banque de Paris classait aussi sous la rubrique « Correspondants et comptes courants » les fonds qu'elle possédait pour des opérations de banque temporaires dans des établissements de premier ordre, fonds représentant par suite un actif d'une disponibilité prompte et facile ; il en est de même pour la Société Générale. — Les comptes courants débiteurs des banques de dépôts représentent au contraire, non seulement les avances aux sociétés filiales que ces banques peuvent avoir, mais surtout les ouvertures de crédit consenties pour leurs opérations commerciales à la masse des clients divers. Ces comptes courants se caractérisent par suite par une division des risques beaucoup plus accentuée et par ce fait que dans l'ensemble ces avances sont effectivement à court terme, tandis que celles consenties à des filiales ne peuvent parfois être récupérées qu'après une longue attente.

L'importance de ces comptes courants débiteurs est plus grande chez les banques d'affaires que chez les banques de dépôts. Par rapport à l'ensemble de l'actif, ils varient de 26,3 à 51,9 0/0 pour la Banque de Paris et des Pays-Bas, de 23,2 à 38,7 0/0 pour l'Union Parisienne et seulement de 17,4 à 27 0/0 pour le Crédit Lyonnais ; malgré le développement de ses opérations financières, la Société Générale n'offre elle-même que des pourcentages inférieurs, de 16,1 à 21.4. Quant à la Banque Française, caractérisée par une extrême prudence, ses comptes courants sont nettement moins élevés et jusqu'en **1913** n'avaient atteint que 7,6 0/0.

Les postes de l'actif les plus intéressants et vraiment

1. Voir Chapitre II.

caractéristiques des banques d'affaires sont, ainsi que nous l'avons vu, le *portefeuille-titres* et les *participations financières*. Les pourcentages du total de ces postes par rapport à l'ensemble de l'actif (dans un précédent chapitre, nous avons déjà étudié les variations de ces postes par rapport aux ressources propres des banques) sont tout à fait différents pour les banques d'affaires et pour les banques de dépôts et encore faut-il remarquer que, dans le but de satisfaire rapidement leur clientèle, ces dernières ont normalement en portefeuille un certain nombre de valeurs — titres de rentes, obligations ou actions — particulièrement prisées du public : une partie de leur portefeuille correspond donc à l'exécution des ordres de bourse éventuels de la clientèle et ne constitue guère une immobilisation.

Le tableau suivant donne, pour les banques d'affaires envisagées et pour le Crédit Lyonnais servant de terme de comparaison, les pourcentages maxima, minima et moyens du total de ces deux postes par rapport à l'ensemble de l'actif, pour la période 1900-1913 :

| | Maximum | Minimum | Moyen |
|---|---|---|---|
| Crédit Lyonnais . . . . | 0,4 | 0,3 | 0,38 |
| Banque de Paris et des Pays-Bas | 30 | 13,1 | 21 |
| Union Parisienne . . . . | 28,6 | 10,3 | 19,3 |
| Crédit Mobilier Français . . | 43,4 | 10,3 | 24,6 |
| Banque Française. . . . | 25,7 | 6,8 | 14,4 |
| Crédit Français . . . . | 25,9 | 15,2 | 21,4 |
| Société des Banques de Province . . . . . | 14,9 | 7,8 | 12,4 |
| Société Générale . . . . | 13 | 4,4 | 7,7 |

La différence est donc extrêmement sensible. Les pourcentages de la Société Générale et de la Société Centrale des Banques de Province seraient même plus élevés si l'on déduisait de l'ensemble de l'actif le montant du capital social non appelé,

*Au passif*, en dehors des réserves que nous avons déjà étudiées, le seul poste intéressant est celui des *comptes courants créditeurs*. Une banque d'affaires recherche avant tout les dépôts à échéance fixe et les comptes courants à préavis (1) : toute somme exigible à vue offre pour elle beaucoup moins d'intérêt, étant donné la nature générale de ses opérations. Aussi ne provoque t-elle guère ce genre de dépôts ou l'ouverture de multiples comptes courants à vue. Il s'ensuit que, délaissant ainsi la catégorie la plus abondante de ressources fournies par les tiers, une banque d'affaires n'a en comptes créditeurs que des sommes très inférieures à celles reçues par les banques de dépôts. En 1911 par exemple, le total de ces sommes atteint pour le Crédit Lyonnais 2 milliards, 1.245 millions pour le Comptoir d'Escompte et 1.570 pour la Société Générale ; or, la même année, il n'est que de 315 millions pour l'Union Parisienne et de 253 pour la Banque de Paris. Il y a, certes, des différences importantes entre le montant des ressources propres de ces divers établissements mais elles ne sont nullement du même ordre.

La plupart des banques d'affaires envisagées classent sous une seule rubrique les sommes reçues des tiers à échéances fixes, à préavis et à vue. Le Crédit Mobilier établit bien une distinction entre les comptes courants créditeurs et les comptes de dépôts mais elle n'est d'aucune utilité au point de vue de l'exigibilité de ces sommes. Seule, la Banque Française (2) divise les comptes cou-

---

1. Voir Chapitre II.
2. Et, depuis 1914, la Société Centrale des Banques de Province.

rants en créditeurs à vue et à préavis (1). Par suite, la situation de trésorerie, toujours délicate à envisager, car les avances sur garanties et les comptes débiteurs peuvent présenter des degrés de liquidité très divers, est pour ces banques plus difficile encore à établir puisque le montant exact des sommes immédiatement exigibles ne peut être chiffré avec précision. Mais cette étude ne présente d'ailleurs qu'un faible intérêt par le fait même que le montant de ces sommes exigibles à vue n'est pas très élevé et ne nécessite par conséquent que des disponibilités réduites. Une grande liquidité de son actif est indispensable à une banque de dépôts ; la préoccupation d'avoir toujours une large trésorerie est pour elle primordiale, mais elle n'est que secondaire pour une banque d'affaires.

Les banques d'affaires françaises ont pris de 1900 à 1914 une extension remarquable qui se traduit par un accroissement sensible du montant des postes de leurs bilans. Le total du bilan de la Banque de Paris passe de 278 millions à 782 fin 1913 ; en dix ans, celui de l'Union Parisienne croît de 98 à 352 millions ; le bilan du Crédit Mobilier Français se totalise par 248 millions en 1913 contre 14 seulement en 1903 ; celui de la Banque Française quadruple en douze ans ; de 1911 à 1913, les totaux des bilans du Crédit Français et de la Société des Banques de Province passent respectivement de 49 à 115 et de 67 à 158 millions. Enfin la Société Générale pré-

----

1. La Société Générale établit une distinction plus complète encore : comptes de chèques, dépôts à échéance fixe et comptes courants divers. Mais sa situation de trésorerie doit être envisagée comme celle d'une banque de dépôts.

sente en 1913 le chiffre formidable de 2.611 millions contre 848 millions en 1900.

Dans l'ensemble, cet accroissement est continu. Il est
pourtant marqué par deux temps d'arrêt ou de recul,
suivant les banques, le premier lors de la crise de 1907,
le second moins sensible en 1911-12. Le total du bilan de
la Banque de Paris fléchit en 1907 de 131 millions et de
15 millions encore l'année suivante, soit de **22 0/0** par
rapport à 1906. On constate à l'actif une diminution nette
du portefeuille-effets et des reports, au passif une augmentation des effets à payer et surtout une diminution
très importante des comptes courants créditeurs qui
s'abaissent de 328 à 190 millions. Mais le fléchissement de
ce poste n'est pas de même nature que celui qui intervient en pareil cas pour les banques de dépôts : il n'est
pas dû aux retraits des déposants à la suite d'un affaiblissement de la confiance. Ces comptes courants sont constitués en grande partie par les dépôts de fonds des sociétés
filiales de la banque : en temps de crise, celles-ci ont un
besoin pressant de capitaux et sont obligées de retirer des
fonds pour assurer leur trésorerie. C'est donc un contrecoup normal de la crise économique qui, en aucun cas, ne
saurait conduire à un « run » des déposants vers les guichets de la banque. Bien au contraire, une entente intervient ordinairement à l'amiable pour les retraits de fonds
entre la société et la banque qui, ainsi, n'est pas prise au
dépourvu.

## II

Toute banque d'affaires effectuant, non seulement des
opérations financières, mais en outre des opérations de

banque pure, il est particulièrement intéressant de rechercher dans quelle proportion interviennent l'une et l'autre
catégorie d'opérations dans les bénéfices bruts. Malheureu-
sement, la Banque Française, le Crédit Mobilier, le Crédit
Français et la Société des Banques de Province se contentent d'indiquer le chiffre global de leurs bénéfices
bruts sans aucune explication. La Société Générale distin-
guait jusqu'en 1914 les « intérêts sur placements de fonds
sous déduction de ceux payés » et les « commissions et
bénéfices sur affaires diverses » mais, telles quelles, ces
deux rubriques n'offrent aucune précision. Seules, la
Banque de Paris et des Pays-Bas et l'Union Parisienne
donnent des détails (voir Annexes I, tableau XII) : encore
est-il que les divisions adoptées manquent de netteté, la
rubrique « commissions » pouvant comprendre à la fois
les profits des émissions et les commissions perçues à
l'occasion d'opérations de banque pure, celle « intérêts et
bénéfices du portefeuille » pouvant viser les profits réalisés à la fois sur le portefeuille-effets et sur le portefeuille-
titres... Tel que pourtant, le détail de ces comptes permet
de tirer des conclusions intéressantes.

Si l'on envisage pour la Banque de Paris les postes
« intérêts et bénéfices du portefeuille » et « reports » et
pour l'Union Parisienne celui « intérêts, escompte et produit des reports », postes qui sont relatifs aux opérations
de banque pure, on constate une croissance, continue
dans l'ensemble, des bénéfices réalisés de ce chef. Au
contraire, les bénéfices concernant les opérations financières subissent d'amples fluctuations : très élevés dans les
années d'activité économique et financière, ils fléchissent
brusquement lorsque survient l'atonie des affaires. A cet
égard, les bénéfices de la Banque de Paris classés sous la

rubrique « Fonds publics, actions et obligations » (correspondant en grande partie au réescompte du portefeuille
en fin d'année) offrent un exemple particulièrement caractéristique de 1903 à 1909 : leur montant est successivement en millions de francs de 2,58, 10,87, 2,47, 8,92,
perte, 6,51, 12,16. L'Union Parisienne enregistre aussi
des variations du même ordre : de 2,84 millions en 1906,
ces bénéfices fléchissent pendant les deux années suivantes à 1,80 environ pour remonter brusquement à 5,06
en 1909.

Il ne saurait d'ailleurs en être autrement, ce genre
d'opérations étant intimement lié à l'activité économique
générale et aux dispositions du marché financier. Il est
évident que, lorsque les capitaux sont rares ou se cachent,
lorsque les entrepreneurs gênés réalisent leurs titres en
portefeuille et que la baisse des valeurs en bourse entraîne
une abstention générale des acheteurs (1), peu d'émissions peuvent être effectuées avec succès ; d'autre part,
le portefeuille-titres des banques diminue de valeur et
par suite le réescompte en fin d'exercice se traduit parfois
par des pertes. En période d'activité au contraire, les
entreprises se développent, il s'en crée de nouvelles et
ce sont sans arrêt de nouveaux appels à l'épargne qui,
d'ailleurs, s'emploie aussi en achats en bourse et fait
ainsi monter les cours des valeurs. Les banques d'affaires
travaillent alors à plein rendement et effectuent de fructueuses réalisations de titres en portefeuille et des émissions rapidement couvertes avec le minimum de frais.

---

1. C'est d'ailleurs un fait remarquable que la grande masse des
épargnants achète en période de hausse et, prise de peur, réalise de
plus en plus au fur et à mesure que la baisse s'accentue. Les événements de 1921 sont caractéristiques à cet égard.

On peut conclure par suite que les bénéfices réalisés sur les opérations courantes forment la base stable des bénéfices des banques d'affaires et assurent la répartition du dividende, et que, d'autre part, les bénéfices sur les opérations financières proprement dites, très importants souvent mais à variations brusques, permettent à ces établissements de se développer et de constituer de puissantes réserves.

Le total des bénéfices nets déclarés accuse des fluctuations correspondantes, mais, si l'on envisage la moyenne des bénéfices nets pour des périodes de plusieurs années, on constate jusqu'en 1914 une croissance continue en corrélation avec le développement général de ces banques et l'augmentation de leurs ressources.

*Moyenne des bénéfices en millions de francs*

Banque de Paris et des Pays-Bas : 1900-1904 : 9,1 ; 1905-1909 : 13,7 ; 1910-13 : 15,8.

Union Parisienne : 1904-1908 : 5,3 ; 1909-1913 : 12,3.

Crédit Mobilier : 1903-1908 : 1,3 ; 1909-1913 : 5,4.

Banque Française : 1902-1905 : 2,8 ; 1906-1909 : 3,8 ; 1910-1913 : 6.

Société Générale : 1900-1904 : 5,7 ; 1905-1909 : 10,6 ; 1910-1913 : 20,2.

Les bénéfices nets de la Société Générale croissent de 1900 à 1913 de façon continue et régulière, ce qui est normal par suite de son caractère primordial de banque de dépôts; ceux de la Banque Française subissent aussi peu de fluctuations en sens contraire. Il s'ensuit que les pourcentages des bénéfices nets aux ressources propres présentent pour la Société Générale une stabilité tout à fait remarquable : de 1900 à 1913, le rendement s'élève lentement mais presque sans à-coup de 5 à 6,5 0/0. La Banque Française et le Crédit Mobilier offrent aussi une progression assez régulière. Au contraire, les banques d'affaires types, Banque de Paris et Union Parisienne, ont des rendements extrêmement variables ; mais ils sont dans l'ensemble très supérieurs à ceux des autres banques. La Banque de Paris a atteint à deux reprises, en 1904 et en 1906, un rendement *supérieur à 21 0/0* et l'Union Parisienne offre de 1909 à 1912 une série de résultats très brillants aussi, son rendement allant de 12,6 à 18,2 0/0.

Quoique ayant des bénéfices nets assez variables, les banques d'affaires ont assuré la stabilité de leurs dividendes en ne les augmentant que lorsqu'elles avaient la certitude de pouvoir les maintenir au même taux par la suite. Malgré les augmentations de capital successives, ces dividendes ont crû sans arrêt de façon notable : le dividende de la Banque de Paris passe de 10 0/0 en 1901 à 15 0/0 en 1909/13 ; celui de l'Union Parisienne, de 5 0/0 au début, atteint 10 0/0 dès 1910 ; le Crédit Mobilier distribue 7 0/0 en 1910-13 et la Banque Française 6 0/0 en 1912-13 contre respectivement 5 et 4 0/0 à leurs débuts ; enfin la Société Générale répartit en 1913 8,3 0/0 contre 5,8 en 1900. Il y a là une preuve indéniable de la prospérité réelle et de l'essor de ces établissements.

Toujours pour les raisons précédemment indiquées, la comparaison des frais généraux aux bénéfices bruts réalisés ne permet guère de tirer des conclusions générales, les frais généraux augmentant progressivement mais de façon lente et assez régulière, les bénéfices bruts accusant

par contre de grandes fluctuations. Il est pourtant intéressant de noter que, alors que le pourcentage des frais
généraux par rapport aux bénéfices bruts se maintient en
général aux environs de 20 0/0 pour la Banque de Paris,
l'Union Parisienne et, dès après leurs premiers exercices,
pour le Crédit Mobilier et la Banque Française, il varie pour
la Société Générale entre 50 et 40 0/0 (en diminution constante depuis 1902). Cette différence sensible provient de
ce que la Société Générale est un établissement à succursales multiples et que l'accroissement des bénéfices bruts
résultant de cette vaste organisation est moins que proportionnel à l'augmentation des frais généraux : comme
dans toute branche d'industrie, au delà d'un certain point
de concentration, le rendement devient décroissant.

## FONCTION ÉCONOMIQUE DE LA BANQUE D'AFFAIRES

Le commerce de la banque a pour objet l'argent. Les
banques de dépôts se procurent des capitaux à un prix
donné inférieur à celui auquel elles consentent des avances
sous de multiples formes. Leur rôle est de servir d'intermédiaire entre l'épargne et les producteurs en drainant
les capitaux immobilisés pour les mettre à la disposition
de ceux qui, dans les diverses branches de la production
et du commerce, en ont besoin pour effectuer leurs opérations courantes. La profession de banquier suppose en
premier lieu la connaissance approfondie et la pratique
des opérations bancaires, parfois délicates, et, de plus,
le don de bien juger les hommes et d'apprécier les événements.

La banque d'affaires va plus loin : elle a véritablement
une *fonction créatrice*. Alors que, anciennement, le chef
d'entreprise travaillait avec ses seuls capitaux ou ceux de
ses proches, la production en grand nécessite l'emploi de
capitaux considérables et tout chef d'entreprise doit maintenant s'adresser à la masse des épargnants. C'est précisément la banque d'affaires qui est chargée de la constitution ou du développement de ces entreprises; c'est elle
qui assume les risques et se retourne ensuite vers le public.
Née de la complexité croissante de l'organisation écono-

mique, cette fonction a pris une importance de plus en plus grande.

Disposant de capitaux susceptibles d'être engagés à long terme, la banque d'affaires peut, par le choix des entreprises qu'elle crée ou dont elle accroît les moyens d'action, exercer une grande influence sur le développement économique du pays. Suivant la direction donnée à ces capitaux, elle oriente l'activité économique vers tel ou tel genre d'industrie. De plus, par les entreprises qu'elle crée dans d'autres pays, elle est un des principaux facteurs de l'expansion à l'étranger. Là encore, sa puissance ne doit pas être engagée au hasard ou plutôt avec l'unique souci des intérêts financiers personnels mais rester en complet accord avec les intérêts politiques et généraux de la nation.

Certes, les banques d'affaires ne dirigent pas à leur gré l'activité économique et l'expansion extérieure d'un pays : ce sont des causes générales autrement puissantes qui déterminent ces mouvements. Mais la fonction des banques d'affaires consiste précisément à distinguer, étant donné les conditions générales existant à un certain moment, quelles branches d'activité doivent alors être particulièrement soutenues dans le but d'assurer le meilleur développement économique et vers quels pays elles doivent diriger leurs efforts pour accroître à l'étranger la puissance économique et financière du pays. C'est dans cette mesure que l'on peut parler de la fonction créatrice des banques d'affaires.

Fonction primordiale dans l'organisation moderne et qui nécessite des dirigeants de premier ordre ! Pour donner les directives générales de la politique de l'escompte d'un grand établissement de crédit, il ne suffit pas d'être un banquier : il faut encore posséder à fond l'art du financier. A la connaissance des opérations bancaires et des questions monétaires, le financier joint un vaste savoir général et en particulier la science des phénomènes économiques. Il possède en outre au plus haut degré les qualités de caractère nécessaires à l'homme d'affaires qui, jointes à ses connaissances et à son expérience, lui permettront d'apprécier sainement et surtout de *prévoir* les événements et de s'entourer d'hommes de valeur. Mais, plus nombreux peut-être encore que dans les banques de dépôts, ce sont de remarquables financiers qui doivent constituer l'état-major dirigeant des banques d'affaires : ils doivent connaître à fond la situation générale économique du pays et de ceux dans lesquels leur banque est intéressée et posséder l'esprit de décision et ce flair spécial à l'homme d'affaires qui le détourne des entreprises malheureuses. Placés en vedette au centre de l'activité économique, les dirigeants des banques d'affaires sont, dans le sens large et élevé du mot, de véritables animateurs qui, en obtenant le meilleur rendement des capitaux à leur disposition, travaillent sans cesse à créer de nouvelles richesses.

# DEUXIÈME PARTIE

## LES PRINCIPALES BANQUES D'AFFAIRES DE 1900 A 1914

---

### CHAPITRE PREMIER

#### SPÉCIALISATION DES BANQUES D'AFFAIRES ENVISAGÉES

Dans la pratique, avons-nous dit au début de la première partie, toutes les nuances existent entre la banque d'affaires et la banque de dépôts types. Nous avons choisi pour cette étude celles des grandes banques qui nous ont paru présenter les caractéristiques les plus nettes des banques d'affaires : encore est-ce à des degrés divers, ainsi que nous avons été amenés à le souligner à maintes reprises déjà. Il convient donc maintenant de rechercher quel a été effectivement le degré de spécialisation de ces banques au cours de la période 1900-1914.

La première d'entre elles, *la Banque de Paris et des Pays-Bas*, offre le type parfait de la banque d'affaires. Si ses statuts lui laissent un champ d'action des plus vastes au point de la nature de ses opérations, sa fonction primordiale consiste en réalité à négocier et soumissionner tous emprunts publics ou autres, à aider tous Etats ou entreprises ayant besoin d'appui financier, à fonder ou à développer des entreprises industrielles en France et à l'étranger, à organiser des syndicats et à effectuer des émissions, et en général à participer à toutes opérations financières.

La Banque de Paris ne s'est jamais départie de cette ligne de conduite et n'exécute aucune opération de banque ou de bourse pour la petite clientèle avec laquelle elle n'a pas de rapports. Certes, ses opérations de banque pure forment un ensemble important, mais elles ne sont strictement que l'accessoire de ses opérations de financement ou d'émission. Quoique l'envergure de ses opérations financières entraîne évidemment pour elle l'exécution de nombreuses opérations courantes, son portefeuille d'escompte reste relativement très inférieur à celui d'une banque de dépôts et ses opérations de prêts sur titres sont insignifiantes. D'autre part, si elle prête en reports des sommes élevées — jusqu'à 147 millions en 1910 —, c'est afin d'exercer une influence sur le marché à terme, de le soutenir en période difficile ou de le préparer en vue d'importantes émissions à réaliser. Ses comptes courants débiteurs sont composés des ouvertures de crédit à ses filiales et d'avances aux Etats. Quant aux comptes courants créditeurs, ils atteignent bien parfois des sommes considérables (346 millions en 1904, le total du bilan n'étant que de 582 millions) et sont toujours très élevés. Mais, ainsi que nous l'avons vu et qu'il est mentionné chaque année par les commissaires aux comptes, ce sont les sommes que les sociétés filiales gardent disponibles

pour assurer leurs fonds de roulement ou bien encore les
sommes laissées en dépôt par les gouvernements dont la
banque vient d'émettre un emprunt; la plus grande partie
de ces fonds est à échéance fixe ou soumise à des conditions de préavis. Enfin le montant des immobilisations de
la Banque de Paris sous forme de titres ou de participations représente le 1/5 ou même le 1/4 de l'ensemble de
l'actif et a parfois été supérieur au total de ses ressources
propres (1903, 1906).

Au cours de la période envisagée, la Banque de Paris
et des Pays-Bas a toujours occupé nettement la première
place parmi les banques d'affaires françaises. Dès 1906,
le journal financier *le Globe* pouvait dire à son sujet (1) :
« La Banque de Paris et des Pays-Bas a atteint, depuis
quelques années, un degré de prospérité véritablement
extraordinaire. Elle est devenue non seulement la plus
grande banque d'affaires française, mais l'une des plus
considérables du monde entier... ». Banque de très grande
envergure, elle a dirigé de 1900 à 1914 un bon nombre
des grandes opérations financières et il n'en est guère
auxquelles elle n'ait participé.

— La *Banque de l'Union Parisienne* est aussi avant tout
une banque d'affaires; elle n'offre pourtant pas un type
aussi parfait que la Banque de Paris. Certes, la base de
son activité est constituée par les affaires financières mais
elle a toujours pris grand soin de développer ses opérations de banque courantes dans le but de s'assurer un rendement minimum stable. Cette préoccupation est nettement marquée dans les rapports annuels, par exemple
dans celui de l'exercice 1907 : « ... opérations de banque,

1. No 2060 du 17 mai 1906, p. 321.

au développement desquelles nous continuons à nous attacher, avec une prudente méthode mais aussi avec persévérance, convaincus qu'elles seront toujours la base la plus certaine de notre prospérité... » ; en 1908, en 1910, les rapports constatent l'accroissement de ces opérations. Les bénéfices de cette catégorie d'affaires suffisent en effet à assurer un dividende important aux actions. Dès 1906, ils correspondent, frais généraux déduits à un intérêt de plus de 5 0/0 du capital, de telle sorte que « les opérations financières et les bénéfices du portefeuille n'ont... plus à pourvoir qu'au complément du dividende »; de 1907 à 1909, le rendement de ces bénéfices s'élève à 6 0/0 en moyenne, à 7 0/0 en 1910, à 9 0/0 environ en 1911 et 1912.

L'examen des bilans de l'Union Parisienne montre en premier lieu son caractère principal de banque d'affaires: les pourcentages de ses immobilisations par rapport à l'ensemble de l'actif sont tout à fait analogues à ceux de la Banque de Paris. Mais ses ressources propres sont moins immobilisées sous forme de titres ou de participations (60 à 65 0/0 environ seulement) et de plus on constate dans l'ensemble une proportion moins forte de comptes courants débiteurs et par contre un pourcentage plus élevé du portefeuille-effets et des avances sur garanties.

D'ailleurs, la Banque de l'Union Parisienne n'a nullement pris, même à un faible degré, le caractère de banque de dépôts : pas plus que la Banque de Paris, elle n'a de relations avec de multiples petits clients. Ses opérations courantes de banque proviennent surtout de ses relations avec les vieilles maisons de banque parisiennes qui l'ont constituée et avec les banques d'outremer dont elle est le correspondant (son compte d'acceptations accuse le plus souvent un montant élevé). Avant tout banque d'affaires, l'Union Parisienne juge bon d'avoir aussi un certain courant d'opérations de banque pure de façon à stabiliser son rendement.

— Reprenant la suite du second Crédit Mobilier qui entrait en liquidation, le *Crédit Mobilier Français* avait à combattre à ses débuts une certaine atmosphère de défiance : il se posait résolument en effet en banque d'affaires et la fin malheureuse des deux établissements du même nom qui l'avaient précédé jetait sur lui un peu de suspicion. Aussi ses dirigeants jugèrent-ils prudent et habile de limiter leurs efforts pour les débuts — le capital initial n'était que de 7.525.000 francs — et de ne pas chercher à se lancer avec l'ampleur de puissants établissements, tel la Banque de Paris.

Dans ce but, leur programme fut de « faire du Crédit Mobilier Français un intermédiaire autorisé entre les affaires de moyenne envergure et le public » (1) : « ... (les) opérations qui mettent seulement en jeu des capitaux relativement restreints, dit le rapport à l'assemblée extraordinaire d'octobre 1905, trouvent difficilement les concours auxquels, par leur caractère, leurs garanties, leur utilité, — et leur nombre, — elles ont pourtant les droits les plus légitimes... Nous avons essayé dans la mesure de nos moyens de combler cette lacune. — Avant de vous demander les moyens de tirer de cette situation tout le parti possible, nous avons tenu a bien nous en assurer par l'expérience même. Nous avons voulu ne nous avancer sur ce terrain que petit à petit, élargir d'abord la place

1. Rapport sur l'exercice 1903-1904.

que nous prenions dans les affaires et prouver en un mot, par son application même, l'efficacité du programme que nous avons adopté... ».

D'autre part, le Crédit Mobilier tint à prouver que son portefeuille-titres était facilement réalisable. Par suite de nombreuses ventes, le montant de ce portefeuille n'était plus que de 2.200.000 francs au 30 juin 1905 : « Nous avons tenu, et nous espérons que vous voudrez bien nous approuver, à faire ressortir ainsi à l'évidence que nous avons bien réellement atteint le but que nous nous étions proposé dès le début de votre société et qui était d'arriver le plus rapidement possible à l'*entière mobilisation de notre portefeuille*. Celui-ci représentait alors presque entièrement notre capital social. Maintenant la proportion est complétement renversée.... Nous avons voulu tout d'abord montrer, par le fait même, que notre portefeuille pouvait être réalisé et réalisé dans des conditions avantageuses » (Rapport exercice 1904-1905). Et le rapport à l'assemblée extraordinaire de 1905 confirme que le Crédit Mobilier ne prend dans les affaires auxquelles il participe « que des engagements restreints, faciles à réaliser... ».

Dès 1905, le Crédit Mobilier amorce son développement: le capital est porté à 10 millions et l'année suivante à 25 millions. La banque est alors en mesure d'effectuer soit seule, soit en participation, d'importantes opérations financières. Son envergure n'est pourtant pas encore suffisante et elle ne participe pas aux affaires lancées par le Grand Consortium. Ce n'est qu'en 1909-1910 qu'elle se classe définitivement parmi les grandes banques d'affaires françaises, son capital étant porté à 45 puis à 60 millions. En 1909, pour l'emprunt international serbe 4 1 2 0/0, le Crédit Mobilier Français prend place pour

la première fois à côté des puissants établissements
d'émission.

Trop faible au début pour travailler en liaison avec les
puissantes banques à succursales multiples, le Crédit
Mobilier s'est attaché à établir des relations suivies avec
des banques de province de façon à avoir des guichets à sa
disposition pour effectuer le placement des titres. Par là,
il a été amené à effectuer des opérations courantes de banque pour le compte de ses correspondants et, à partir de
1910, il a nettement porté une partie de ses efforts, à côté
des affaires financières, vers cette catégorie d'opérations.
Il semble en l'espèce que le Crédit Mobilier se soit proposé une ligne de conduite analogue à celle que suivait
l'Union Parisienne, correspondant de nombreuses banques étrangères, les banques de province jouant en outre
pour lui, au point de vue des opérations courantes, le
rôle des maisons de la Haute-Banque vis-à-vis de l'Union
Parisienne.

Depuis 1910, tous les rapports du Crédit Mobilier constatent le développement de ces opérations de banque pure.
Le rapport de 1911 dit à ce sujet : « nous nous sommes
appliqués à accroître le nombre de nos correspondants à
l'étranger et le *mouvement de notre portefeuille de banque*. C'est notamment *dans ce but* que nous avons pris des
intérêts, comme vous venez de le voir, dans des institutions de banque... Si cette politique a votre approbation,
nous nous proposons d'étendre encore nos efforts dans
cette voie et de nous créer de plus en plus des points
d'appui... » De 2 millions en 1909, le portefeuille d'escompte passe à 20 en 1910 et à 39 l'année suivante et les
avances sur garanties, inexistantes jusque-là, se montent
en 1910 à 12 millions.

Toutefois l'activité du Crédit Mobilier diffère assez sensiblement en fait de celle de l'Union Parisienne. Son caractère principal est bien nettement aussi celui d'une banque d'affaires, mais *plus timorée*. De 1903 à 1914, ses immobilisations, assez élevées par rapport à l'ensemble de l'actif, n'atteignent pas le plus souvent la moitié de ses ressources propres ; par contre, son portefeuille-effets, insignifiant au début, croît rapidement jusqu'en 1914. De plus, le Crédit Mobilier est moins fermé à la clientèle ordinaire et accepte d'elle des dépôts et des sommes en compte courant. Grande banque d'affaires, mais d'une envergure très inférieure à celle des deux précédentes, le Crédit Mobilier Français se montrait avant la guerre de plus en plus réservé au point de vue du lancement de nouvelles affaires et, dans l'ensemble de son activité, faisait une part notable aux opérations courantes de crédit.

— Fondée par M. Rouvier, ancien ministre des finances, *la Banque Française pour le commerce et l'industrie* devait être, dans l'esprit de son fondateur, une banque d'affaires très allante. Mais, au cours du premier exercice, M. Rouvier, qui était le président de son conseil d'administration, fut à nouveau nommé ministre et dut abandonner son poste à la banque. Privée de cet important appui, la Banque Française eut des débuts assez modestes et se contenta en général de participer à des opérations financières sans assumer le rôle principal. A partir de 1906, année du retour de M. Rouvier, elle prit plus d'initiative et, de 1910 à 1914, dirigea d'importantes opérations. Toutefois, si elle jouait un grand rôle au point de vue des émissions, elle cherchait le plus souvent à liquider entièrement les participations prises et à n'accroître que prudemment ses immobilisations dont le montant est presque toujours resté nettement inférieur à la moitié de ses ressources propres. Par rapport à l'ensemble de l'actif, le pourcentage de ses immobilisations est aussi, de 1909 à 1913, beaucoup plus bas que celui des banques précédentes. D'autre part, elle ne consentait aux sociétés diverses que des avances peu élevées : le pourcentage de ses comptes courants débiteurs n'a jamais dépassé 7,6 0/0 de l'ensemble de l'actif, ce qui provient d'ailleurs aussi du fait qu'elle n'a fondé elle-même que peu d'entreprises. Son caractère de banque d'affaires est donc assez atténué.

Voyant, à ses débuts, son activité limitée du côté des affaires financières, la Banque Française chercha par contre à développer ses opérations de banque pure : elle a abouti sur ce point à d'heureux résultats. Non seulement elle est le correspondant à Paris de nombreuses banques étrangères — le montant de ses acceptations est d'ailleurs très élevé —, mais de plus elle a réussi, grâce aux taux d'intérêts qu'elle consentait, à attirer à elle d'importantes sommes en compte courant à vue ou à préavis. Aussi employait-elle une bonne partie de ses ressources en opérations d'escompte, de reports et d'avances sur garanties. Il faut d'ailleurs reconnaître à ce point de vue que, si l'on peut faire à la Banque Française le reproche d'avoir en partie dévié de son but, elle a toujours su garder une trésorerie des plus larges en face de ses engagements envers les tiers.

Dans l'ensemble, il ne nous semble point que l'on puisse appliquer à la Banque Française avant la guerre le qualificatif de banque mixte : des quatre banques déjà envisagées, c'est elle qui a fait aux opérations de crédit commercial la plus large place mais son caractère de banque d'affaires domine tout de même nettement.

— Beaucoup plus jeune que les banques précédentes, le *Crédit Français*, succédant à la maison J. Loste et C^ie, était avant guerre une pure banque d'affaires. Il avait des relations suivies avec des banques de province et des banques étrangères, mais c'était pour avoir une plus grande puissance de placement ou comme facteur d'expansion. Les bilans offraient toutes les caractéristiques de la banque d'affaires et dans le rapport sur l'exercice 1917 il est dit : « Le programme sur lequel le Crédit Français a été fondé en faisait presque exclusivement une banque d'affaires ; de par la nature même de nos opérations, nous avions en 1914, lorsque la guerre a éclaté, un portefeuille-titres très chargé et de lourdes participations financières ».

— *La Société Centrale des Banques de Province* a été créée en 1904 pour être la banque d'affaires des banquiers de province. Son but unique était de faire des opérations financières de toute nature en France et à l'étranger pour son compte ou pour celui des membres du syndicat. Jusqu'en 1911, la Société, n'ayant qu'un capital insignifiant, négociait les affaires et gérait les syndicats d'émission, mais la totalité des participations prises par elle était répartie entre les banquiers syndicataires.

En 1911, la société fut réorganisée au capital de 50 millions, porté l'année suivante à 100 (1/4 versé). A dater de ce moment, elle a été une banque d'affaires tout à fait analogue aux autres, offrant les mêmes caractéristiques et ne se différenciant même nullement d'elles, ainsi qu'elle aurait pu le faire, par le genre des affaires traitées. Toutefois son activité créatrice était moins grande et elle effectuait surtout des opérations de passage. Mais, à ses débuts, elle n'était le correspondant des divers banquiers qu'au point de vue des affaires financières : ce n'est que peu à peu qu'elle a été amenée à créer les divers services de banque et à traiter pour ses correspondants toutes les opérations courantes de banque.

— Quant à la *Société Générale*, il est évident qu'elle est avant tout une puissante banque de dépôts ; mais, ainsi que nous l'avons vu, au seuil du xxᵉ siècle elle était encore très engagée dans les opérations financières. Toute sa politique depuis cette époque a consisté à stabiliser le montant de celles-ci, tandis qu'elle développait considérablement ses opérations de crédit commercial. Il s'ensuit que son caractère de banque d'affaires qui, vers 1890-95, se joignait nettement à celui de banque de dépôts, est allé progressivement en s'atténuant. Le retentissement de certaines affaires malheureuses (participation Guano, port d'El Callao, Caisse générale des Familles, Société des Sucreries d'Egypte), créant parfois autour d'elle une atmosphère de défiance, n'a fait que l'inciter à persévérer dans cette ligne de conduite.

Dès 1914, la Société Générale avait obtenu à ce point de vue des résultats tout à fait intéressants. Le total de ses immobilisations sous forme de valeurs mobilières ou de participations représente en 1900 13 0/0 de l'ensemble de l'actif, capital non appelé compris, et 4,4 0/0 seulement en 1913 ; en 1900, ce total est très supérieur aux ressources propres — 111,5 0/0 — et en 1913 n'est plus égal qu'à 31,1 0/0 de leur montant. Alors que le total du bilan et le montant du portefeuille d'escompte triplent de 1900 à 1913, les immobilisations, titres et participations, ne se chiffrent en 1913 que par 115 millions contre 109 en 1900.

Malgré tout, ainsi que nous l'avons dit, au cours de la période 1900-1913, l'activité de la Société Générale au point de vue des opérations financières a été très considérable et, si l'on considère les chiffres des bilans en eux-mêmes et non plus les proportions, très supérieure à celle de la plupart des jeunes banques d'affaires.

Ainsi, au cours de la période envisagée, ces banques sont nettement, quoique à des degrés divers, de grandes banques d'affaires et le montant total de leurs ressources mises au service de l'activité économique s'est de 1900 à 1914 considérablement accru. Seule, la Société Générale a changé d'orientation et n'a pas développé ses opérations financières.

CHAPITRE II

## ACTIVITÉ FINANCIÈRE
## DES DIVERSES BANQUES D'AFFAIRES

Nous allons maintenant examiner successivement les diverses banques d'affaires au point de vue de leur activité financière de 1900 à 1914. Au cours de cette étude nous ne chercherons nullement à donner un tableau complet des opérations qu'elles ont effectuées : notre but est de dégager dans ses grandes lignes l'orientation de chaque banque tant au point de vue des genres d'affaires traitées par elle qu'à celui de ses régions d'expansion.

### I. — Banque de Paris et des Pays-Bas

De 1900 à 1914, la Banque de Paris s'est principalement intéressée en France aux entreprises d'électricité, aux sociétés métallurgiques et aux compagnies diverses de transports en commun. Le début du xxᵉ siècle a vu en effet l'extension considérable de l'emploi de l'électricité au point de vue éclairage et force motrice. D'importantes entreprises de ce genre avaient déjà été constituées avant 1900 mais c'est surtout à partir de 1906-08 que la création de ces sociétés a pris un grand développement qui a atteint son maximum de 1910 à 1914. En second lieu, l'industrie métallurgique prenait un essor nouveau par suite de l'utilisation des minerais de l'Est. Enfin, les moyens de transport de la région parisienne devaient être réorganisés et l'accroissement du commerce international exigeait le développement des compagnies de navigation maritime. De même que les autres banques, la Banque de Paris continuait bien à donner son concours aux importantes émissions d'obligations des grandes compagnies de chemins de fer (1), mais les entreprises de travaux publics en France ne constituaient plus pour elle un champ d'activité où son action créatrice pouvait s'exercer. La France était, en effet, déjà dotée d'un puissant outillage économique — chemins de fer, canaux et ports — ; on n'entreprenait plus guère que la construction de lignes d'intérêt local et l'amélioration des ports était effectuée par l'Etat et non concédée.

Dans le domaine des entreprises d'électricité et de gaz, la Banque de Paris s'intéresse surtout aux grandes sociétés du bassin parisien : elle prend une large part à la constitution de la Société d'éclairage, chauffage et force motrice, de la Compagnie parisienne de distribution d'électricité, de la Société du gaz de Paris et de la Compagnie d'électricité de l'Ouest Parisien, sociétés dont elle assure, de concert avec d'autres établissements, les émissions d'actions nouvelles ou d'obligations. Elle continue son concours financier à la Compagnie générale du gaz pour la France et l'étranger, à la Compagnie parisienne de l'air comprimé et à la Compagnie des Câbles télégraphiques et

_______________

1. De même qu'elle participait — dans un autre domaine - à celles du Crédit Foncier.

participe à l'augmentation de capital de la Compagnie centrale d'Énergie électrique.

Au point de vue des transports, la Banque de Paris donne son concours aux émissions des grandes compagnies de navigation — Chargeurs réunis, Messageries maritimes, Compagnie générale transatlantique —, à celles de la Compagnie générale des omnibus, du Métropolitain et du Nord-Sud. Au point de vue métallurgie, elle participe aux augmentations de capital des Usines métallurgiques de la Basse-Loire, de la Société de travaux Dyle et Bacalan, de la Compagnie de Fives-Lille, des Ateliers de constructions électriques du Nord et de l'Est et aux émissions d'obligations des Forges et Aciéries du Nord et de l'Est et des Ateliers et Chantiers de la Loire.

En dehors de ces trois principales branches d'affaires, la Banque de Paris prend en France trois participations très importantes : dans la Société Générale, dans la Banque Privée et dans la compagnie d'assurances « La Prévoyance ». Elle constitue, de concert avec la Société générale, la Société générale des valeurs de banque et effectue les augmentations de capital de la Compagnie nouvelle des ciments Portland du Boulonnais, des grands magasins du Printemps et des établissements Blériot.

Mais l'activité de la Banque de Paris a été extrêmement importante à l'étranger aussi bien au point de vue des emprunts publics qu'à celui d'entreprises diverses.

Ce qui caractérise en effet en premier lieu les émissions effectuées en France de 1910 à 1914, c'est la grande importance des *emprunts d'États étrangers*. Au cours de cette période, les besoins d'argent des États ont dans l'ensemble singulièrement augmenté. D'une part, les pays neufs de l'Amérique du Sud absorbaient des capitaux considérables pour assurer leur développement économique, construire des voies de communication et des ports et assainir leur situation monétaire. D'autre part, les Etats balkaniques faisaient de nombreux appels à l'épargne, moins pour constituer un outillage national que pour développer leurs armements militaires. Enfin, deux pays ont émis de nombreux et importants emprunts : le Japon, qui devenait une grande puissance économique et militaire, et surtout la Russie, vieux pays que la guerre de 1904 avait trouvé sans aucune préparation et qui entreprenait de constituer des armements, de créer son outillage économique, quasi-inexistant jusqu'alors, et de mettre en valeur ses immenses richesses naturelles.

Le marché financier français a été un vaste débouché à cette masse de titres et les banques d'affaires ont largement participé à cet ensemble d'opérations en effectuant de nombreuses émissions et en outre en consentant maintes fois aux gouvernements étrangers des avances qui en étaient le prélude. De 1903 à 1906 par exemple, 6.770 millions d'emprunts étrangers ont été émis en France, alors que le total des émissions et introductions en bourse pendant cette période n'est que de 15.822 millions.

La Banque de Paris et des Pays-Bas a joué au point de vue de l'émission des emprunts étrangers en France un rôle tout à fait primordial. Négociant très souvent avec les gouvernements, elle a constitué et dirigé un grand nombre de syndicats et, parmi eux, la plupart de ceux constitués par le Grand Consortium. Elle s'est particulièrement intéressée aux emprunts suisses, danois, suédois, norvégiens, finlandais, russes, chinois, roumains, mexicains et, surtout, marocains, bulgares, brésiliens et argentins. Entre autres, la Banque de Paris assure le service de

neuf emprunts émis de 1900 à 1914 par ces deux derniers
pays et leurs diverses provinces.

Dans l'ensemble, l'expansion de la Banque de Paris
dans les pays étrangers s'effectue d'après un plan uniforme. C'est la politique classique que nous avons déjà
exposée (1) : participations dans des établissements bancaires, *constitutions de crédits fonciers et d'entreprises de
travaux publics*, ces deux dernières catégories d'entreprises étant toutefois particulièrement développées.

Les principales régions d'expansion de la Banque de
Paris ont été le Brésil et surtout la République Argentine,
pays dans lesquels elle occupait une situation de premier
ordre. Pour rester en relations suivies avec ces Etats, elle
a souvent envoyé des missions ; l'une des plus importantes fut celle de son directeur général, M. Thors, en 1907.
« En raison des intérêts que nous avons dans la République Argentine, dit le rapport pour cet exercice, et en pré-
vision de l'extension de nos relations avec ce pays, nous
avons pensé qu'il était utile de nous rendre compte sur
place de la situation présente et des probabilités de l'avenir. M. Thors, notre directeur général, a bien voulu
accepter cette mission. L'accueil qu'il a reçu a été aussi
flatteur pour notre établissement que pour son représentant. Les impressions que M. Thors a rapportées de son
voyage sont des plus favorables ».

En Argentine, la Banque de Paris avait déjà constitué
la Compagnie des chemins de fer de la Province de Santa-
Fé : elle continue le financement de cette entreprise, travaille à raffermir sa situation un moment ébranlée et
assure ses augmentations de capital de 10 à 72 millions

---

1. Voir Première Partie. Chapitre V.

et l'émission de 320.000 obligations de 500 francs. Elle entreprend en outre la construction de deux autres grands réseaux de chemins de fer et fonde dans ce but la Compagnie de chemin de fer de Rosario à Puerto-Belgrano et, de concert avec l'Union Parisienne, la Compagnie des chemins de fer de la province de Buenos-Aires, sociétés dont elle effectue les augmentations de capital successives et les très importantes émissions d'obligations. Elle participe à la fondation du Crédit Foncier Argentin, puissant établissement hypothécaire qui, de 1907 à 1912, émet pour 200 millions de francs d'obligations. Au Brésil, la Banque de Paris dirige la construction du port de Rio Grande do Sul et participe à la fondation de la Brazil Railway, vaste omnium dont 173.000 obligations et 300.000 bons de 500 francs sont placés avec son concours sur le marché français. Elle donne aussi son appui à l'émission d'obligations de la Compagnie auxiliaire des chemins de fer au Brésil dont la Brazil Railway assure la gestion depuis 1911.

Pour fortifier encore son influence dans ces pays, la Banque de Paris fonde en 1910, de concert avec la Société Générale, un établissement bancaire, la Banque Française et Italienne pour l'Amérique du Sud, qui a rapidement pris une très grande envergure.

Ses relations avec la Société Générale ont amené la Banque de Paris à porter une partie de son activité au Pérou (depuis 1909, elle assume la direction de la défense des intérêts français dans les gisements de Guano) où elle prend des participations dans des emprunts publics et crée le Crédit Foncier Péruvien.

Dans l'Amérique Centrale, la Banque de Paris donne son appui financier à la Société foncière du Mexique et à la

Compagnie des chemins de fer nationaux du Mexique, sociétés aux émissions desquelles elle participe.

De 1900 à 1914, la Banque de Paris et des Pays-Bas a continué son concours à des pays dans lesquels elle avait d'anciens intérêts : tels l'Autriche et la Hongrie, où elle est intéressée dans les deux grands crédits fonciers dont elle effectue les émissions d'actions nouvelles ou d'obligations (en outre, sa succursale de Genève émet en 1901 des obligations de la Société Générale des charbonnages hongrois) ; la Norvège, où elle créé en 1905 la Société Norvégienne de l'Azote et des Forces hydro-électriques, qui exploite des chutes d'une puissance de 400.000 HP ; le Canada, où elle dirige sa filiale, le Crédit Foncier Franco-Canadien, dont elle émet des obligations pour un montant de 200 millions environ et des actions nouvelles, et où elle constitue la Société Financière pour l'industrie au Canada ; l'Egypte, où elle continue à donner son concours au puissant Crédit Foncier Egyptien qui émet au cours de cette période pour plus de 500 millions d'obligations ; l'Espagne enfin, où elle fonde la Banque Espagnole de Crédit et participe à l'émission des obligations de la Compagnie des chemins de fer Andalous avec laquelle elle est très anciennement liée. De plus, la Banque de Paris donne son concours à la fondation de la Banque des Pays du Nord dont le champ d'action était particulièrement le Danemark, la Suède, la Norvège, la Finlande et la Russie.

Toutefois, il faut remarquer que la Banque de Paris restreint son activité dans deux de ces pays, l'Espagne et l'Autriche où, dans le temps, la finance française avait occupé la première place. Elle s'éloignait pour des raisons politiques de l'Autriche où les banques allemandes étendaient de plus en plus leur influence. Quant à l'Espagne, son développement économique était assez stationnaire et les entreprises nouvelles étaient surtout fondées par des établissements allemands qui s'efforçaient de s'implanter et de dominer peu à peu l'activité économique du pays.

En Russie, l'activité de la Banque de Paris est très importante, quoique inférieure à celle d'autres banques d'affaires françaises. Elle avait des intérêts dans plusieurs entreprises minières et métallurgiques, telles la Société métallurgique de Taganrog dont elle assure les augmentations de capital et la Société minière et métallurgique Volga-Vichera qui fonde la Société des aciéries et chantiers de Paratoff. Elle donne son concours aux émissions d'obligations de nombreuses compagnies de chemins de fer russes — Nord-Donetz, Altaï, Ouest-Oural, Mer Noire, Semiretchinsk, Société des Embranchements — mais en général ne prend pas d'intérêts durables dans ces entreprises. D'autre part, sa filiale, la Banque Russo-Chinoise, absorbe en 1910 la Banque du Nord et devient la Banque Russo-Asiatique au capital de 35 millions de roubles.

Mais, dans les premières années du xxᵉ siècle, la Banque de Paris cherche à développer son champ d'action. Elle porte son activité en Italie : en premier lieu, elle prend un puissant intérêt dans la Banque Commerciale Italienne dans le conseil de laquelle elle est représentée et participe à l'augmentation de capital de cet établissement en 1911 ; elle donne en outre son concours à diverses émissions, telles celles de la Compagnie des chemins de fer de la Méditerranée et de la Compagnie des tramways de Naples. Son action est plus importante encore en Bulgarie et en Roumanie. Le début du xxᵉ siècle a vu, en effet, les jeunes Etats balkaniques s'affranchir de la tutelle turque. Pays à développement économique peu avancés, mais assez commerçants et offrant de grandes ressources agricoles, voire même pétrolifères en Roumanie, ils avaient besoin de développer leur outillage national très incomplet encore. La Banque de Paris et des Pays-Bas amorce vigoureusement son expansion dans ces pays. En Bulgarie, elle entretient des relations suivies avec le gouvernement, émet ses emprunts et lui consent des avances ; elle fonde en 1905 la Banque Générale de Bulgarie et en 1911 la Banque Générale hypothécaire du royaume de Bulgarie. En Roumanie, elle prend une participation dans le plus puissant établissement bancaire du pays, la Banque Marmorosch, Blank et C<sup>ie</sup>.

Les efforts se portent aussi au Japon qui, depuis sa victoire sur la Russie, était devenu une grande puissance à l'essor particulièrement rapide. La Banque de Paris envoie en 1907 une mission dans le pays « où M. Horace Finaly, l'un de nos directeurs, dit le rapport à l'assemblée de 1908, a pu créer, pour notre établissement, d'utiles relations qui, nous l'espérons, s'affirmeront dans l'avenir ». Elle assure l'émission d'un emprunt de la ville de Tokio et est l'un des fondateurs de la Banque Franco-Japonaise.

En conformité des vues du gouvernement français, la Banque de Paris s'intéresse tout particulièrement au Maroc et elle réalise dans ce pays une emprise financière très intéressante dont le point de départ se trouve dans l'avance de 7.500.000 francs consentie par elle en 1903 au Sultan du Maroc (1). A la tête du Consortium des établissements français, elle assure les divers emprunts publics

1. Voir Première Partie, Chapitre V

et représente les intérêts français dans la Société de Régie des Tabacs et dans la Banque d'Etat du Maroc avec laquelle elle est tout particulièrement liée et dont le premier président du conseil d'administration est M. Renouard, vice-président du conseil de la Banque de Paris. Elle fonde en 1911 la puissante Compagnie Générale du Maroc qui est désignée peu après pour constituer l'élément français de la Compagnie concessionnaire du chemin de fer de Tanger à Fez.

D'autre part, si la Banque de Paris ne prend pas d'intérêts dans des entreprises aux Etats-Unis, elle s'intéresse aux valeurs mobilières américaines : c'est ainsi qu'elle introduit à la bourse de Paris les actions de l'American Telephone and Telegraphe Cy et de l'Atchison Topeka and Santa-Fé Railway Cy et qu'elle effectue les émissions d'obligations de plusieurs compagnies de chemins de fer, entre autres la Chicago Milwaukee et Saint-Paul Railway Cy et la Central Pacific Railway Cy.

Enfin, par l'intermédiaire de ses trois succursales, la Banque de Paris participe largement aux affaires financières de la Hollande (emprunts publics ; obligations de la Compagnie du chemin de fer central néerlandais), de la Belgique, où elle fonde la Banque de Commerce à Anvers, et de la Suisse (conversion des obligations de chemins de fer suisses).

## II. — Banque de l'Union Parisienne

Au cours de la période envisagée, les deux principales branches d'activité en France de l'Union Parisienne ont été les entreprises électriques et l'industrie métallurgique.

La Banque de l'Union avait reçu de la Banque Parisienne entrant en liquidation une très importante participation dans la Compagnie d'éclairage électrique du secteur des Champs-Elysées : par suite, elle prend, en 1907, une part prépondérante à la constitution de la Compagnie Parisienne de distribution d'électricité, dans laquelle venait se fondre la Compagnie des Champs-Elysées, et elle effectue ses émissions d'actions nouvelles et d'obligations. Elle prend d'importants intérêts dans l'Energie Electrique du Nord de la France et, lors de leur fondation, dans l'Energie Electrique de la Région Parisienne et dans la Société du Gaz de Paris ; elle donne son concours aux émissions de la Compagnie française Thomson-Houston et de la Compagnie Centrale d'énergie électrique.

En ce qui concerne la métallurgie, elle garantit l'augmentation de capital de la Société des mines, forges et fonderies d'Alais, assurant ainsi la réorganisation de cette Société, et entretient des relations de plus en plus suivies avec le groupe Schneider : en 1913, elle effectue l'augmentation de capital de ces Etablissements et, à la veille de la guerre, elle procède, de concert avec eux, à la réorganisation industrielle et financière de la Société d'outillage mécanique et d'usinage d'artillerie (usines Bouhey) dont le capital est porté de 5 à 16 millions.

Au point de vue des transports, elle donne son concours aux émissions de la Compagnie Générale Transatlantique, des Messageries Maritimes, de la Compagnie générale des Omnibus de Paris et surtout à celles de la Compagnie du Nord-Sud avec laquelle elle est particulièrement liée. Dans des domaines divers, elle effectue de très importantes opérations, prenant le contrôle de l'Association Minière, société de financement de mines et en particulier de mines d'or, de la Société ardoisière de l'Anjou et de la Banque de Bordeaux (ancienne maison de Trincaud La Tour), établissement qui lui apportait le concours d'une intéressante force de placement.

Mais l'activité de l'Union Parisienne est bien plus importante à l'étranger. Elle a rapidement joué un rôle important au point de vue de l'émission des emprunts étrangers. Elle participait aux grandes opérations financières de ce genre et les dirigeait même parfois, telle l'émission de l'emprunt argentin 4 1/2 0/0 1911 de 350 millions de francs. Elle a concouru, entre autres, à l'émission d'emprunts argentins, brésiliens, haïtien, serbes, grecs, suédois et turcs.

Au point de vue des entreprises privées, les méthodes d'expansion de la Banque de l'Union diffèrent un peu de celles de la Banque de Paris. Elle procède avant tout par constitution de filiales bancaires ou prise d'intérêts dans des établissements déjà existants et se constitue ainsi un réseau de correspondants extrêmement puissant. En second lieu, son activité, très importante, certes, au point de vue des crédits fonciers et des entreprises de travaux publics, ne se borne pas à ces deux genres d'affaires et se porte vers des industries diverses et en particulier vers la métallurgie, l'industrie pétrolifère et les plantations de caoutchouc.

C'est en Russie que l'Union Parisienne porte principalement son action et dans ce but, elle prend successivement des intérêts dans la Banque du Nord et dans la Banque de l'Union à Moscou et participe à l'augmentation de capital de la Banque de commerce de l'Azoff-Don. Elle donne à l'industrie métallurgique de ce pays un concours tout à fait remarquable et d'autant plus intéressant que, dès l'instant où elle se lie en France avec les Etablissements Schneider, c'est de concert avec ce groupe qu'elle accentue son emprise sur la grande métallurgie russe. Elle réorganise « la Providence Russe » et la Société métallurgique Donetz-Youriefka dont elle assure les augmentations de capital qui lui permettent d'absorber la Société des laminoirs et tréfileries de Saint-Pétersbourg et de prendre à bail les usines de la Société métallurgique de l'Oural-Volga. Elle fonde la Société russo-baltique de constructions navales et prend des intérêts dans la Société des usines Poutiloff, la Société russe pour la fabrication de munitions et d'armements et la Société Baranowsky, toutes sociétés dont elle assure les émissions d'actions nouvelles ; elle participe en outre aux augmentations de capital des Usines de Briansk et de la Société métallurgique Russo-Belge.

En ce qui concerne les entreprises de travaux publics, elle fonde la Société russe de Construction (port de Revel) et deux compagnies de chemins de fer, la Société des Embranchements de chemins de fer et la Compagnie du chemin de fer du Nord-Donetz, destinée à desservir le bassin métallurgique de ce nom ; elle émet de plus les obligations de compagnies diverses. Par ailleurs, elle constitue la Société foncière Cheremeteff, destinée à mettre en valeur un domaine de 800 hectares près de la ville de Moscou, et transforme en société anonyme la maison C. Giraud fils, de Moscou (industrie de la soie).

L'expansion de l'Union Parisienne en Russie est longuement mentionnée dans ses rapports, particulièrement dans ceux des exercices 1912 et 1913 où les diverses entreprises filiales russes sont passées en revue. Il y est dit entre autres : « Comme nous vous l'indiquions déjà dans nos précédents rapports, nous nous sommes intéressés au mouvement économique et financier de la Russie ; au cours de l'exercice, nous y avons préparé et réalisé d'importantes opérations.

« Au premier rang des travaux qui doivent contribuer au développement des ressources de ce grand pays, se place tout d'abord la construction des chemins de fer. Nous poursuivons donc, avec un groupe constitué à cet effet, l'étude et l'obtention de la concession de différentes lignes dans des régions intéressantes.

« Ce programme a déjà reçu un commencement d'exécution...

« Avec MM. Schneider et Cⁱᵉ (Le Creusot) et avec un groupe composé de nos amis de Paris, de la Société Générale de Belgique et de plusieurs banques russes, nous avons poursuivi la réalisation d'un programme général nous permettant de participer aux commandes de munitions et de matériel pour l'armée et la marine russes.

« Nous nous sommes ainsi intéressés aux augmentations de capital... » (Rapport exercice 1912).

« Nous avons continué, au cours de l'exercice 1913, à nous intéresser tout particulièrement au mouvement économique de la Russie et à prendre une large part au développement de son activité industrielle.

« C'est avec la collaboration technique des Etablissements Schneider et Cⁱᵉ, vous vous le rappelez, que nous avons en 1912 établi et commencé à mettre en œuvre un programme général dans le but de participer aux commandes importantes de munitions et de matériel pour l'armée et la marine que passe le gouvernement russe.

« Notre groupe s'était déjà, pour cet objet, intéressé aux augmentations successives de capital de la Société

Russe pour la Fabrication de Munitions et d'Armements et de la Société des usines Poutiloff.

« Dans le même dessein, il a constitué... » (Rapport exercice 1913).

Le second champ d'expansion de l'Union Parisienne est l'Amérique du Sud : Argentine, Brésil, Chili. En Argentine où elle avait des intérêts dans le Crédit Foncier de Santa-Fé, elle constitue deux grandes sociétés, la Compagnie des chemins de fer de la Province de Buenos-Aires (de concert avec la Banque de Paris) et la Banque Hypothécaire Franco-Argentine dont elle émet les emprunts obligataires d'un montant de 250 millions ; elle prend en outre une participation dans la Banque Française du Rio de La Plata. Au Brésil, elle s'intéresse à diverses émissions, en particulier à celles de l'Etat de Sao Paulo et à celle des obligations de la Compagnie Port of Para, fonde la Société financière et commerciale franco-brésilienne et la Caisse générale de prêts fonciers et industriels. Au Chili, elle prend une participation dans la Banque de la République et, de concert avec la maison Schröder, de Londres, fonde la Société de travaux publics au Chili qui a pour objet la construction du chemin de fer longitudinal.

L'Union Parisienne élargit rapidement son champ d'action vers le Nord et se lie avec de nombreuses banques de l'Amérique Centrale. C'est ainsi qu'elle fonde la Banque Nationale de la République d'Haïti et qu'elle prend des participations dans la Banque Espagnole de l'île de Cuba, dans la Banque de l'Etat de Mexico, dans la Banque de Guanajuato et dans la Banque Centrale Mexicaine qui dirige et contrôle 20 banques d'émission et dont elle assure l'augmentation de capital ; elle donne aussi son concours à l'émission des obligations des chemins de fer nationaux du Mexique. Aux Etats-Unis, de même que la Banque de Paris, l'Union Parisienne ne fait pas preuve d'activité créatrice mais s'intéresse aux valeurs mobilières, effectuant l'émission des obligations de la Saint-Louis and San Francisco Railroad Cy et fondant la Société Financière Franco-Américaine, vaste omnium de titres dont le rapport pour l'exercice 1905 définissait ainsi l'objet : « Pour répondre aux besoins de nombreux capitalistes français qui désirent placer une partie de leurs capitaux en valeurs étrangères et principalement américaines mais qui ne sont pas à même de faire un choix parmi les nombreux titres qui se négocient sur le marché de New-York, nous avons constitué avec le concours des maisons Speyer et Cie et Iselin et Cie de New-York la Société Financière Franco-Américaine au capital de 50 millions, dont 1/4 versé, qui a la faculté d'émettre des obligations pour un montant égal à 2 fois son capital.

« Le montant de ces obligations est employé en valeurs étrangères, principalement américaines, déterminées par les statuts et soigneusement choisies par les administrateurs américains d'accord avec les administrateurs français. Nous avons déjà placé 30.000 obligations de cette société ».

L'activité de l'Union Parisienne dans les pays méditerranéens est particulièrement importante. Peu après sa fondation, elle prend d'importants intérêts dans la Banque d'Athènes qui a de nombreuses succursales en Grèce, en en Egypte, en Turquie et en Asie-Mineure et qui lui assure ainsi dans tous ces pays une grande influence ; M. de Neuflize et le marquis de Reverseaux, ancien ambassadeur, représentent l'Union dans le conseil de la Banque d'Athènes. En 1907, la Banque de l'Union assure l'augmentation de capital de sa filiale et, par la suite, procède à sa réorganisation devenue nécessaire. Développant son action en Grèce, l'Union fonde, de concert avec la Banque d'Athènes, la Société pour la production et le commerce du raisin de Corinthe, société, créée en vertu d'une loi spéciale, qui a pour but de favoriser l'exportation du raisin de Corinthe, source de richesse pour le pays et d'importants revenus pour le Trésor.

En Egypte, la Banque de l'Union participe à la reconstitution de la Société des Sucreries et s'intéresse aux émissions d'obligations de la Land Bank of Egypt ; en Italie, elle prend une participation dans le Credito Italiano ; au Maroc, enfin, elle donne un actif concours aux diverses opérations financières effectuées par le Consortium français dont elle fait partie et elle constitue la Compagnie Marocaine.

De même que la Banque de Paris, l'Union Parisienne a résolument porté son action dans les pays balkaniques. En Roumanie, elle fonde la Banque Commerciale Roumaine et prend des intérêts dans l'industrie pétrolifère par la création de la Société Regatul Roman, devenue l'Astra, puis transformée en Astra Romana avec le concours de la Royal Dutch, les actionnaires de l'Astra recevant des titres de la Geconsolideerde Hollandsche Petroleum Cy et de l'Astra Romana. En Bulgarie, elle fonde la Banque Balkanique, le Crédit Foncier Bulgare et, une filiale de celui-ci, le Crédit Foncier Franco-Bulgare. En Serbie, elle prend une large part à la constitution de la Banque Franco-Serbe et aux émissions d'obligations du Crédit Foncier (Ouprava Fondova) auquel elle consent même des avances en 1914.

Alors que les banques françaises étaient nettement dis-
tancées en Extrême-Orient par les établissements bancaires anglais et allemands, l'Union Parisienne fait de très
intéressants efforts pour prendre pied dans ces pays. Elle
fonde la Compagnie pour les tramways et l'éclairage électrique de Sanghaï et se lie avec la Compagnie de l'Est
Asiatique Danois. De plus, elle s'intéresse particulièrement à la production du caoutchouc et constitue dans ce
but un important omnium, la Société financière des Caoutchoucs, qui dès 1913 avait pris des participations dans
seize affaires de plantation et de culture en Malaisie et
aux Indes néerlandaises ou anglaises ; elle prend aussi
des intérêts dans une filiale de la Société financière, l'Eastern International Rubber and Produce Trust Ld, dans le
conseil duquel elle est représentée et qui s'occupe de
plantations de caoutchouc, de thé et de café en Orient :
100.000 actions de ce trust sont introduites par ses soins
sur les marchés de Paris et d'Anvers.

Il faut enfin signaler plusieurs fondations intéressantes
effectuées par l'Union Parisienne ou avec son concours :
celle de la Compagnie du chemin de fer du Bas Congo
au Katanga, réalisée de concert avec la Société Générale
de Belgique — qui est particulièrement liée avec l'Union
—, celle de la Compagnie du chemin de fer franco-
éthiopien de Djibouti à Addis-Abeba, réalisée par un
groupe d'établissements français, et celle de l'Internationale Kohlenbergwerks Aktiengesellschaft dont l'objet est
l'exploitation de gisements houillers en Lorraine annexée.

Si l'on compare dans l'ensemble l'expansion de la Banque de Paris et celle de l'Union Parisienne à l'étranger,
on constate que, tandis que la Banque de Paris occupait
dans les vieux pays d'Europe, une situation financière très

importante, la Banque de l'Union, plus jeune, porte peu
ses efforts vers ces Etats mais que son champ d'action dans
les autres régions est plus large, particulièrement en
Russie, en Amérique Centrale et en Extrême-Orient (1).

1. A titre documentaire et comme exemple du rôle joué par l'Union
Parisienne auprès de ses filiales et de la manière dont elle en rendait
compte, nous donnons ci dessous les extraits de ses rapports successifs concernant l'une des entreprises qu'elle a particulièrement suivies, la Providence Russe :

« La réorganisation financière de la Société *La Providence Russe* —
importante société métallurgique, très bien située à Mariopoul, sur
les bords de la Mer Noire — s'est réalisée par la souscription d'un
capital privilégié de 6 millions de francs, faite par nos soins, ce qui a
permis à cette société de sortir du régime de l'administration judi-
ciaire sous lequel elle se trouvait depuis 4 ans » (Rapport pour l'exercice 1906).

« La *Providence Russe*, à la réorganisation de laquelle nous avons
contribué en 1906, s'est ressentie, au cours de l'année 1907, des circonstances défavorables qui ont pesé d'une manière générale sur l'industrie métallurgique en Russie.

« Elle est appelée à profiter du résultat heureux auquel ont abouti
les négociations que nous avons suivies avec nos amis de Russie et de
Belgique, pour la constitution d'une société dite *Union métallurgique Russe*. Les accords arrêtés entre les 10 sociétés qui devront être
fusionnées deviendront définitifs après approbation par les assemblées des actionnaires des sociétés adhérentes.

« On peut espérer de bons résultats de la nouvelle société qui, en
réunissant sous une direction centralisée, l'exploitation industrielle et
commerciale des usines fusionnées, bénéficiera certainement d'une
spécialisation rationnelle de la production de chaque usine » (Rapport
pour l'exercice 1907).

« Contrairement à ce que nous avions espéré, les négociations suivies avec nos amis de Russie et de Belgique, pour la fusion des principales entreprises métallurgiques du Midi de la Russie, négociations
qui étaient sur le point d'aboutir, ont échoué au dernier moment. Par
contre les ententes pour la vente des tôles et des poutrelles, non seulement ont été renouvelées mais ont été étendues aux fers marchands
et aux demi-produits La *Providence Russe* va donc profiter de l'amélioration des prix de vente et de la sécurité pour les commandes qui

### III. — Crédit Mobilier Français

L'activité du Crédit Mobilier en France se porte en premier lieu vers l'industrie métallurgique. Il donne son concours financier à la Société métallurgique de Montbard-Aulnoye, dans le conseil de laquelle il est largement représenté, et à la Société d'Electro-métallurgie de Dives

en seront la conséquence, ainsi que de la réduction des prix de revient obtenue par la nouvelle direction. L'exercice en cours s'annonce déjà comme devant donner des bénéfices, alors que le dernier avait laissé une perte importante  On peut maintenant entrevoir des jours meilleurs pour cette société, si éprouvée par la crise métallurgique de la Russie » (Rapport pour l'exercice 1908).

« Le relèvement espéré de la *Providence Russe* s'est franchement accusé pendant l'année écoulée.

« Pour son dernier exercice, elle a obtenu un bénéfice net de 240.685 roubles, 51 contre une perte de 452.518,82 pour l'exercice précédent » (Rapport pour l'exercice 1909).

« Les bénéfices nets de la *Providence Russe*, pour l'exercice 1909-1910, se sont élevés à 502.457 roubles, 14 contre 240.685,51 pour l'exercice précédent, ce qui a permis d'amortir le solde des pertes des années antérieures.

« Le conseil d'administration de la société a décidé de profiter de la situation favorable  actuelle pour commencer l'exécution des travaux d'amélioration et d'installation, dont le programme a été établi par la Direction des usines, afin de diminuer encore le prix de revient.

« Lors de la clôture du dernier exercice, il a été mis en réserve une somme de 423.247,27 roubles pour faire face à une partie de ces dépenses » (Rapport pour l'exercice 1910).

« L'essor de l'industrie métallurgique en Russie a naturellement été stimulé par la prospérité générale du pays développée par les heureux résultats des dernières récoltes. La *Providence Russe*, dont nous vous signalions dans notre rapport de l'année dernière la situation satisfaisante a encore fait de nouveaux progrès au cours de son exercice 1910-1911. Les bénéfices nets se sont élevés à 1.211.044,87 roubles contre 925.704,41 pour le précédent exercice, permettant de faire aux actions A une répartition de 32 francs, en acompte sur et fonde la Société française des machines-outils. Dans des domaines divers, le Crédit Mobilier constitue la Société du port et des magasins publics de Paris-Austerlitz et prend une participation importante dans la fondation de la Compagnie Parisienne de distribution d'électricité et dans la réorganisation de la Compagnie générale des Omnibus de Paris, sociétés dont il émet en outre les obligations. Il donne son concours à la reconstitution de la Société des Raffineries Say et aux émissions de la Compa-

le dividende cumulé de 56 francs dû à ces actions, après un amortissement de 832.095,87 roubles.

« La production de la société continue à s'accroître et la marche des usines laisse prévoir des résultats meilleurs encore pour l'exercice en cours.

« Nous avons procédé pour cette même société au placement de 120.000 obligations 5 0/0 dont le produit, destiné en partie au remboursement de ses dettes en banque, lui assure une diminution sensible de ses charges d'intérêts et lui permet en outre, d'augmenter son fonds de roulement et de développer son outillage » (Rapport pour l'exercice 1911).

« La *Providence Russe* continue à suivre l'essor de l'industrie métallurgique en Russie. Elle a acquis un nouveau charbonnage qui assure en partie ses approvisionnements de combustible et poursuit l'amélioration et le perfectionnement de son outillage.

« Les bénéfices se sont élevés à 2.307.230,60 roubles contre 1.211.044,87 roubles pour l'exercice précédent » (Rapport pour l'exercice 1912).

« Les bénéfices de la société anonyme *Providence Russe* se sont élevés à 2.130.826,42 roubles contre 2.307.230,60 roubles; pour l'exercice précédent. La diminution est due à la réfection complète d'un haut-fourneau qui a exigé un arrêt de près de cinq mois et aux difficultés qu'on a rencontrées dans toute la Russie pour s'approvisionner en combustible. Les résultats du compte de Profits et Pertes ont permis, après avoir servi un dividende plein de 21 fr. 165 aux actions privilégiées de la série A et 5 0/0 aux actions privilégiées de la série B, de répartir en outre, à ces dernières 4 fr. 17 à valoir sur l'arriéré de 66,67 dû à cette série d'actions » (Rapport pour l'exercice 1913).

gnie des Messageries Maritimes et de la Société « L'éclairage électrique ».

Le Crédit Mobilier, nous l'avons vu, n'a pas pu prendre part, à ses débuts, aux grandes opérations d'emprunts publics et a été confiné dans l'émission d'emprunts d'ordre secondaire, tels les emprunts de Bolivie, de provinces argentines ou d'Etats brésiliens. Mais ces émissions ont été assez nombreuses et, par la suite, le Crédit Mobilier a participé à des opérations plus importantes, entre autres des émissions chinoises, serbes, turques et de l'Etat fédéral brésilien. Dans l'ensemble, cette branche de son activité a été très importante.

L'expansion du Crédit Mobilier à l'étranger a débuté par la prise d'importants intérêts à Porto-Rico : il constitue l'American Railroad Cy of Porto-Rico et, peu après, la Société des sucreries de Coloso.

Ses deux champs d'action principaux ont été l'Amérique du Sud et la Russie. En Argentine, il fonde la Caisse hypothécaire argentine et la Compagnie du port commercial de Bahia Blanca et prend d'importants intérêts dans la Société du port de Rosario et dans la C^{ie} d'électricité de la Province de Buenos-Aires, dans le conseil de laquelle entrent quatre de ses représentants. Le financement de ces sociétés — et en particulier de celles ayant pour objet la construction des deux grands ports de Rosario et de Bahia-Blanca — est pour le Crédit Mobilier la source d'intéressantes opérations financières et il effectue pour leur compte de nombreuses émissions d'obligations. Au Brésil, il finance la construction du port de Pernambuco, fonde la Société financière au Brésil et prend des intérêts dans de nombreuses compagnies de chemins de fer — de l'Etat de Goyaz, de l'Etat de Rio Grande do Sul,

Victoria à Minas — dont il dirige la construction et assure l'émission des emprunts obligataires. En Bolivie enfin, où sa situation est prépondérante, il crée la Banque d'Etat.

L'action du Crédit Mobilier en Russie s'est surtout exercée dans la partie bancaire : il réorganise et assure les augmentations de capital de la Banque de Commerce privée de Saint-Pétersbourg, prend des intérêts dans la Banque russe du Commerce et de l'Industrie et dans la Banque de Sibérie et donne son concours aux augmentations de capital de la Banque Russo-Asiatique et de la Banque de l'Union à Moscou. Par ailleurs, il participe à la réorganisation de la Société métallurgique russe de Donetz-Youriefka.

Le Crédit Mobilier a porté une part notable de son activité vers le bassin méditerranéen, fondant le Crédit Franco-Egyptien et le Crédit foncier de Tunisie — il participe par la suite à l'augmentation de capital du Crédit Foncier d'Algérie et de Tunisie —, prenant une importante participation dans le Crédit agricole, commercial et industriel Algérien et donnant son concours aux émissions de la Compagnie Hellénique d'électricité Thomson-Houston.

Dans des régions diverses, il faut citer, parmi les principales opérations, le concours donné par lui à la création de la Banque Franco-Japonaise à celle de la Société du chemin de fer de la Furka et à l'augmentation de capital du Crédit Anversois; au Portugal, il prend des intérêts dans le Banco Nacional Ultramarino et assure l'émission des obligations de la Compagnie française Nord du Portugal. Enfin, l'absorption de la Compagnie Française de banque et de mines lui a donné d'importants intérêts dans les mines d'or du Transvaal.

Dans l'ensemble, l'activité à l'étranger du Crédit Mobilier se caractérise par l'importance des entreprises de banques et de travaux publics — chemins de fer et ports — ; les affaires de crédits fonciers, quoique très notables, ne tiennent qu'une place très inférieure à celle occupée par elles dans l'activité de la Banque de Paris ou de l'Union Parisienne.

### IV. — Banque Française

De **1900** à **1914**, les deux principales branches d'activité en France de la Banque Française pour le Commerce et l'Industrie ont été les entreprises de transports et les entreprises d'électricité et de gaz.

C'est en effet la Banque Française qui dirige les nombreuses émissions d'actions nouvelles, d'obligations et de bons de la Compagnie Générale Transatlantique ; elle fonde la Compagnie de navigation Sud-Atlantique et prend une très importante part aux émissions de la Compagnie des Messageries maritimes, de la Compagnie Générale des Omnibus, de la Compagnie des Tramways de Paris et de la Seine et de la Compagnie Générale des Voitures à Paris. D'un autre côté, la Banque Française constitue en 1906, avec un groupe de grands établissements, l'importante Société du Gaz de Paris et participe largement à la fondation de l'Energie électrique de la région Parisienne et de la Société centrale pour l'industrie électrique ; elle donne en outre son concours aux émissions de la Compagnie française Thomson-Houston et de l'Energie électrique du littoral méditerranéen.

Au point de vue de l'industrie métallurgique, elle fonde

la Société Générale de matériel de chemins de fer et donne son concours aux augmentations de capital des Tréfileries et Laminoirs du Havre. Par ailleurs, elle prend une importante participation, lors de sa création, dans la Banque Nationale de Crédit, assure les émissions de la Compagnie générale d'électro-chimie de Bozel, avec laquelle elle est particulièrement liée, et participe à celles de la Société des mines de Marles et de la Société des grands travaux de Marseille.

Mais, de même que celle des autres banques d'affaires, l'activité de la Banque Française à l'étranger a été très importante. En premier lieu, elle participe à de nombreuses émissions d'emprunts publics. Au cours de ses premiers exercices toutefois, elle n'a réalisé elle-même que peu d'opérations de ce genre, prenant simplement des participations dans des opérations financières négociées en dehors d'elle. Mais peu à peu son rôle s'est étendu et elle a pu diriger d'importantes opérations. Elle s'est particulièrement intéressée aux emprunts mexicains, colombien, argentins, brésiliens et serbes et a joué l'un des rôles de premier plan dans l'émission des emprunts turcs (4 0/0 1904, 4 0/0 1909, 4 0/0 chemin de fer Hodeidah-Sanaa, 5 0/0 1914).

C'est la Russie qui a constitué la principale zone d'expansion de la Banque Française. Elle prend une participation dans la Banque de Commerce de Sibérie et concourt aux augmentations de capital de cinq autres banques — Banque de l'Azoff-Don, Banque de Commerce privée de Saint-Pétersbourg, Banque russo-asiatique, Banque russe du Commerce et de l'Industrie, Banque de commerce privée de Moscou — . Elle prend des intérêts dans la Société d'éclairage au gaz de Saint-Pétersbourg, dans le Consor-

tium électrique du Caucase et lors de leurs fondations
dans plusieurs compagnies de chemins de fer — Nord-
Donetz, Koltchouguino, Semiretchinsk, Transsibérien du
Sud. — En outre, elle assure l'émission d'obligations de
la Compagnie d'électricité de Varsovie et participe à
celle des Chemins de fer réunis.

En dehors de la Russie, la Banque Française a, autant
que possible, dirigé son action vers des pays qui n'étaient
pas encore sous l'emprise financière d'autres banques et où
il lui était par conséquent possible d'acquérir une situation prépondérante. C'est ainsi qu'en Amérique du Sud,
si elle concourt à quelques émissions pour des sociétés en
Argentine et au Brésil, elle préfère chercher un champ
plus libre à son expansion : au Pérou, elle prend des
intérêts dans le Banco del Peru y Londres, dans la
Société péruvienne de navigation et dans le Crédit Foncier Péruvien, à la fondation duquel elle participe ; en
Bolivie, elle concourt à la fondation de la Banque Nationale et crée au Chili la Société des Hauts-Fourneaux,
Forges et Aciéries. En Amérique Centrale, c'est à Cuba
qu'elle porte son action par la fondation de la Banque de
la Havane.

Dans le bassin méditerranéen, l'activité de la Banque
Française — en dehors de sa participation dans le Credito
Italiano — se concentre en Egypte et surtout en Turquie.
En Egypte, elle prend des intérêts dans la Banque Agricole et, lors de la liquidation des Raffineries Say, dans
la Société des sucreries d'Egypte. En Turquie où elle
entretient des relations étroites avec le gouvernement,
elle finance la Société de construction des routes qui est
fondée par elle et la Compagnie du chemin de fer Hodeï-
dah-Sanaa, voie ferrée dont la construction, ainsi que celle

du port de Djebanah, est effectuée par un groupe français :
pour subvenir aux besoins de ces entreprises, elle effectue l'émission d'importants emprunts publics.

Dans les Balkans, c'est en Serbie que la Banque Française porte ses efforts : elle se lie avec le Crédit Foncier du
Royaume de Serbie dont elle assure des émissions d'obligations et participe à l'augmentation de capital de la Société
franco-serbe d'entreprises industrielles. En Extrême-
Orient, son activité est très intéressante en Indo-Chine, où
elle participe aux créations de la Société de construction
et de la Société d'exploitation des chemins de fer de l'Indo-
Chine et donne son concours à l'émission d'obligations
de la Compagnie française des chemins de fer de l'Indo-
Chine et du Yunnan ; par ailleurs, elle est l'un des fondateurs de la Banque Franco-Japonaise et concourt aux
émissions de la Banque Industrielle du Japon.

De par son origine, la Banque Française avait de très
importants intérêts dans les Mines d'or de l'Afrique du
Sud, mais elle les a entièrement liquidés : la Compagnie
française de Banque et de Mines, ancienne Compagnie
française des Mines d'or et de l'Afrique du Sud, a été en
effet absorbée en 1913 par le Crédit Mobilier. Enfin, la
Banque Française s'intéresse à quelques entreprises de
chemins de fer en Afrique, constituant la Société d'études
du chemin de fer transafricain, participant à la création
de la Compagnie du chemin de fer Franco-Ethiopien et
aux émissions de la Société des chemins de fer du Congo
Supérieur aux grands lacs africains.

L'activité de la Banque Française se présente donc dans
l'ensemble comme très variée, tant au point de vue des
régions d'expansion qu'à celui de la nature des entreprises
auxquelles elle s'est intéressée

### V. — Crédit Français

En dehors des importants intérêts qu'il a pris dans des banques de province (entre autres, Crédit du Sud-Ouest, Crédit du Rhône et du Sud-Est), le Crédit Français, de fondation d'ailleurs récente, n'a eu en France qu'une activité restreinte. Il a participé à quelques grandes émissions, mais sa seule création est celle de la Compagnie d'Entreprises et de Constructions qui a effectué les travaux d'amélioration du port de Bordeaux. Il a en outre assuré l'augmentation de capital de la Compagnie de Navigation Sud-Atlantique.

Au point de vue de l'émission des emprunts étrangers, le Crédit Français a joué un rôle assez secondaire. Les seules opérations qu'il ait effectuées lui-même sont l'émission de l'emprunt 3 0/0 1912 de la ville de Bahia et, de concert avec la Banque Industrielle de Chine, celle de l'emprunt chinois de 1913.

Au contraire, en ce qui concerne les entreprises diverses à l'étranger, le Crédit Français manifeste une importante activité qui se dirige principalement vers les banques, les crédits fonciers et les entreprises de chemins de fer. Ses zones d'expansion sont, en premier lieu, le Brésil, la Russie et la Suisse.

Succédant à la maison J. Loste et C<sup>ie</sup>, il avait en effet d'importants intérêts dans la Banque hypothécaire du Brésil et dans la Banque hypothécaire et agricole de Sao-Paulo dont il émet des obligations ; il fonde en outre la Banque hypothécaire et agricole d'Espirito-Santo. En Suisse, il finance la construction de deux lignes de chemins de fer (Alpes Bernoises, la Furka). En Russie, il prend des participations dans la Banque de Commerce Privée de Saint-Pétersbourg, dans deux compagnies de chemins de fer, dans une affaire immobilière à Saint-Pétersbourg et dans la Société des charbonnages de Petromariewka et de Varvaropol ; en outre, il fonde la Banque de Commerce Russo-Française et participe à plusieurs émissions d'obligations de chemins de fer (Nord-Est Oural, Akkerman, Chemins de fer réunis).

Par ailleurs, le Crédit Français constitue, peu avant la guerre, la Banque Commerciale et Foncière des Balkans dont le champ d'action était en premier lieu la Bulgarie. Enfin, il prend des intérêts dans la Societa Italiano di Credito Provinciale et donne son concours à la fondation de la Société Belge de Banque et à l'augmentation de capital du Crédit Anversois.


## VI. — Société Centralo des Banques de Province


L'activité financière de la Société Centrale des Banques de Province s'est principalement exercée en France dans le domaine des entreprises d'électricité. Elle fonde et finance la Société Pyrénéenne d'Energie électrique et la Société Toulousaine du Bazacle et participe aux émissions d'actions ou d'obligations de la Compagnie Lorraine d'Electricité, de la Compagnie Electrique de la Loire, de l'Energie électrique du Centre, de la Société d'électricité de Paris et de l'Union des Gaz. La Société Centrale donne en outre son concours à des émissions diverses, en particulier à celles de sociétés métallurgiques, telles les Aciéries de Paris et d'Outreau, les Mines, Fonderies et

Forges d'Alais, l'Electro-Métallurgie de Dives et la Société d'outillage mécanique.

D'autre part, la Société Centrale a donné un important concours à la moyenne industrie. Parfois, elle effectue elle-même les émissions d'entreprises locales ou régionales (par exemple Papeteries d'Alfortville, Blanchisseries de Thaon), mais, le plus souvent, elle se contente de servir de lien entre les banquiers de province pour la constitution d'affaires auxquelles elle ne s'intéresse pas directement : c'est elle qui étudie l'affaire qui lui est proposée par un banquier trop faible à lui seul et qui cherche ensuite parmi ses membres les concours nécessaires. « Pour les petites affaires locales, dit le rapport à l'assemblée du 6 mars 1911 du Syndicat des Banques de Province, le rôle utilitaire de la Société Centrale peut donc encore s'affirmer, mais elle est obligée de se borner, chaque fois qu'une affaire régionale lui est proposée, à la faire étudier, pour donner aux banquiers de la région la garantie de compétence et d'impartialité des personnes qu'elle charge de cette étude, et de signaler l'affaire à tous les adhérents de la région, en leur demandant de grouper leurs efforts en vue de sa réalisation. C'est en procédant de la sorte qu'elle est arrivée, à diverses reprises, à mettre sur pied,... à concourir à la réalisation de petites affaires qu'un seul banquier ne pouvait constituer et qui, sans l'intervention de la Société Centrale, n'auraient jamais obtenu, par ses propres moyens, le concours des autres maisons de la région ». Et ce même rapport donne une longue liste d'affaires locales ou régionales créées ou développées par les banquiers de province au cours des cinq années précédentes : c'est avec le concours indirect de la Société Centrale que nombre de ces opérations ont été effectuées. Toutefois, son rôle à cet égard a surtout été important alors qu'elle n'était que l'organe exécutif du Syndicat des banquiers ; il semble qu'il se soit fort atténué lorsque, après sa réorganisation en 1911, la Société Centrale est devenue un puissant établissement financier dont l'activité n'a guère différé de celle des autres banques d'affaires.

Mais les opérations financières de la Société Centrale en France ne représentent qu'une part, et la moindre, de son activité. Ainsi que nous l'avons vu, le Syndicat et, ensuite, la Société ont été fondés pour permettre aux banquiers privés de lutter contre les grands établissements de crédit sur le terrain des émissions, soit françaises, soit étrangères. Ces dernières jouissant à cette époque de la grande faveur du public, la Société Centrale a été amenée à leur faire une large place dans ses opérations : « ... la Société Centrale, depuis sa création, dit le rapport du Syndicat déjà cité, et suivant en cela l'exemple des établissements de crédit, a offert à ses adhérents *une forte proportion de titres étrangers*, emprunts d'Etats, de villes, de crédits fonciers ou de chemins de fer, toutes catégories de titres très goûtées du public et qui permettaient ainsi aux banquiers privés de gagner sa confiance et de travailler au développement de leur puissance de placement ». La Société Centrale ne se désintéressait certes pas des affaires françaises, mais celles-ci ne venaient qu'en second lieu. Le rapport pour l'exercice 1908 est tout à fait caractéristique à cet égard : « Nous vous avions entretenu, dans le courant de l'année dernière, dit-il, du désir que nous avions de porter *de temps en temps* notre activité vers les bonnes affaires industrielles françaises... ». Mais, dans l'esprit des dirigeants du Syndicat et de la

Société, ces nombreuses opérations d'émissions étrangères constituaient surtout une œuvre de préparation nécessaire et étaient destinées à faire l'éducation des banquiers en tant que placeurs. Quand ceux-ci auraient acquis une force de placement bien assise, il était à prévoir que la Société Centrale s'orienterait beaucoup plus vers les entreprises françaises. « Nous pensons, dit le le rapport du Syndicat en 1911, qu'il serait conforme aux vues des économistes les plus sérieux de diriger un groupement comme le nôtre, avec l'idée bien nette de conserver une juste proportion entre les fonds dont il faciliterait l'exportation à l'étranger et ceux que, par ses efforts, il parviendrait à diriger vers les industries nationales ».

En fait, ce programme n'a pas été mis à exécution et, après sa réorganisation en 1911, la Société Centrale s'est orientée plus nettement encore vers les émissions étrangères.

A ses débuts, ainsi que nous l'avons vu, elle n'a pu obtenir que des sous-participations dans les grandes opérations financières d'emprunts publics. Mais, peu à peu, elle a réussi à prendre sur le marché financier une place importante et a pu participer directement à d'importantes émissions, sans toutefois pouvoir entrer dans le Grand Consortium. Elle a négocié elle-même des emprunts danois, du Congo et de la Basse-Autriche, emprunts dont elle a réalisé l'émission, et s'est particulièrement intéressée aux émissions argentines et brésiliennes.

En ce qui concerne les entreprises privées, la Société Centrale porte principalement son action en Russie et dans l'Amérique du Sud, au Brésil et en Argentine. En Russie, elle participe à de nombreuses émissions de compagnies de chemins de fer — Volga-Bougoulma, Nord-

Est Oural, Altaï, Mer Noire, Société des Embranchements
— et aussi à celles de la Banque de Commerce de Sibérie
et des charbonnages d'Ekaterinowka. Au Brésil, elle
donne son concours aux émissions de la Brazil Railway,
prend une participation dans la Banque hypothécaire et
agricole de l'Etat de Bahia et s'intéresse particulièrement
aux émissions du Crédit Foncier du Brésil et de la Compagnie concessionnaire du port de Bahia. En Argentine,
elle participe aux émissions des chemins de fer de
Santa-Fé, du Crédit Foncier du Nord en Argentine et, surtout, de la Compagnie Anglo-Argentine d'Electricité et du
Banco El Hogar Argentino. Dans ces deux pays, son activité créatrice est très limitée et ne se traduit guère que
par sa participation à la fondation de la Banque Française
pour le Brésil et par la constitution d'établissements
bancaires sans envergure (Banque de l'Union de France
et d'Argentine, Anglo-French and South American Limi-
ted). Mais il faut rattacher à l'action de la Société Centrale en Amérique du Sud l'importante participation prise
par elle dans la Caisse Commerciale et Industrielle de
Paris, banque d'affaires ou plus exactement société de
financement, dont l'activité s'exerçait avant tout au Brésil
et en Argentine, où elle contrôlait précisément le Crédit
Foncier du Brésil, la Compagnie du Port de Bahia, le
Banco El Hogar Argentino et la Compagnie Anglo-Argentine d'Electricité.

Les deux sociétés les plus importantes fondées à
l'étranger par la Société Centrale sont la Caisse hypothécaire Canadienne et le Crédit Foncier d'Orient dont elle
émet les actions nouvelles et les obligations. Enfin, elle
assure les émissions du Crédit Foncier Mexicain et de la
Caisse hypothécaire d'Egypte

## VII. — Société Générale

La Société Générale a avant tout porté son activité en France vers les entreprises d'électricité. Elle a donné aux sociétés de ce genre *un concours tout à fait remarquable* et d'autant plus intéressant que son action s'exerçait auprès d'organismes d'envergure très diverse. Elle constitue en effet une société de financement spécialisée, la Société Générale électrique et industrielle, et deux omniums, la Compagnie Centrale d'énergie électrique et, surtout, la puissante Société Centrale pour l'industrie électrique. Elle prend une part importante à la fondation des sociétés de la région parisienne, telles la Compagnie d'électricité de l'Est-Parisien et la Compagnie Parisienne de distribution d'électricité et intervient largement dans la réalisation des émissions des grandes entreprises, en particulier de la Compagnie Générale d'Electricité, de la Compagnie Française Thomson-Houston, de l'Energie électrique du littoral méditerranéen, des Forces motrices de la Haute-Durance, de la Compagnie des Câbles télégraphiques, de la Société Méridionale de transport de force... En outre elle effectue les émissions d'actions ou d'obligations d'une série de sociétés régionales ou même simplement locales (entre autres, les sociétés d'électricité de Grenoble, Marseille, Lyon, Saint-Etienne, Gaillac, Montbéliard, Caen, Dijon, Saint-Quentin, etc.). La liste est particulièrement longue des sociétés d'industrie électrique auxquelles la Société Générale a donné son appui financier ; les derniers rapports d'avant-guerre énumèrent nombre d'entreprises de ce genre — celui pour l'exercice 1913 en mentionne 16 — dont les émissions ont été assurées par ses soins.

La Société Générale s'est intéressée en second lieu aux entreprises de transports : compagnies de navigation maritime, compagnies de chemins de fer secondaires ou d'intérêt local, (Saint-Etienne-Firminy, Dauphiné, Var, banlieue de Reims) et surtout entreprises de tramways, soit de Paris, soit de villes diverses (Toulon, Clermont-Ferrand, Lyon, Froges, Versailles, Toulouse...).

L'industrie métallurgique a trouvé auprès de la Société Générale un concours important pour la réalisation de ses opérations financières : augmentations de capital des Forges et Aciéries de Firminy, des Tréfileries du Havre, des Ateliers et Chantiers de Bretagne, de la Société d'outillage mécanique ; émissions d'obligations de la Société Commentry-Fourchambault, des Usines de la Basse-Loire, des Forges de Pompey, de la Société française métallurgique, de la Société des tubes Louvroil, de la Compagnie Electro-Mécanique, des Forges et Ateliers de la Chaléassière, etc. Il en a été de même pour l'industrie minière (Aniche, Campagnac, Anderny-Chevillon, Decazeville, Segré...).

D'autre part, il est particulièrement intéressant de constater que la Société Générale a participé aux émissions de plusieurs sociétés d'industrie chimique, peu développée encore pendant cette période : actions et obligations de la Société des produits chimiques d'Alais et de la Camargue, obligations de la Société des produits chimiques de l'Ouest, de la Société Dior fils et Cie, de la Société de Pontpéan, de la Société des talcs de Luzenas... Dans des domaines divers, la Société Générale a pris part à de nombreuses émissions et s'est, entre autres, intéressée à celles des grands magasins — Printemps, Galeries Lafayette, Galeries du Havre —.

Dans l'ensemble, la Société Générale a apporté, au cours de cette période, un concours très important pour la réalisation des émissions, non seulement à la·grande industrie, mais aussi à l'industrie moyenne. Disposant d'un réseau d'agences extrêmement développé, elle possédait en effet, même dans un cercle limité, une puissante force de placement. On trouve dans les rapports de la Société Générale depuis 1912 de longues énumérations d'affaires moyennes aux émissions desquelles elle a donné son appui (sont citées, entre autres, 25 entreprises pour 1912, 30 pour 1913).

L'une des fondations effectuées par la Société Générale appelle une mention spéciale : c'est celle de la Société Générale des Valeurs de Banque, au sujet de laquelle il était dit dans le rapport pour 1910 : « Dans le double but de ne pas augmenter les immobilisations que les engagements de cet ordre *(participations dans des Compagnies de Banque)* engendrent nécessairement et de conserver cependant notre position qui sert les intérêts de notre clientèle sans être indifférente à l'intérêt général, nous avons constitué... une Société dite des Valeurs de Banque dont l'objet spécial consiste dans l'acquisition des actions de Banques ou de Crédits fonciers. Cette Société, créée au capital de 25 millions dont un quart versé, avec une réserve d'origine de 6.250.000 francs, réunira et contrôlera nos principaux engagements dans les Banques où nous pouvons exercer une influence ». Or, le bilan de cette Société se présente de la façon suivante (1) : pour

1. Au 30 juin 1921.

un capital versé de 6.250.000 francs, elle a un portefeuille-titres qui dépasse 48 millions ; par contre figurent
au passif 28 millions environ de bons à cinq ans. Ainsi,
en admettant même que là ou les banques mères aient
conservé par devers elles la totalité des actions composant le capital social, on voit qu'une participation de
6.250.000 francs a remplacé dans leur portefeuille-titres
48 millions de valeurs diverses que la filiale envisagée
leur a achetées au moyen du produit de la souscription
des bons.

C'est là une méthode extrêmement intéressante de diminution des immobilisations et M. Rist a très heureusement qualifié ces organismes de « banques » ou de
« sociétés de débarras ». Ils sont employés dans deux cas
différents : soit que la Banque, estimant son portefeuille-
titres trop chargé, veuille le mobiliser — car, de même
que les ouvertures de crédit peuvent être mobilisées, il y
a ici une véritable mobilisation des participations financières — sans toutefois se défaire des titres qui lui assurent le contrôle de diverses sociétés ; soit que, ayant son
portefeuille alourdi par des « queues d'émissions », elle
veuille se débarrasser rapidement de ces solde implacés.
Dans le premier cas, la société filiale se contente de gérer
son portefeuille ainsi créé sans effectuer — en principe —
de réalisations. Dans le second cas au contraire — cas le
plus fréquent, d'ailleurs, — elle liquide peu à peu les
diverses valeurs composant son portefeuille, au fur et à
mesure que les conditions du marché s'améliorent : le
public, qui ne se porte pas tout de suite acheteur des
titres restés implacés, souscrit les bons et les obligations
qui permettent à la Banque de récupérer rapidement ses
capitaux et d'effectuer de nouvelles opérations, cependant

que le placement des titres possédés par la société filiale peut s'effectuer de façon progressive.

Fréquemment d'ailleurs, l'objet des sociétés de débarras relève à la fois de ces deux chefs différents. Nombre de sociétés financières créées par les banques d'affaires et qui sont intéressées dans des entreprises étrangères n'ont pas d'autre but et, en particulier, l'activité de la Société Financière Franco-Américaine déjà citée était assez analogue.

De 1900 à 1914, l'activité de la Société Générale s'exerce pour une très large part à l'étranger. Possédant une force de placement considérable, la Société Générale a joué au point de vue des émissions d'emprunts publics un rôle des plus importants. Elle a participé à la plupart des opérations effectuées par la Banque de Paris et des Pays-Bas. Nous nous contenterons de citer, parmi les émissions auxquelles elle s'est particulièrement intéressée, celles des emprunts argentins, chiliens, bulgares, grecs, russes, suédois, serbes, roumains et suisses.

En ce qui concerne les entreprises diverses à l'étranger, l'activité de la Société Générale a coïncidé sur bien des points avec celle de la Banque de Paris et des Pays-Bas, du fait de la liaison entre les deux établissements. Fidèle à sa politique de ne plus développer ses affaires financières, la Société Générale n'a, dans l'ensemble, effectué depuis 1900 que peu de créations nouvelles. La Banque de Paris lançait de nouvelles affaires, était plus particulièrement « l'élément inventeur et créateur », et la Société Générale prenait une participation et intervenait surtout au point de vue de la réalisation des émissions. Toutefois, si, relativement à l'ensemble de ses opérations financières à l'étranger, ses opérations de fondation et de participation sont réduites, encore restent-elles très importantes.

C'est ainsi que la Société Générale porte une grande part de son activité en Argentine et au Brésil où, de concert avec la Banque de Paris, elle fonde de puissantes entreprises : Brazil Railway Cy, Crédit Foncier Argentin, Compagnie française du port de Rio Grande do Sul. Elle participe en outre au financement de la construction du port de Para et donne un important concours aux émissions des compagnies de chemins de fer de Buenos-Aires, de Rosario à Puerto-Belgrano, de Sao Paulo à Rio Grande et de la Compagnie auxiliaire de chemins de fer au Brésil.

Dans des régions diverses (Egypte, Autriche, Hongrie, Norvège, Chine...), la Société Générale participe à un nombre considérable d'émissions patronnées par la Banque de Paris, particulièrement de titres de compagnies de chemins de fer et de crédits fonciers. Au point de vue de ces placements, son rôle a été extrêmement important.

Mais la Société Générale a eu des zones d'expansion qui lui étaient propres et en premier lieu la Russie, où elle avait d'importants intérêts dans des entreprises métallurgiques et minières du bassin industriel du Donetz (Omnium Russe, Société minière et industrielle de Routchenko, Société Générale des Hauts-fourneaux, forges et aciéries en Russie, usines de Briansk, Forges et Aciéries du Donetz). Elle a continué le financement de ces entreprises et a assuré leurs émissions ; elle constitue en outre un puissant omnium, l'Union Minière et Métallurgique de Russie. En ce qui concerne les chemins de fer, elle est l'un des fondateurs de la Compagnie des chemins de fer du Nord-Donetz et donne son concours à de nombreuses émissions d'obligations de compagnies diverses. D'autre part, sa filiale, la Banque du Nord, a fusionné avec la Banque Russo-Chinoise, et la Société Générale a largement participé à la constitution du nouvel établissement qui a pris le nom de Banque Russo-Asiatique. Toutefois, la Société Générale a cédé en 1913 la plus grande partie des intérêts qu'elle possédait dans l'industrie métallurgique russe.

Au Pérou, elle avait d'importants intérêts dans deux affaires qui ont eu un assez grand retentissement, le port du Callao et la participation Guano : elle continue à diriger l'exploitation de ce port et négocie avec le gouvernement péruvien qui, par suite du mauvais état de ses finances, ne pouvait exécuter les engagements contractés envers les créanciers français. La Société Générale facilite les efforts du gouvernement pour assainir la situation financière du pays en assurant l'émission d'emprunts publics et ses rapports mentionnent chaque année la marche des pourparlers pour le règlement des créances en souffrance, pourparlers qui ont abouti à la signature du protocole franco-péruvien du 2 février 1914.

D'autre part, la Société générale a aussi étendu son champ d'action. Son activité est intéressante en Indo-Chine où elle prend des intérêts dans la Compagnie des chemins de fer de l'Indo-Chine et du Yunnan, donne son concours à la Société des distilleries et participe à l'augmentation de capital de la Banque de l'Indo-Chine. Elle porte ses efforts en Algérie-Tunisie où elle donne un très important appui financier à des entreprises diverses — Société Générale des mines d'Algérie-Tunisie, Gaz et Eaux de Tunis, Eaux du Sahel, chemins de fer de l'Ouest-Algérien — et fonde en 1912 sa filiale, la Société Générale de l'Afrique du Nord. En outre, la Société Générale, de même que la

Banque de Paris et l'Union Parisienne, s'intéresse aux
valeurs américaines et émet sur le marché français les
titres de l'American Smelters Securities Cy et de nombreuses compagnies de chemins de fer (Pennsylvania,
New-York New-Haven, Chicago Milwaukee, Cleveland
Cincinnati, Central Pacific...).

Enfin la Société Générale, qui possédait déjà deux puissantes filiales, la Société Française de Banque et de Dépôts,
en Belgique, et la Société Générale Alsacienne de Banque, constitue en 1909 la Société Suisse de Banque et de
Dépôts et assure l'augmentation de capital de la Banque
de Salonique, dans le conseil de laquelle le nombre de ses
représentants est augmenté.

## APPENDICE

*Créations ou prises d'intérêts dans des entreprises
déjà existantes. Les obligations industrielles.*

Après avoir examiné l'activité financière des diverses
banques d'affaires, il est particulièrement intéressant de
rechercher, au point de vue des participations prises dans
les entreprises, si les banques d'affaires se sont intéressées de préférence à des sociétés anciennes ou ont préféré
en créer de nouvelles et si, à cet égard, elles ont eu des
directives générales. En principe, une banque d'affaires
préfère développer ou réorganiser une entreprise déjà en
marche, plutôt que d'en créer une nouvelle, de façon à
avoir comme base de départ l'organisation existante. Mais,
ceci posé, il n'y a que des cas d'espèces, car la question
est très complexe. Cela dépend en effet de la nature d'in-

dustrie de l'affaire à laquelle la banque veut s'intéresser, de l'état des entreprises similaires existant dans le pays envisagé et du développement économique de celui-ci, enfin de la place que la banque veut assigner parmi ses filiales à la nouvelle entreprise.

Nous avons vu combien différemment suivant les cas avait été résolue cette question pour les banques filiales à l'étranger. La différence de politique suivie à cet égard vis-à-vis des entreprises électriques et des entreprises métallurgiques montre, d'autre part, combien les circonstances économiques peuvent dominer cette question. De nombreuses constitutions de sociétés électriques ont été effectuées, en effet, depuis 1900, car c'est au début du xxᵉ siècle que cette industrie a pris un grand essor. Au contraire, l'industrie métallurgique étant beaucoup plus ancienne, il n'y a eu de 1900 à 1914 que peu de grandes créations nouvelles dans ce domaine ; l'industrie métallurgique n'est pas restée stationnaire au cours de cette période, mais les banques d'affaires ont porté leurs efforts vers le développement des entreprises existantes, déjà nombreuses, et non vers la création de nouvelles.

Dans l'ensemble, au cours de la période 1900-1914, les banques d'affaires ont usé des deux procédés, sans que l'on puisse dégager une prédominance de l'un ou de l'autre. Toutefois, il est remarquable que, au cours de leurs tout premiers exercices, les banques d'affaires nouvelles ont effectué plus de créations que de prises d'intérêts dans des entreprises anciennes : de cette façon, elles pouvaient en effet se faire connaître plus facilement, grâce à l'émission de titres inconnus jusqu'alors du public.

Si l'on envisage maintenant la nature des diverses émis-

sions d'obligations effectuées au cours de la période envisagée, on constate l'importance progressive prise par les
*obligations industrielles*. Au début du xxᵉ siècle en effet,
la plupart des émissions d'obligations effectuées l'étaient
encore pour le compte des crédits fonciers et surtout des
entreprises de travaux publics : on sait quel rôle avaient
déjà joué dans la construction des chemins de fer français
les emprunts obligataires. En dehors de ces entreprises,
il y avait bien des émissions, parfois importantes d'ail
leurs, d'obligations de grandes sociétés métallurgiques ou
de transports maritimes, par exemple, mais, en général,
les sociétés diverses qui n'étaient pas de très grande
envergure recrutaient des capitaux par voie d'augmentation de leur capital-actions.

Peu à peu, pourtant, ces ressources devenaient insuffisantes. Au début, en effet, de l'essor industriel, les entreprises étaient constituées avec les seuls capitaux de leurs
chefs et de la famille de ceux-ci. Il avait fallu faire appel
par la suite à des bailleurs de fonds et ce fut la commandite. Les capitaux nécessaires augmentant toujours, elle fut
bientôt insuffisante et ce fut alors l'appel plus large au
public sous la forme des actions : depuis 1860-70, les entreprises industrielles ont, dans l'ensemble et sous réserve des
grandes exceptions signalées, travaillé avec leur capital-
actions. Mais les actions, titres à rendement incertain et
offrant des risques, ne s'adressent qu'à une faible partie
de l'épargne : la grande majorité des épargnants recherche avant tout des titres à rendement limité mais stable
et qui n'offrent que des risques restreints. Les obligations rentrent dans cette catégorie. Avec le développement incessant de la production en grand et de l'intégration, avec la cherté croissante de la main d'œuvre et le

coût de plus en plus élevé du matériel moderne, les entreprises ont été amenées au début du xxᵉ siècle à se procurer d'importantes ressources et elles l'ont fait sous forme d'émission d'obligations. La plupart des sociétés d'électricité nouvelles ont fait un large appel à l'épargne sous cette forme : leur exemple a été suivi par les entreprises diverses et, de 1910 à 1914, les émissions d'obligations industrielles se font de plus en plus nombreuses et deviennent normales.

D'ailleurs, l'évolution ne s'est pas arrêtée là et, depuis, ainsi que nous le verrons, les entreprises en sont venues à émettre des bons à plus court terme. L'industrie moderne est ainsi amenée peu à peu à s'adresser à toutes les catégories de ressources : elle varie ses modes d'appel à l'épargne, de façon à trouver des capitaux dans les meilleures conditions et à les drainer avec le plus de facilité.

CHAPITRE III

## LA POLITIQUE DES BANQUES D'AFFAIRES DE 1900
## A 1914 ET LE NATIONALISME FINANCIER

L'énorme importance des émissions étrangères en
France avant la guerre est un fait bien connu. En une
seule année particulièrement active, 1906, il a été émis
pour 4.206 millions de ces titres et en dix ans, de 1900 à
1909, pour 24.311 millions. Ces chiffres sont encore inférieurs à la réalité, car les statistiques françaises rangent
parmi les entreprises françaises les entreprises à l'étranger qui sont constituées sous le régime de la loi française.
Proportionnellement au montant total des valeurs mobilières émises, on constate que les titres étrangers tiennent
une place considérable : ils représentent le plus souvent
70 à 80 0/0 du total et atteignent même en 1904 le pourcentage énorme de 86,7 0/0. Au cours des deux années
qui ont précédé la guerre, leur importance relative dimi-
nuait, car, par suite des difficultés de la situation politique
générale, bien des emprunts étrangers n'avaient pu être
émis sur le marché français. Malgré tout, en 1913, les
émissions étrangères sont encore largement supérieures à
celles françaises.

Au cours de la période 1900-1913, il a été évidemment

émis de très importants emprunts publics étrangers : leur montant se chiffre par seize milliards environ en quatorze ans. Mais, si l'on n'envisage même que la période 1900 à 1909, on constate que le total des émissions étrangères de sociétés industrielles ou autres égale, à peu de chose près, celui des emprunts d'Etats étrangers : **12.034** millions contre **12.257**.

Nous donnons ci-dessous le tableau général des émissions et introductions sur le marché français de **1900** à **1913** (d'après les statistiques de l'*Economiste Européen*) :

*(en millions de francs)*

| Années | Emprunts d'Etats et de Villes | | Sociétés industrielles et diverses | | Total des Emissions françaises | Total des Emissions étrangères | Total général | 0/0 des émissions étrangères par rapport au total général |
|---|---|---|---|---|---|---|---|---|
| | Français | Etrangers | Françaises | Etrangères | | | | |
| 1900 | » | 313 | 1.269 | 936 | 1.269 | 1.249 | 2 518 | 49,5 |
| 1901 | 272 | 1 565 | 370 | 486 | 642 | 2.051 | 2.693 | 76,9 |
| 1902 | 157 | 778 | 131 | 650 | 288 | 1 428 | 1.716 | 83,2 |
| 1903 | 92 | 1.625 | 686 | 731 | 778 | 2.356 | 3 134 | 75,1 |
| 1904 | 67 | 1.696 | 374 | 1.189 | 441 | 2.885 | 3 326 | 86,7 |
| 1905 | 229 | 1.076 | 657 | 1.924 | 886 | 3.000 | 3 886 | 77,2 |
| 1906 | 21 | 2.375 | 849 | 1.831 | 870 | 4.206 | 5.076 | 82,8 |
| 1907 | 59 | 981 | 909 | 898 | 968 | 1.879 | 2.847 | 65,9 |
| 1908 | 97 | 1 040 | 634 | 1.709 | 731 | 2 749 | 3.480 | 72,7 |
| 1909 | 155 | 809 | 1 630 | 1.700 | 1 785 | 2.509 | 4.294 | 58,3 |
| 1910 | 106 | 1.628 | 779 | 3 098 | 885 | 4.726 | 5.611 | 84,2 |
| 1911 | 7 | 989 | 807 | 2.893 | 814 | 3.882 | 4.696 | 82,6 |
| 1912 | 312 | 430 | 1.648 | 2.651 | 1.960 | 3.081 | 5 041 | 61,1 |
| 1913 | 151 | 753 | 2.018 | 2 004 | 2.169 | 2.757 | 4 927 | 55,9 |

Un grand nombre de ces émissions étrangères ont été effectuées par les banques d'affaires ou avec leur concours. C'est un fait indéniable que, de 1900 à 1914, les grandes banques d'affaires françaises ont beaucoup plus porté leur activité à l'étranger qu'en France. Les créations d'entreprises étrangères ou travaillant exclusivement à l'étranger, les prises d'intérêts dans ces sociétés et les émissions de leurs titres sont beaucoup plus nombreuses que les opérations analogues effectuées pour des entreprises purement françaises.

Les banques d'affaires jouent dans l'économie nationale un rôle très important et leur activité est lourde de répercussions sur la situation économique et financière du pays. Quoique ces banques ne soient que des sociétés privées n'ayant pas de but autre que celui de faire fructifier leur capital social, leur politique doit donc être envisagée en se plaçant au point de vue de l'intérêt national. Il est donc de la plus haute importance de rechercher si, développant ainsi leur activité à l'étranger, les banques ont bien ou mal agi au point de vue de l'intérêt général et, d'autre part, si cette politique était déterminée par des causes diverses indépendantes de la volonté des financiers ou bien, au contraire, si elle a été adoptée par les banques, libres de choisir telle ligne de conduite qu'il leur plairait.

L'étude de ces questions, envisagées au point de vue des banques françaises en général, a déjà provoqué une abondante littérature. Vers 1904, commençait dans nombre de journaux ou de publications économiques et financières une campagne très vive contre la politique des banques françaises. Une âpre polémique s'en est suivie et, jusqu'en 1914, la question a été agitée dans des revues, dans des livres, dans des réunions d'industriels et de commerçants, dans les assemblées générales des banques et même au Parlement.

D'une part, paraissaient de nombreux articles à allure

pamphlétaire : tels ceux de Lysis dans la Revue, réunis en volume sous le titre « Contre l'oligarchie financière en France », et, dans la Réforme Economique, ceux de Domergue, qui publia « La question des sociétés de crédit ». Les articles de Lysis ayant eu un grand retentissement, une série d'articles parut en riposte dans la Revue Politique et Parlementaire sous la signature de Testis : « Le Rôle des Etablissements de crédit en France ». Si la partialité des attaques est évidente (Lysis attaque les opinions de M. Germain sur les rapports de l'Eglise avec l'Etat (1) au même titre que celles sur le crédit à l'industrie), il faut bien convenir que la réponse est loin d'être toujours impartiale.

D'autre part, des personnalités importantes, attaquant moins directement la politique des banques, faisaient entendre au sujet de l'emploi des capitaux d'épargne des critiques plus modérées mais très nettes : telles celles du baron Alphonse de Rothschild, de M. Edmond Théry dans l'*Economiste Européen*, de M. Manchez dans le *Temps*, de MM. Jacques Siegfried, Cauwès, André Lebon, Sayous. Parfois même, d'importants journaux financiers quotidiens — l'*Information*, la *Vie Financière* — convenaient de l'imperfection de l'appui financier que notre système bancaire procurait à l'industrie (2).

Dans l'ensemble, la thèse était la suivante : les banques françaises drainent les ressources de l'épargne française vers les emprunts des divers Etats étrangers en quête de capitaux et vers les entreprises étrangères et se désintéressent à peu près complètement de l'industrie française

1. Lysis, *Contre l'oligarchie financière en France*, p. 135.
2. Voir, entre autres, la *Vie Financière* du 14 avril 1903 et l'*Information* du 22 mars 1903.

qui, faute de ressources, végète et lutte difficilement contre les industries étrangères. Au lieu de financer les entreprises françaises qui leur offrent un vaste champ d'action, les banques préfèrent porter leur activité à l'étranger et donnent même leur appui à des Etats dont les finances sont obérées et à de lointaines entreprises dont la prospérité est douteuse et la surveillance difficile. « Nos grands établissements de crédit, dit Lysis (1), ne se contentent pas d'exporter les capitaux français à l'étranger. Pour rendre plus parfaite encore leur œuvre antinationale, ils tiennent à l'écart, ils boycottent littéralement l'industrie française. Eux-mêmes ne créent rien, ne fondent aucune entreprise. En même temps, ils refusent d'assister ou de commanditer dans notre pays toute initiative » (2).

C'étaient les grands établissements de crédit qui étaient plus particulièrement visés, mais les critiques englobaient en général, sans distinction, toutes les grandes banques françaises. Or, ceci est, à notre avis, une erreur fondamentale, car le système bancaire français offre une division du travail assez nette. Par exemple, la critique de ne pas financer l'industrie doit être examinée de façon toute différente suivant qu'elle est adressée à une banque de dépôts, à une banque d'affaires ou bien à une banque régionale. Le fait d'envisager sans distinction la généralité des grandes banques enlève à peu près toute valeur scientifique au livre de Lysis, dont les attaques manquaient ainsi de précision et facilitaient sur bien des points la réponse de Testis.

1. Lysis, *op. cit.*, p. 120.
2. En outre, il était reproché aux banques de ne pas consentir de crédits à long terme au commerce d'exportation. Nous n'envisageons pas cette critique qui sort du cadre de notre étude.

Si l'on veut formuler des conclusions sur la valeur du système bancaire français en général envisagé dans ses rapports avec l'industrie, il importe en premier lieu de bien connaître le rôle et le fonctionnement propres de chaque catégorie de banques. Ce n'est que sur ces bases qu'une appréciation d'ensemble peut être dégagée avec précision. Or, tandis que l'étude des questions monétaires et des banques d'émission de monnaie de papier était très poussée en France, celle des autres questions bancaires était assez délaissée. Plusieurs livres ou thèses traitaient bien de la question des établissements de crédit à succursales multiples et des banques locales, mais, en dehors de cela, il n'y avait guère comme ouvrage de valeur que celui de Sayous, « Les Banques de dépôts, les Banques de crédit et les Sociétés financières ». Il n'est donc pas étonnant que, par suite de cette connaissance imparfaite du rôle des divers organismes bancaires, bien des attaques aient pu avoir lieu qui étaient injustifiées. Au contraire, l'étude des diverses banques et celle de l'organisation bancaire étaient très travaillées en Allemagne (1) et, de même que l'ouvrage d'un Allemand, Jaffé, « das englische Bankwesen », traitait de façon excellente la question des banques anglaises, c'était pour les banques françaises l'ouvrage de Kaufmann, « La Banque en France » (2), qui, dans les limites fixées, fournissait l'étude la meilleure et la plus scientifique (de nombreux articles ont aussi paru dans des périodiques allemands : tels ceux de Schmidt et de Soltau).

1. Le remarquable ouvrage déjà cité de Liefmann « Beteiligung und Finanzierunggesellschaften » constitue une étude très complète des procédés de financement de l'industrie dans les divers pays.

2. Traduit en français et édité en 1914 dans la Bibliothèque Internationale d'Economie Politique.

Nous envisagerons le problème spécialement au point de vue des banques d'affaires, mais, celles-ci ayant au premier. chef dans leurs fonctions le financement des entreprises industrielles, l'étude de la situation des diverses catégories d'industries vis-à-vis de la banque nous permettra d'esquisser rapidement le problème en général.

De 1900 à 1914, la grande industrie française s'est beaucoup développée. Suivant en cela la méthode de gestion générale en France, elle a avant tout procédé par prélèvements sur ses propres ressources. Autant que faire se pouvait, le coût des agrandissements nouveaux était prélevé sur les réserves occultes ou sur celles ouvertement constituées ou encore sur les bénéfices annuels. Le développement sur soi-même était poussé aux limites extrêmes. De cette façon, les appels à de nouveaux capitaux sous forme d'émissions d'actions ou d'obligations étaient réduits au minimum. Tels quels, ils étaient malgré tout très importants, mais ils s'effectuaient facilement. Dans l'ensemble, la grande industrie a toujours trouvé en effet auprès des banques un entier concours : particulièrement, les banques d'affaires lui ont donné un très important appui, participant à la création de nouvelles entreprises, consentant les avances nécessaires et assurant les émissions. D'une enquête menée en 1913 auprès des grands industriels et parue dans la revue *France-Univers*, il résulte que les grandes entreprises trouvaient facilement, quand il en était besoin, les capitaux nécessaires.

Ne bornant pas là leur action, les banques d'affaires auraient pu chercher, en provoquant des accords ou des fusions et en constituant des omniums, à créer de puissants groupements industriels, mieux à même de lutter

avec les cartells et les trusts allemands ou américains. Il
est regrettable à ce point de vue que la pénétration de la
banque et de l'industrie n'ait pas été plus intime. Les
conseils d'administration des banques d'affaires étaient
composés en général de banquiers et de hautes personnalités administratives ou même politiques ; on n'y trouvait
qu'exceptionnellement des industriels. Par suite, les chefs
des grandes entreprises industrielles se rendaient mal
compte de l'action que pouvait avoir une banque d'affaires au point de vue d'une liaison commerciale ou financière possible entre diverses sociétés. D'autre part, si les
banques avaient des représentants dans les conseils d'administration de leurs filiales industrielles, ceux-ci ne s'oc-
cupaient guère que des questions de gestion financière et
délaissaient en général les problèmes d'organisation de
l'industrie.

Pourtant, les banques d'affaires françaises auraient pu
avoir à ce point de vue un rôle tout à fait intéressant et
faire preuve d'une grande hauteur de vues en provoquant
une organisation plus moderne de la grande industrie.
En fait, leur action à cet égard a été peu importante :
elles ne se sont guère préoccupées de négocier des accords
ou des fusions et n'ont constitué des omniums que beaucoup moins fréquemment que ne l'ont fait les banques
allemandes et américaines. C'est que, jusqu'en 1914, l'état
d'esprit individualiste régnait en effet dans l'industrie
française et l'organisation économique était basée sur le
dogme de libre concurrence entendu au sens étroit.
Un simple accord entre deux entreprises similaires au
point de vue de la vente de leurs produits était anormal.
Confondant liberté du travail et libre concurrence, alors
que celle-ci n'avait été que le moyen de réaliser à la fin

du dix-huitième siècle la liberté du travail, craignant le
fameux délit d'accaparement et bridés par l'article 419 du
Code Pénal, les Français ont été pendant longtemps
réfractaires au grand mouvement de concentration économique générale qui assure une meilleure adaptation de la
production et qui a amené en Allemagne et aux Etats-
Unis une floraison d'omniums, de cartells et de trusts.

Or, ce sont précisément les banques qui, en Allemagne
et aux Etats-Unis, ont été les initiatrices de ces organismes. C'était d'ailleurs leur intérêt, car les ruines d'entreprises, causées par une concurrence sans frein, se tradui-
saient fréquemment pour elles par de lourdes pertes.
Mais l'état d'esprit général étant tout différent en France,
les banques d'affaires se sont contentées de créer (1) quelques omniums, dont les principaux sont : la Société Générale électrique et industrielle et la Compagnie Centrale
d'énergie électrique, fondées par la Société Générale respectivement en 1900 et en 1910, la Société parisienne
pour l'industrie des chemins de fer et des tramways, à la
création de laquelle concourt en 1900 la Banque de Paris
qui, d'autre part, possédait déjà des intérêts dans la Compagnie Générale du Gaz pour la France et l'Etranger, et
la Société Financière des Caoutchoucs, constituée par
l'Union Parisienne en 1909 (2). Aussi doit-on atténuer les

---

1. Il existe en outre en France deux puissants omniums d'électricité : la Compagnie Générale d'Electricité, liée avec le Crédit Commercial de France et la Société française pour l'exploitation des procédés Thomson-Houston.

2. En outre, plusieurs omniums ont été fondés à l'étranger par les
banques d'affaires : tels l'Omnium Russe, l'Union Minière et Métallurgique de Russie, la Brazil Railway (chemins de fer, électricité, ports),
la Compagnie hellénique d'électricité, l'Eastern International Rubber
and Produce Trust... De plus, la Société Centrale pour l'Industrie
électrique a porté son activité en France et à l'étranger.

critiques que l'on peut adresser à ce propos aux banques
d'affaires.

La moyenne industrie procédait aussi, dans la mesure
du possible, par prélèvements sur ses bénéfices ou ses
fonds de réserves. Mais, pour effectuer de coûteuses transformations de matériel, pour résister aux crises, aussi
bien que pour se fonder et prendre un premier essor,
d'importants capitaux lui étaient nécessaires Or, elle ne
trouvait que des appuis bancaires insuffisants. Les grands
établissements de crédit, dont les directeurs de succursales ne sont d'ailleurs que des fonctionnaires sans grande
initiative, s'intéressaient parfois au placement de leurs
titres (surtout la Société Générale et le Comptoir National
d'Escompte), mais ne leur consentaient que bien difficilement des ouvertures de crédit à long terme. Les banques
locales, mieux à même de juger les entreprises et leurs
dirigeants, ne disposaient en général que de capitaux
beaucoup trop réduits ; seules, les plus importantes d'entre elles (par exemple, les banques Varin-Bernier, Bon-
nasse, Arnaud-Gaidan, Chalus. Richou, Chapuis...) pouvaient jouer à cet égard un rôle intéressant. Pour la
réalisation de certaines affaires, le Syndicat des Banques
de Province réussissait bien à grouper quelques-uns de
ses membres ; mais son action, quoique très notable, était
limitée. Quant aux banques régionales, ou bien elles
étaient surtout banques d'escompte, ou bien, comme le
Crédit du Nord, elles venaient en aide à l'industrie en lui
consentant de larges crédits de campagne. Leur action
vis-à-vis de la moyenne industrie a pourtant été fort
importante à Lyon, à Marseille et dans la région du Nord,
mais, seules, deux banques, la Société Nancéienne et la
Banque Renauld, d'un type d'ailleurs différent, ont réso-

lument tourné leur activité vers le financement d'entreprises industrielles, participant à la constitution et au
lancement de sociétés minières et métallurgiques du bassin de Briey et de nombreuses entreprises diverses de
la région de l'Est.

Restaient les grandes banques d'affaires proprement
dites. Leur action à ce point de vue, loin d'être négligea-
ble, a été assez limitée. Toute banque d'affaires était
intéressée, soit directement, soit par l'intermédiaire de
filiales et d'omniums dans des entreprises de moyenne
envergure — nous avons mentionné l'important concours donné à la moyenne industrie par les deux d'entre
elles qui offrent des caractéristiques spéciales, la Société
Centrale et la Société Générale —, mais ces opérations
financières ne constituaient qu'une faible part de leur activité.

Auraient-elles dû s'engager plus avant dans cette voie ?

A notre avis, la moyenne industrie qui nécessite des
capitaux déjà assez élevés, offre un champ d'action très
étendu à de puissantes banques régionales et aussi aux
grandes banques d'affaires. Une banque régionale, moins
bien placée pour trouver les concours nécessaires et constituer des syndicats financiers, recule souvent devant les
risques de l'opération projetée qui immobiliserait une
grande partie de ses ressources. Aussi fait-elle parfois
appel à une banque d'affaires ou bien celle-ci effectue
seule l'opération, si elle entrevoit la possibilité de placer
facilement, grâce à ses correspondants ou à l'action des
établissements de crédit avec lesquels elle est liée, des
titres qui n'intéressent qu'une région.

Mais, sauf des cas particuliers, une grande banque d'affaires ne peut intervenir que pour des entreprises déjà

importantes, représentant la grande industrie régionale, et, la plupart du temps, elle se contente de donner son appui financier à la constitution des sociétés ou à leurs émissions sans garder d'intérêts durables. C'est proprement le rôle des omniums ou des sociétés de financement spécialisées d'assumer le contrôle de ces entreprises de moindre envergure et c'est souvent par leur intermédiaire qu'une banque d'affaires peut venir en aide à ces sociétés diverses. Or, nous l'avons vu, ces organismes étaient peu répandus en France — les banques spéciales étaient même tout à fait inconnues — et, sauf dans l'industrie électrique, les banques d'affaires ont peu agi par leur entremise.

Etant donné la lacune indéniable du système bancaire français que nous venons de signaler, il.est certain que les banques d'affaires auraient pu agir d'autant plus utilement vis-à-vis de l'industrie moyenne par la création de sociétés financières ou d'omniums. Mais elles ne pouvaient développer sans danger leur concours *direct* aux moyennes entreprises Au point de vue de la matérialité des opérations, une banque d'affaires est un intermédiaire qui avance des capitaux et les récupère ensuite sur le public. Or, si les banques avaient devant elles un vaste champ d'action avec les opérations de financement de cette nature, l'absence d'actifs marchés financiers régionaux leur rendait difficile la réalisation de ces titres sans notoriété. Une entreprise moyenne n'est pas connue sur le marché national et ses titres ne peuvent en général être cotés à Paris. D'autre part, s'il y a des bourses de valeurs en France dans quelques grandes villes de province, elles n'ont qu'une activité très faible et surtout ne sont guère spécialisées dans les valeurs régionales. A Lille, il y a bien un important marché des valeurs de charbonnages mais, à Nancy même, où pourtant les banques régionales avaient émis avant la guerre pour près de 2 milliards de titres de la région de l'Est et d'Alsace-Lorraine, la bourse était peu active et c'étaient les banques elles-mêmes qui tâchaient à y suppléer en organisant les négociations de ces titres. Il est certain que ce sont les banques locales ou régionales qui doivent s'efforcer de créer des marchés régionaux pour les valeurs mobilières : en l'absence de ceux-ci, la réserve des grandes banques d'affaires dans l'aide directe aux entreprises moyennes — elles ne peuvent d'ailleurs pas s'intéresser à un trop grand nombre de sociétés — était assez justifiée.

Quant à la petite industrie, le plus souvent encore sous la forme de sociétés en nom collectif ou en commandite, elle trouvait auprès des banquiers locaux un très important concours. Le rapport déjà cité à l'assemblée de 1911 du Syndicat des Banques de Province mentionne que, pendant les cinq années antérieures, « les découverts en banque ou commandites se sont élevés en moyenne à plus de 4 milliards par an pour les seuls banquiers membres du Syndicat » et que ceux-ci ont placé pour plus de 500 millions de titres régionaux ou locaux. Le premier de ces chiffres comprend les avances consenties à l'industrie et aussi, pour la plus large part sans doute, au commerce : même sous cette réserve, il n'en reste pas moins qu'il y avait là pour la petite industrie un important appui financier. Il n'était pourtant pas suffisant à lui seul, mais les banques régionales, dont le concours est ici souvent nécessaire, pratiquaient peu ce genre d'opérations, sauf dans les régions indiquées plus haut, et les grands établissements de crédit n'intervenaient que pour les émissions et ce, beaucoup plus rarement encore que pour les entreprises moyennes. Quant aux grandes banques d'affaires, leur abstention était toute naturelle, car l'aide à la petite industrie n'est nullement de leur ressort. Elles ne sauraient disperser leurs efforts sur une multitude de petites sociétés dont elles ne pourraient assumer la surveillance effective et dont les titres ne peuvent être placés que dans un cercle très restreint et, peu connus et en nombre limité, n'ont aucun marché. Ce sont les banques régionales et locales qui, suivant leur importance propre et l'ordre de grandeur des capitaux à engager, ont dans leurs fonctions le financement de ces entreprises diverses.

Pour bien apprécier le rôle des banques vis-à-vis de l'industrie de 1900 à 1914, il faut se reporter à l'état économique et des esprits à l'époque envisagée. Dans l'ensemble, l'industrie française se développait beaucoup depuis 1900 ; son essor était pourtant moins rapide que celui des industries anglaise et surtout allemande. Si l'insuffisance de nos mines de houille intervenait pour beaucoup à ce point de vue, il faut bien reconnaitre aussi que l'industriel français était en général un peu routinier et ne cherchait guère à conquérir les marchés étrangers. Dans une certaine mesure, il y avait une stagnation de l'esprit d'entreprise, l'idéal de trop de gens étant d'être fonctionnaires ou petits rentiers. C'est ce même état d'esprit qui guidait les capitalistes dans le choix de leurs placements : commandites industrielles, actions d'entreprises diverses cédaient le pas aux valeurs à revenu fixe, titres d'États et obligations de crédits fonciers ou de compagnies de chemins de fer. La crainte exagérée du risque à courir paralysait ainsi bien des initiatives.

D'autre part, nombre de plaintes et de récriminations

contre les banques accusées de délaisser l'industrie proviennent de gens qui proposent des affaires mal étudiées ou vouées à un échec quasi-certain. Nombreux sont les « inventeurs méconnus » éconduits par les banques, les intermédiaires sans valeur à la recherche d'une commission et les chefs d'entreprise qui demandent aide alors que leur affaire. non viable, est en train de crouler.

De tout ceci, il faut conclure, à notre avis, que, de 1900 à 1914, les grandes banques d'affaires françaises (1) n'ont pas délaissé l'industrie nationale et ont strictement rempli leur rôle vis-à-vis d'elle. C'est grâce à leur concours que les entreprises électriques ont pu prendre un grand essor et ce sont elles qui ont assuré le développement rapide de jeunes industries d'avenir, telles celles de l'automobile et du phonographe. Toutefois, elles auraient pu pratiquer une politique plus haute, en donnant une orientation nouvelle à l'organisation générale industrielle et en fondant des omniums et des sociétés financières spécialisées qui se seraient intéressés aux industries moyennes.

Les travaux de la « Commission extraparlementaire pour la Réforme bancaire », instituée par décret du 14 mai 1911, confirment notre opinion, en ce sens que l'action des grandes banques d'affaires françaises vis-à-vis de l'industrie n'est pas directement critiquée. M. Chapsal

---

1. L'action de la Société Centrale des Banques de Province appelle toutefois d'importantes réserves que nous ne pouvons envisager ici sans sortir de notre sujet. Cet établissement était devenu avant la guerre une banque d'affaires dont la politique était à peu près semblable en tout à celle des autres banques de cette nature. On peut estimer à juste titre que, étant donné son caractère spécial, elle avait un rôle propre à jouer qui aurait été particulièrement intéressant vis-à-vis des entreprises industrielles françaises et que son activité à l'étranger aurait dû rester tout à fait secondaire.

concluait ainsi au nom de la première sous-commission :
« 1° Insuffisance d'organisation dans la distribution du crédit à long terme aux moyennes et aux petites industries, notamment en ce qui touche l'émission et le placement des valeurs industrielles ; 2° absence presque complète d'organisation dans la distribution du crédit aux petits producteurs et petits commerçants ».

A notre avis, notre système bancaire pèche surtout par une mauvaise organisation de banques régionales. Hypnotisées par la remarquable fortune des grands établissements de crédit, la plupart n'ont en effet nullement cherché à avoir une politique propre et ont pris pour modèle celle des banques de dépôts pures. Certaines même, telle la Banque Privée et la Société Marseillaise, ont de plus en plus acquis le caractère de grand établissement de crédit à succursales multiples. Il serait à souhaiter que l'excellent exemple de la Société Nancéienne et de la Banque Renauld fût suivi.

Reste à envisager le problème sous sa seconde face, l'exportation des capitaux et ses causes.

L'expansion des banques à l'étranger et, par suite, l'investissement de capitaux dans les divers pays présentent un très haut intérêt au point de vue politique, industriel et commercial. Un grand pays doit fortifier sans cesse sa situation internationale. Or, au point de vue du prestige mondial de la France, l'expansion des banques d'affaires a eu des résultats extrêmement importants. L'émigration française est en effet insignifiante et, d'autre part, avant la guerre le Français était assez casanier. Il s'ensuit que, pour acquérir de l'influence dans un pays, la France n'avait à son service que les quelques rares nationaux qui y étaient installés. Au contraire, l'émigration allemande avait été très importante jusqu'en 1894 et des nuées de commis-voyageurs travaillaient sans relâche les pays étrangers ; l'Anglais voyageait beaucoup pour ses affaires et, par suite du régime des successions, de nombreux cadets de famille s'expatriaient pour un temps ou définitivement ; l'Italie elle-même avait à son service une émigration considérable.

Pour lutter contre ces divers facteurs d'influence, l'expansion des banques d'affaires françaises a été particulièrement intéressante. Il est indéniable que la finance française avait pris dans quelques pays une situation de tout premier ordre, particulièrement au Brésil, en Argentine et en Russie ; dans le bassin méditerranéen sa situation était très forte et elle avait déjà conquis une place intéressante dans les jeunes Etats balkaniques. En Extrême-Orient, où elle était nettement devancée par les établissements anglais, allemands et américains, elle avait réussi, quoique encore distancée, à améliorer sa situation. L'emprise financière acquise dans les pays étrangers par la création ou la réorganisation de grandes sociétés bancaires, industrielles ou de travaux publics accroissait sensiblement par contre-coup l'influence de la France au point de vue général. Il faut remarquer que, des deux grands Etats sud-américains, tous deux éloignés du grand conflit de 1914, l'un est resté neutre et l'autre s'est rangé aux côtés de la France, et ce, malgré l'existence sur leur propre territoire de nombreuses colonies d'émigrants allemands restés fidèlement attachés à leur patrie. Certes, la conduite des deux gouvernements a été dictée par des mobiles autrement puissants que leur amitié pour la France, mais il paraît certain que l'aide donnée par la

France, avant la guerre, au développement économique
de ces pays et l'influence acquise par les divers représentants des intérêts financiers français n'ont pas été étrangères à ces décisions.

Cette expansion tendait, par ailleurs, à accroître les
relations commerciales de la France avec les divers pays.
Pour mener à bien, en effet, la réalisation des importants
travaux publics que les banques finançaient, de nombreuses commandes de matériel étaient nécessaires. Or, les
banques d'affaires se réservent souvent dans leurs contrats avec les diverses sociétés d'entreprises le service des
commandes. Celles-ci sont pour elles une source de commissions et accroissent les débouchés des diverses filiales
intéressées que les banques peuvent posséder ; elles permettent aussi aux banques de nouer des relations avec
des entreprises industrielles qui, peu à peu, pourront
ainsi devenir leurs clientes. Il y avait donc là pour l'industrie française en général une source d'importants débouchés, augmentés encore par les relations commerciales
diverses qui s'établissaient directement entre les entreprises filiales des banques situées à l'étranger et celles
situées en France.

On a souvent adressé aux banques françaises le reproche de se désintéresser justement de ces commandes de
matériel divers, qui auraient surtout profité à l'industrie
étrangère. De trop nombreux exemples viennent malheu-
reusement à l'appui de ces critiques, mais, à notre avis,
il faut se garder de généraliser, surtout vis-à-vis des banques d'affaires. Ces banques avaient en effet un trop grand
intérêt à se réserver les commandes et elles s'adressaient
en premier lieu aux entreprises françaises dans lesquelles
elles avaient bien souvent des participations et non à l'in-

dustrie anglaise ou allemande. Cette préoccupation de servir ainsi l'industrie nationale devenait avant la guerre de plus en plus nette et, dans son numéro du 2 janvier 1910, le journal *Le Brésil* constatait les efforts faits dans ce sens. « Pour ne parler que de l'Amérique Latine, dit-il, les récents emprunts du port de Pernambuco, placés par la Banque Rouvier et le Crédit Mobilier, celui de la Compagnie Péruvienne de Navigation par une banque privée, les placements de valeurs argentines, brésiliennes et mexicaines sur le marché de Paris par la Banque de l'Union Parisienne, ont valu des commandes fort intéressantes aux chantiers français, aux mines du Creusot, de Pont-à-Mousson, etc. On peut en dire autant des emprunts brésiliens lancés par la Banque de Paris et la Société Générale. L'exportation de capitaux français dans ces conditions n'appauvrit pas la France. Celle-ci y gagne, au contraire, de développer dans l'Amérique du Sud son influence et ses débouchés économiques, en fécondant ces pays neufs de ses capitaux ».

Il est intéressant de rechercher quel a été en fait l'accroissement des relations commerciales de la France avec les pays dans lesquels les banques d'affaires ont particulièrement porté leurs efforts — Russie, Argentine et Brésil. — De 1900 à 1913, le pourcentage du commerce français dans le total du commerce russe et du commerce argentin ne varie guère, mais, pour la Russie, les importations de France passent de 28 millions de roubles à 57 millions et les exportations de 60 à 101 millions. Les exportations argentines en France, de 19 millions de piastres or en 1900, atteignent 40,5 millions en 1913 et les importations de France se chiffrent par 44,8 millions contre 10,8 seulement en 1900. Quant au Brésil, les importations françaises dans ce pays augmentent de **220 0/0** de 1902 à 1913 contre 150 0/0 pour l'Angleterre, 520 0/0 pour la Belgique, 340 0/0 pour l'Allemagne et 136 0/0 pour l'Autriche-Hongrie. De plus, la France ne cesse de prendre dans le commerce brésilien une part de plus en plus importante. Les importations de France représentent 8,9 0/0 du total des importations brésiliennes en 1904 et 9,78 0/0 en 1913 et le pourcentage des exportations vers la France par rapport au montant total croît de 5 0/0 en 1904 à 12,21 0/0 en 1913. Il y avait donc là un développement extrèmement intéressant des relations commerciales, auquel les banques d'affaires contribuaient largement.

Outre cet intérêt général politique, industriel et commercial, l'expansion des banques à l'étranger offre un autre puissant avantage. C'est que, en cas de changement dans le solde de la balance annuelle des paiements, la vente des valeurs mobilières étrangères contribue au règlement des dettes et permet, dans certaines limites, de stabiliser les changes. Avant la guerre, alors que la France était créancière de tous et que les cours des devises n'enregistraient d'ailleurs que de faibles variations, c'était là un point qui attirait peu l'attention ; mais, les événements d'après-guerre l'ont mis en pleine lumière. Dès 1916, de nombreux titres étrangers étaient réalisés par voie d'arbitrage et nos débiteurs auxquels le change était devenu favorable, — Espagne, Japon, Suisse, Egypte..., — rapatriaient les titres possédés par nous de leur dette publique ou de leurs entreprises. Le gouvernement français lui-même est intervenu en se faisant prêter des titres qu'il se réservait le droit d'acquérir (1) : il était

1. Loi du 5 mai 1916.

ainsi en mesure, soit de se faire consentir des crédits garantis, soit, après vente, d'effectuer des paiements. C'est dans ce même but que, en 1916, bien avant l'ouverture complète du Stock-Exchange aux fonds étrangers, il obtenait l'ouverture du marché anglais à la vente des titres possédés par des capitalistes français. Au total, c'est annuellement à plusieurs milliards que s'est chiffré le montant des changes ainsi obtenus.

Or, quelle était la situation financière de la France à l'époque envisagée ?

Ainsi que l'a dit M. Neymack, avant la guerre, la France était créditrice partout et n'était débitrice nulle part. La balance du commerce se traduisait bien par un excédent des importations, mais les dépenses de visiteurs étrangers en France et surtout les intérêts des prêts et des placements à l'étranger établissaient une balance des paiements largement favorable à la France. Dès 1902, à la suite d'une enquête, le ministère des affaires étrangères estimait à près de 30 milliards le montant des capitaux français employés à l'étranger et M. Leroy-Beaulieu jugeait le chiffre de 34 milliards plus proche de la réalité. En 1913, c'était à 45 milliards environ que l'on pouvait évaluer ce montant. C'est précisément l'excédent de notre balance des paiements qui était employée annuellement à l'étranger : nous laissions à l'extérieur l'or auquel nous donnait droit le solde de nos créances. On peut même dire, étant donné que le montant des capitaux annuellement placés à l'étranger (1) était de 3 milliards environ, que ces placements étaient effectués pour la majeure part avec

---

1. Nous laissons de côté la distinction entre placements étrangers et placements à l'étranger.

les revenus des capitaux déjà investis à l'extérieur : *il y avait donc bien plutôt remploi de revenus qu'exode de capitaux*, ainsi qu'on se plaisait à le répéter. D'ailleurs, bien des emprunts publics étrangers n'étaient émis en France que pour solder une balance de paiements défavorable pour les pays envisagés ou même pour leur permettre d'effectuer des commandes à l'industrie française.

Par suite, il ne saurait être question d'une diminution de la capacité financière à l'intérieur du pays et c'est là un point extrêmement important. Les capitaux conservés pour les besoins nationaux, non seulement ne diminuaient pas, mais s'accroissaient chaque année de la majeure partie des revenus des placements antérieurs effectués en France.

D'autre part, pour récupérer l'excédent de nos créances sur l'étranger, à défaut de valeurs mobilières, il aurait fallu importer soit des marchandises, soit de l'or (1). Importer une telle quantité supplémentaire de marchandises, c'eut été créer en France une crise grave de l'industrie et peut-être entraîner un accroissement de dépenses qui aurait diminué d'autant le montant de l'épargne annuelle. Importer de l'or, c'eut été créer une inflation monétaire et faire hausser le prix de la vie en France ; c'eut été en outre bouleverser les changes, avec toutes les conséquences qu'entraîne actuellement un pareil état de choses pour les pays à change trop apprécié, et cela d'autant plus que le solde créditeur de notre balance des paiements était supérieur à la production mondiale

1. Voir la conférence de M. Henri Gans à la Société d'Economie Politique, le 5 octobre 1920 : l'*Utilisation des placements étrangers dans la crise des changes.*

annuelle de métal jaune — deux milliards à deux milliards
et demi de francs avant la guerre —. Le placement en
France de valeurs mobilières étrangères constituait donc
un mode de libération de beaucoup préférable. Dans une
large mesure, on peut donc dire que la France était dans
la nécessité d'effectuer d'importants placements de capitaux à l'étranger.

En second lieu, l'augmentation des droits de succession
et les projets d'impôts nouveaux, qui soulevèrent avant-
guerre de si passionnées polémiques, favorisaient singulièrement l'acquisition par les capitalistes français de
titres étrangers avec lesquels l'évasion fiscale était plus
facile. L'impôt personnel sur le revenu, « l'inquisition
fiscale », effrayaient nombre de gens (bien à tort, semble-t-il aujourd'hui). Dans l'*Economiste Français*,
M. Leroy-Beaulieu disait que la baisse des valeurs françaises venait « de l'esprit d'hostilité systématique que le
Parlement, le gouvernement et toute la presse gouverne-
mentale montrent à l'endroit des capitaux et des capitalistes » et il estimait que le projet d'augmentation des droits
de succession donnait aux capitalistes français le senti-
ment de l'insécurité. De même, pour M. Neymarck (1), la
pénurie de placements en France était la conséquence de
« l'obsession fiscale et du socialisme d'Etat ». Des économistes et des publicistes n'hésitaient pas à excuser, fut-ce
même à légitimer, la fraude, eu égard aux « menaces de
confiscation ». Aussi les émissions de titres étrangers
effectuées par les banques étaient-elles très en faveur
auprès des capitalistes français.

D'un autre côté, alors que le taux de l'intérêt n'avait

1. Réunion de la Société d'Economie Politique du 5 avril 1905.

cessé de baisser depuis 1871-72, il était en sensible reprise depuis 1902, date de la dernière conversion française. Par suite, les valeurs à revenu fixe voyaient leurs cours s'effriter graduellement. C'était le cas de la rente française et des obligations des grandes compagnies de chemins de fer, du Crédit Foncier et de la Ville de Paris, qui perdaient 14 à 15 0/0 de leur valeur : le 3 0/0 qui, en 1902 valait de 100 à 105 francs, ne cotait plus, fin 1912, que 88-89 et les obligations de chemins de fer étaient passées de **480** à **410** francs. Voyant leur capital diminuer peu à peu, les capitalistes se détachaient un peu de ces valeurs.

Par suite de l'abondance des capitaux en France, le taux de l'intérêt était beaucoup moins élevé dans ce pays qu'à l'étranger. Alors que le taux de l'intérêt des grandes valeurs n'était que de 3 à 3 1/2 0/0 et n'atteignit **4 0/0** qu'en 1912, la plupart des grands emprunts étrangers rapportaient 4, 4 1/2 et 5 0/0. Il en était de même pour les obligations diverses. Or, la prospérité économique entraînant une hausse générale des prix et un renchérissement du coût de la vie, les capitalistes français se dirigeaient vers ces placements étrangers à rendement supérieur, plutôt que vers les émissions industrielles françaises, et cela d'autant plus que tout titre d'emprunt public ou toute obligation ayant une garantie d'Etat avait la **faveur** particulière de l'épargne française. « Le peuple français, dit le rapport de 1911 du Syndicat des Banques de Province, épargniste à outrance et soucieux avant tout de la sécurité de son épargne, apporte dans le choix de ses placements sa mentalité étatiste ; le titre possédant une étiquette de garantie d'Etat lui semblera longtemps encore préférable au placement industriel ou commercial, quelque médiocre même que puisse être la valeur intrinsèque des finances de l'Etat garant ». En fait, c'était un peu de la sécurité du placement qui était sacrifiée à un rendement plus élevé.

De plus, au point de vue des actions, il y a un facteur très général, car il est très humain, et dont il faut tenir compte : c'est l'attrait de l'inconnu. Qu'une entreprise industrielle se fonde en France, que l'exploitation d'une mine soit commencée sur notre propre sol, le souscripteur français escompte simplement un intéressant revenu. S'agit-il au contraire d'une mine d'or africaine, d'un gisement de pétrole au Mexique ou d'une exploitation de caoutchouc en Extrême-Orient, entreprises auxquelles le capitaliste s'intéresse en général sur la foi de vagues renseignements, les plus extraordinaires bénéfices semblent chose normale. Toute affaire lointaine se pare de merveilleux. Par contre, le moindre à-coup dans la marche d'une affaire industrielle régionale ou nationale est rapidement connu dans la région ou le pays et les porteurs de titres s'en exagèrent facilement l'importance. C'est de cette façon que les démarcheurs de petits offices bancaires plus ou moins douteux pouvaient facilement agir par persuasion sur les paysans, en général crédules à cet égard, pour les déterminer à faire des placements dans de lointaines et problématiques entreprises. Et cet attrait est tenace, même dans les classes plus éclairées : il résiste aux pires déceptions et ne fait que changer d'objet. La dégringolade des cours des mines d'or au début de ce siècle ne l'a pas entamé, non plus, semble-t-il, que celle de nombre de titres étrangers, de nos jours, à la suite des bouleversements résultant de la guerre mondiale.

Déterminés dans une certaine mesure par l'état économique et financier du pays, les investissements de capitaux à l'étranger étaient donc en parfait accord avec la mentalité générale des capitalistes français. Il n'en est pas moins vrai, malgré tout, que *la proportion des placements étrangers était nettement exagérée*, puisque bien des capitaux auraient pu utilement s'employer en France dans la petite et la moyenne industries. Quelque soit l'utilité des placements à l'étranger, il est en  principe préférable d'investir des capitaux en France même, tant qu'ils trouvent des emplois sérieux et rémunérateurs. C'est la théorie de M. Cauwès et des partisans de l'Economie Nationale : ceux-ci ne critiquent pas les placements étrangers en eux-mêmes, mais estiment qu'il n'y a que l'excédent des capitaux disponibles, non utilisables en France, qui doit chercher un emploi à l'extérieur. Etant donné l'importance des capitaux annuellement placés en valeurs mobilières en France, il n'était nullement souhaitable que la totalité de l'épargne fut absorbée par les placements intérieurs, mais il était légitime que les besoins financiers de l'industrie française soient plus largement satisfaits (1).

Ces idées sont fort justes, à notre avis, si l'on se garde toutefois de leur donner une application trop stricte, car bien des placements à l'étranger sont d'une utilité primordiale, soit au point de vue politique et militaire, soit pour s'assurer des matières premières ou des débouchés indispensables. Or, ce sont précisément les grandes banques d'affaires qui ont dans leurs fonctions cette action fiancière internationale. Comme, d'autre part, si leur appui à l'industrie nationale n'a pas été remarquable, il n'était toutefois guère critiquable, il ne nous semble pas que

----

1. Voir la Préface de M. Cauwès au livre de M. Edmond Théry : *les Progrès Economiques de la France.*

l'exagération des placements à l'étranger doive leur être imputé à grief : ainsi que nous l'avons dit, c'est par d'autres côtés que notre système bancaire était défectueux. Ou, tout au moins, il faut dire que, des diverses catégories de banques françaises, ce sont les banques d'affaires qui doivent être critiquées les dernières à ce point de vue, car c'étaient les seules qui ne sortaient pas de leur rôle en donnant une large part de leur activité aux opérations financières à l'étranger.

D'ailleurs, le problème, très délicat, se pose de savoir si ce sont les banques qui ont ainsi orienté l'épargne française vers les émissions étrangères ou bien si c'est l'épargne qui, recherchant de tels placements, a en fait imposé aux banques la réalisation de ces opérations. « Nous avons offert au public le genre de titres qu'il nous demandait lui-même », disent les banquiers ; « le public a suivi les conseils de banques », affirment les polémistes qui trouvent fâcheuse l'absorption d'une pareille masse de titres étrangers.

Il faut bien poser en principe que toute banque sérieuse ne s'engage pas dans une opération sans avoir au préalable examiné les possibilités de placement des titres dans le public. Parmi les nombreuses opérations d'émissions qui lui sont proposées ou qu'elle étudie d'elle-même, elle ne choisit que celles dont la réalisation lui paraît facile, étant donné les préférences des épargnants (1). L'échec d'une émission entraîne de trop lourdes immobilisations pour que la banque puisse tenter d'imposer aux capitalistes un genre de titre qui leur déplairait : elle surveille

_______

1. Sous réserve, bien entendu, des titres mis en portefeuille pour n'être écoulés que plus tard, s'il y a lieu.

au contraire attentivement les variations du goût du public
de façon à modeler sur lui son action. C'est ainsi que,
d'après le rapport du Syndicat des Banques de Province
que nous avons déjà maintes fois cité, l'orientation de la
Société Centrale vers les émissions étrangères aurait été
déterminée par les goûts persistants du public; si cette
affirmation, provenant d'une partie intéressée, est peut-être
trop absolue, l'exposé que fait ce rapport des difficultés
rencontrées pour placer dans le public français des
valeurs industrielles françaises n'en reste pas moins très
intéressant. Aussi nous semble-t-il que, en dehors des conditions économiques, l'orientation de l'épargne vers les
émissions étrangères avant la guerre est, en premier lieu,
la résultante de la mentalité générale des capitalistes
français.

Ce n'est pourtant pas à dire que les banques ne peuvent
exercer une influence sur le choix des placements :
influence lente, certes, mais importante. Bien des gens
suivent en effet pour leurs achats de valeurs mobilières
les conseils de la banque — établissement de crédit ou
maison privée — dont ils sont les clients. Mais cette
influence est surtout importante pour le choix de telle ou
telle valeur dans un genre déterminé plutôt que pour le
choix du genre de placement. A ce point de vue, il est
incontestable que, de 1900 à 1914, les banques françaises
ont flatté les goûts du public, ont favorisé sa préférence
pour les valeurs à revenu fixe et à rendement élevé.
Loin de réagir et d'essayer de l'intéresser un peu plus
aux valeurs industrielles françaises, elles ont inconsidéré-
ment développé son goût pour les placements étrangers,
à tel point que, par la suite, elles ont parfois rencontré
des difficultés pour placer d'excellents titres industriels,

des emprunts coloniaux, fut-ce même des obligations de
nos grandes compagnies de chemins de fer. Si la mentalité propre des épargnants se trouve à la base de l'orientation des capitaux, il y a eu dans une certaine mesure, à
notre avis, réaction mutuelle du public sur les banques
et inversement. Mais l'allégation de Lysis, prétendant
que quelques établissements, quelques hommes même,
dirigeaient à leur gré l'épargne française, est, à notre
avis, sans valeur et méconnaît la complexité de la question.

Au point de vue plus spécial qui nous intéresse, cette
flatterie aveugle des goûts du public ne peut être imputée
que pour une faible part aux banques d'affaires, car elles
ne sont nullement en contact avec la masse des épargnants. Le placement des titres était surtout effectué par
les établissements de crédit à succursales multiples et les
banques de province : les banques d'affaires enregistraient
les résultats ainsi obtenus et se guidaient d'après eux
pour le choix de leurs opérations nouvelles.

Au point de vue du choix des régions d'expansion et
des entreprises financées, c'étaient au contraire les banques d'affaires qui avaient le rôle particulièrement actif.
Il est encore difficile, étant donné les bouleversements
provoqués par la guerre, de juger si leur choix a été judi-
cieux. Il est certain qu'elles ont parfois assuré les
emprunts d'États ou de provinces à finances suspectes,
mais il faut d'autant moins généraliser que la hausse, intervenue ces dernières années, des devises des pays dans
lesquels avant-guerre nous avions investi d'importants
capitaux — Argentine, Brésil, Égypte, Canada, et aussi
Japon, Hollande, Indo-Chine — a souvent permis aux

capitalistes français de rapatrier leurs capitaux avec de forts bénéfices.

D'ailleurs, la guerre mondiale étant venue sur bien des points dérouter les prévisions les plus légitimes, il faut, pour apprécier justement l'action des banques d'affaires, se reporter à la situation des divers pays avant 1914 (1). A ne considérer que les trois principaux champs d'expansion des banques — Argentine, Brésil, Russie —, il nous paraît indiscutable que, sous certaines réserves, l'expansion des banques d'affaires dans ces pays se justifiait pleinement.

L'Argentine et le Brésil, pays essentiellement agricoles encore au premier stade de leur développement économique, offraient en effet un champ d'action extrêmement intéressant pour les pays industriels à civilisation avancée. Ports et chemins de fer étaient à construire et l'industrie était inexistante ; par contre, la richesse agricole était grande et ces produits, largement exportés, facilitaient l'achat à l'étranger des produits fabriqués et du matériel divers nécessaires. De plus, la monnaie de ces Etats subissait en général une assez forte dépréciation et la prime au change du franc français facilitait l'investissement de capitaux dans ces pays, où le taux de l'intérêt

1. Il est à remarquer que les banques d'affaires n'ont pas du tout porté leur activité en Angleterre, ni dans les colonies anglaises (sauf au Canada), ni d'autre part en Allemagne (on ne peut guère citer que quelques fondations d'entreprises en Alsace-Lorraine). L'Angleterre est en effet richement pourvue en capitaux et n'admet aucune forme d'expansion étrangère sur son propre sol. Quant à l'Allemagne dont le développement industriel nécessitait d'amples ressources, elle voyait le marché financier français fermé à tous ses titres et ne pouvait se procurer sur la place de Paris que des capitaux à court terme en mettant des acceptations en pension.

était par ailleurs élevé. La population, peu dense encore, augmentait assez vite par suite d'une forte immigration et il était à prévoir que, peu à peu, avec le développement économique général, la prospérité des entreprises s'accroîtrait et que le change s'améliorerait, permettant ainsi aux capitaux français de réaliser un double bénéfice.

Toutefois, de telles perspectives ne pouvaient légitimer la plupart des émissions d'emprunts publics qui ont été effectuées pour le compte des Etats brésiliens et des provinces argentines, dont les finances étaient souvent dans un état lamentable. Elles ne justifiaient pas plus les émissions de titres de sociétés dotés d'une garantie d'intérêt de ces gouvernements estadoaux ou provinciaux qui manquaient par trop fréquemment à leurs engagements. De plus, il y avait, malgré tout, à notre avis, exagération des placements français dans ces pays.

De même, dans les premières années du XXe siècle, la Russie apparaissait comme une zone d'expansion incomparable. Vieux pays de civilisation assez arriérée dans l'ensemble, elle entreprenait de s'organiser économiquement sur le modèle des Etats modernes. Les chemins de fer étaient à construire et ce, sur des étendues considérables, les mines à exploiter et les richesses naturelles de la Russie étaient très importantes, le système bancaire à créer. Au point de vue agricole même, depuis la réforme de 1906, les sociétés foncières pouvaient avoir une activité illimitée en facilitant aux paysans par des prêts hypothécaires la mise en valeur des terres qui devenaient leur propriété personnelle. D'autre part, la Russie après sa défaite par le Japon, préparait d'importants armements militaires qui entraînaient de grandes commandes de matériel d'artillerie et d'équipements divers.

Or, dans le même temps, l'Alliance franco-russe était la base de la politique française en face de la Triple-Alliance. La France avait donc tout intérêt à ce que la Russie soit forte au point de vue militaire et naval. Certes, nous avons placé seize milliards en Russie — et, là aussi, il y avait, nous semble-t-il, une exagération, dans une certaine mesure, indéniable — et, en l'état actuel des choses, il n'est pas possible de savoir ce que vaut cette créance. Mais il faut bien reconnaître que le gouvernement français favorisait par tous les moyens les émissions de valeurs russes, que l'appui financier à la Russie et aux entreprises de ce pays était un peu considéré comme une œuvre nationale et que les perspectives d'avenir légitimaient, d'après l'opinion très générale, bien des espérances. De plus, ainsi que le faisait remarquer M. Pupin, à la réunion de la Société d'Economie Politique du 5 octobre 1920, si des capitaux considérables doivent être considérés comme provisoirement perdus, il faut tenir compte du rôle joué au début de la guerre par l'armée russe et se demander si, sans son intervention, aurait pu se produire la bataille de la Marne. Pourrait-on, par exemple, à cet égard, imputer à grief à l'Union Parisienne le remarquable appui financier qu'elle a donné, avant la guerre, à la grande métallurgie russe, pour la constitution de l'armement militaire et naval ?

Quant aux choix des affaires traitées à l'étranger, à côté de très brillantes créations, les banques d'affaires se sont parfois intéressées aux émissions d'entreprises de second ordre, n'offrant qu'une solidité relative. Certes, il faut faire la part de la fortune diverse des entreprises : quelque sérieuse que soit l'étude préalable et quelles que soient les chances de succès, les événements viennent, le cas échéant, décevoir les prévisions initiales. Mais dans l'ensemble, la politique des banques d'affaires n'était pas assez stricte au point de vue du choix des placements étrangers : elles envisageaient parfois trop exclusivement le côté opération financière à réaliser. D'autre part, notre système d'imposition des titres étrangers éloignait de notre marché les titres des grandes entreprises étrangères qui trouvaient facilement dans leur pays les capitaux nécessaires et ne voulaient pas par suite s'astreindre à payer les lourds droits d'abonnement et de timbre : il en a été ainsi pour la plupart des obligations de chemins de fer américains qui constituent aujourd'hui dans le portefeuille anglais un actif de tout premier ordre.

Un autre reproche qui doit être adressé aux banques d'affaires, c'est de n'avoir pas toujours suffisamment exercé sur place, par l'intermédiaire de gens nommés par elles, leur fonction de direction et de contrôle auprès de leurs diverses filiales lointaines. Des administrateurs résidant en France ne peuvent jouer à ce point de vue qu'un rôle insuffisant, et c'est ainsi que des entreprises qui auraient pu être prospères ont périclité, la direction locale n'étant pas à la hauteur de sa tâche. Toutefois, il est juste de dire que beaucoup avait été fait dans cette voie et que cette critique ne s'applique certes pas à la généralité des cas.

En résumé, envisagée au point de vue du nationalisme financier, la politique des banques d'affaires de 1900 à 1914 appelle quelques critiques et d'importantes réserves. Toutefois, elles ne sont responsables que dans une

faible mesure de l'orientation générale des capitaux français au cours de cette période et on ne saurait leur faire
un grief de faits qui étaient déterminés par les conditions
économiques à l'époque envisagée ou qui découlaient des
défectuosités de notre système bancaire général.

# TROISIÈME PARTIE

## LES BANQUES D'AFFAIRES PENDANT LA GUERRE

### CHAPITRE PREMIER

#### POLITIQUE D'AMORTISSEMENTS

La déclaration de guerre de 1914, ouvrant une crise sans précédent dans l'histoire, jetait une perturbation profonde dans la circulation des capitaux. Le décret du 1<sup>er</sup> août, limitant les retraits des dépôts-espèces et des soldes créditeurs des comptes-courants dans les banques, protégeait les établissements bancaires français contre une panique de leurs créanciers. Mais, par contre, le moratorium et la prorogation des échéances des effets de commerce et de toutes valeurs négociables permettaient aux débiteurs d'ajourner le paiement de leurs dettes ; de plus, l'ajournement de la liquidation du 31 juillet à la Bourse de Paris rendait indisponibles les capitaux employés en reports par les banques qui, d'autre part, ne pouvaient rapatrier les sommes dues par l'étranger. Les banques se trouvaient donc gravement atteintes, et, parmi elles, en particulier, les banques d'affaires.

De par la nature même de leurs opérations, celles-ci avaient en effet un portefeuille-titres très chargé et d'importantes participations financières. Or, la guerre mettait bien des entreprises en fâcheuse posture, sans compter celles qui se trouvaient en pays ennemi : les revenus du portefeuille allaient donc fortement diminuer. D'autre part, les cours des valeurs mobilières accusaient une baisse considérable, les réalisations de titres étaient à peu près impossibles et, par suite de l'arrêt brusque de toutes les émissions en cours, les banques se voyaient appliquer d'importantes participations syndicales qui grossissaient d'autant leurs immobilisations.

Alors que l'évaluation de ces éléments d'actif — titres et participations, et aussi avances diverses aux sociétés — était particulièrement incertaine, il était donc nécessaire de pratiquer de très larges amortissements, de façon à parer à toute éventualité. Les banques d'affaires françaises ont toutes adopté cette politique de prudence dans le but d'assainir leur situation financière et d'estimer les postes de leur actif avec la plus grande exactitude possible. Les unes, qui avaient déjà des réserves puissantes, ont pu immédiatement faire face à la totalité des dépréciations estimées, les autres, plus jeunes et moins bien armées, ont procédé par prélèvements successifs sur les bénéfices annuels.

La Banque de Paris et des Pays-Bas a affronté la crise dans une situation exceptionnellement brillante, puisque ses réserves se montaient à plus de 131 millions, 14 millions ayant en outre été reportés à nouveau fin 1913 : aussi a-t-elle pu facilement prendre toutes les mesures

nécessaires. « En vue d'asseoir la situation de la Banque
sur des bases qui soient de nature à donner toutes les
garanties désirables, dit le rapport à l'assemblée générale
du 31 mai 1915, nous estimons nécessaire de faire dès à
présent, au moyen de nos réserves antérieures, de très
larges amortissements portant à la fois sur les titres du
portefeuille et sur les différents articles de nos comptes
syndicats, participations et avances... Il est résulté de ces
diverses estimations des dépréciations qui portent l'ensemble des amortissements à effectuer tant sur le portefeuille
titre que sur les syndicats, participations et avances, au
chiffre total de 54.408.919 fr. 30 ». Cette somme considérable était fournie pour 14.146.132 francs par le report
de l'exercice 1913 et pour 40.262.787 francs par un prélèvement sur le fonds de prévoyance. Les bénéfices de
l'exercice 1914, soit 12.136.791 francs, ont été réservés
jusqu'à l'assemblée du 6 mars 1917 qui a décidé de prélever
4.888.772 francs sur cette somme pour nouveaux amortissements sur le portefeuille-titres, le solde étant réparti à
nouveau comme normalement. Le total des amortissements
effectués par la Banque de Paris et des Pays-Bas a donc
atteint *59.297.692 francs*.

L'Union Parisienne, qui avait près de 50 millions de
réserves et plus de 10 millions de report à nouveau, éva-
luait en 1915 à une vingtaine de millions la moins-value
de son actif. Elle a passé alors en amortissements la totalité de ses bénéfices pour 1914, soit 9.388.000 francs, et
constitué par prélèvement sur sa réserve spéciale une
provision de 11 millions. Cette provision a été augmentée
chaque année grâce aux bénéfices annuels, surtout lorsque l'important actif russe de l'Union Parisienne a été
atteint par les évènements qui ont bouleversé le vaste

empire. Au 1er janvier 1918, le montant de ces provisions — qui figurent au passif du bilan — atteignait *16 millions 886.802 francs* et les amortissements effectués sur les divers postes de l'actif et en dernier lieu sur le change rouble se chiffraient par *12.815.856 francs.*

Le Crédit Mobilier Français n'avait qu'une quinzaine de millions de réserves, mais ses immobilisations titres et participations étaient moins importantes que celles des établissements précédents. Dès décembre 1914, 2 millions 945.255 francs, prélevés sur les bénéfices étaient affectés à des amortissements sur le portefeuille-titres ; l'année suivante, le montant intégral des Réserves diverses, soit 14.965.847 francs, est passé en amortissements, ainsi que 1.001.467 francs prélevés sur les bénéfices de l'exercice. Au total, le montant des amortissements pratiqués par le Crédit Mobilier sur son portefeuille-titres et ses participations financières se monte donc à *18.912.570 francs.*

De même, pour l'exercice 1913-1914, la Banque Française a passé 6.095.534 francs en amortissements sur son portefeuille-titres et sur divers postes de l'actif et, pour l'exercice 1914-1915, 6.919.606 francs ont été affectés aux amortissements et 5 millions à une provision pour amortissements et dépréciations éventuels. Ces deux dernières sommes étaient constituées par les bénéfices de l'exercice et par le solde reporté des exercices antérieurs et, pour 6.900.000 francs par un prélèvement sur la Réserve supplémentaire. Au total, la Banque Française a donc pratiqué des amortissements pour un montant de *13 millions 015.140 francs* et constitué une provision spéciale qui a figuré au passif jusqu'à la fin de l'exercice 1918-1919, date à laquelle cette provision est venue se fondre dans les réserves ordinaires.

En 1914, les réserves du Crédit Français, jeune banque d'affaires, n'atteignaient pas encore **2** millions. Aussi n'a-t-il pas pu faire face immédiatement à la totalité des dépréciations et, de 1915 à 1919, s'est vu dans l'obligation de passer ses bénéfices annuels en amortissements dont le montant global s'élève à *12 millions* environ. Cet effort a d'ailleurs été insuffisant et, pour assainir sa situation, le Crédit Français a dû être réorganisé en 1919, son capital étant réduit de 10 millions puis reporté immédiatement au chiffre antérieur par l'émission de **25.000** actions nouvelles.

Les réserves de la Société Centrale des Banques de Province atteignaient bien à la guerre près de **8** millions, mais, en dehors de 2.500.000 francs pris sur ces fonds, cet établissement a pratiqué ses amortissements par des prélèvements successifs — 8.065.915 francs au total — sur les bénéfices annuels. Le montant total des amortissements effectués par la Société Centrale pendant la période de guerre est donc de *10.565.905 francs.*

La Société Générale, dont les réserves se chiffraient par près de **117** millions, se contenta en 1915 de reporter à nouveau le solde bénéficiaire de l'exercice mais, voyant la crise se prolonger, elle procéda en 1916 à la revision de tous les postes de l'actif. « Nous avons abouti ainsi, dit le rapport à l'assemblée générale du 30 mars 1916, à une dépréciation totale de *87.693.428 fr. 41* laquelle après attribution totale des profits s'élevant, comme il a été dit, à 21.150.777 fr. 64, se réduit à une somme de 66 millions 542.550 fr. 77, que nous vous demandons de prélever sur les réserves… Si vous approuvez ces propositions, notre réserve ordinaire se présentera, tous amortissements opérés, avec un chiffre encore appréciable de 50.704.855 fr. 58

et vous aurez ainsi, au prix d'un sacrifice momentané commandé par la prudence, assis sur une base forte et absolument saine la prospérité future de notre établissement ».

La politique d'amortissements suivie par les diverses banques d'affaires françaises au cours de la grande crise de la guerre montre donc bien de quel puissant intérêt sont pour ces établissements de fortes réserves. Certains d'entre eux, et parmi eux les plus importants, ont chiffré d'emblée les dépréciations survenues et en une ou deux fois ont pu effectuer les amortissements nécessaires (1). D'autres, au contraire, tels le Crédit Français et la Société des Banques de Province, plus jeunes et n'ayant pu encore constituer de puissants fonds de réserve, ont été obligés de procéder par prélèvements successifs, sans pouvoir présenter rapidement une situation assainie ; le Crédit Français même a été acculé à la fin de la guerre à une réorganisation financière. Ressentant profondément le contre-coup des crises, les banques d'affaires doivent par la constitution d'importantes réserves se mettre en mesure de franchir sans être ébranlées toute période difficile

1. L'Union Parisienne doit être rangée dans cette catégorie car, si elle a dû continuer pendant plusieurs années à augmenter ses amortissements et sa provision spéciale, c'est que la dépréciation de son important actif russe est allée en croissant dans les années qui ont suivi 1917.

# CHAPITRE II

## APPUI FINANCIER A L'ÉTAT FRANÇAIS

Les banques d'affaires ont donné aux émissions des grands emprunts nationaux de guerre le plus entier concours qui s'est chiffré par d'importantes souscriptions. L'appui financier qu'elles ont apporté à l'Etat français pendant la guerre s'est en outre manifesté principalement sous trois formes différentes : souscription pour elles-mêmes et pour leur clientèle de bons de la Défense Nationale, ouvertures de crédit à l'étranger et recherche des titres étrangers pouvant servir de moyens de change.

La souscription de quantités importantes de bons de la Défense Nationale ne rentre nullement en principe dans le cadre des opérations des banques d'affaires. Mais, pendant la guerre, certaines natures de placements à court terme ont vu leur importance diminuer singulièrement : ce sont d'une part les reports, par suite de la fermeture du marché à terme, d'autre part les opérations d'escompte, en diminution considérable, au début, par suite de l'arrêt des affaires et, ultérieurement, parce que l'habitude s'était implantée, grâce à la masse des moyens de paiement en circulation, de payer comptant et non par traites. Obligées à garder des disponibilités d'autant plus importantes que l'on traversait des circonstances anormales, les banques d'affaires ont trouvé dans les bons de la Défense Nationale un excellent emploi pour leurs capitaux exigibles. D'autre part, vu l'instabilité des valeurs mobilières au cours de cette période, leur clientèle de capitalistes employait une grande partie de ses disponibilités en placements de ce genre. Aussi les banques d'affaires ont-elles apportées à l'Etat français un concours qui, pour être très inférieur à celui des grands établissements de crédit, n'en est pas moins très important.

Les banques envisagées n'ont pas mentionné dans leurs rapports — sauf exception — le montant global des bons placés par leur intermédiaire ; dans leurs bilans même, le chiffre des bons de la Défense Nationale figure souvent confondu avec d'autres éléments, tels le portefeuille-effets. Le tableau suivant donne (en millions de francs) le montant de ces postes divers suivant les banques :

| Exercices | Paris et Pays-Bas — Portefeuille-effets du siège social sur la France et bons de la D. N. | Union Parisienne — Portefeuille-effets et bons de la D. N. | Crédit Mobilier — Bons de la D. N. | Banque Française — Bons de la D. N. | Crédit Français — Portefeuille-effets et bons de la D. N. | Société Centrale — Bons de la D. N. et rentes | Société Générale — Portefeuille-effets et bons de la D. N. |
|---|---|---|---|---|---|---|---|
| 1915 | 30,1 | 26 | » | 78,1 | 13.7 | 13,3 | 283,5 |
| 1916 | 78,1 | 64,2 | 37,7 | 68,6 | 19,3 | 23,5 | 413,3 |
| 1917 | 92,7 | 104 | 60,4 | 73,3 | 24,3 | 51 | 795,7 |
| 1918 | 122,6 | 119,9 | 39,8 | 94,3 | 30 | 107,9 (1) | 1200 |

1. Y compris portefeuille-effets.

Les achats considérables effectués par la France à l'étranger pendant la guerre auraient entraîné une forte baisse du change français, si l'on n'avait cherché par divers moyens à les stabiliser. En premier lieu, le gouvernement français s'est fait ouvrir dans divers pays des crédits à long terme, grâce à l'appui de la Banque de France, des grandes banques, de puissants groupements industriels et même de villes importantes, telles Lyon et Marseille. Les deux principales banques d'affaires — Paris et Pays-Bas et Union Parisienne — qui avaient acquis une brillante situation dans nombre de pays étrangers et qui y possédaient des filiales bancaires, ont joué à cet égard un rôle tout à fait intéressant. Ce sont elles qui ont négocié la plupart des ouvertures de crédit que le gouvernement français garantissait et dont le montant était ensuite réparti entre les grands établissements de la place de Paris.

Ces opérations de change à terme garanties ont commencé en 1915 mais ce n'est qu'en 1916, avec leur développement, que la Banque de Paris et l'Union Parisienne, en ont fait mention dans leurs bilans.

*Montant des opérations de change à terme garanties*

| Bilan au 31/12 | Banque de Paris et des Pays-Bas | Union Parisienne |
|---|---|---|
| 1916 | 71.505.000 | 80.033.250 |
| 1917 | 82.217.000 | 80.872.000 |
| 1918 | 93.342.000 | 56.056.790 |

La Banque Française a bien pris des participations dans diverses opérations de ce genre mais elle ne les fait apparaître dans son bilan qu'en 1918 pour 20.680.000 francs. Cette même année, le Crédit Mobilier participe à son tour à ces ouvertures de crédit pour 14.850.000 francs. La Société Générale, enfin, mentionne bien son concours à ce genre d'opérations mais sans faire figurer ce poste dans ses bilans.

Les principales de ces opérations de crédit ont été effectuées en Angleterre, aux Etats-Unis, en Suède, en Norvège, au Danemark, en Suisse, en Hollande et en Espagne. La Banque de Paris a joué un rôle particulièrement intéressant par l'intermédiaire de ses succursales à Amsterdam et à Genève. De 1916 à 1918, la succursale d'Amsterdam donne son concours à l'ouverture d'un important crédit destiné à faire face à des dépenses de ravitaillement pour les régions envahies. « Ce crédit, dit le rapport pour 1916, a été consenti par des banques hollandaises à un groupe d'établissements français dont nous-même faisons partie ». D'autre part, en 1917-1918, la succursale de Genève coopère à la réalisation de crédits obtenus en Suisse pour le paiement d'importations nécessaires à la France. Une convention économique était en effet intervenue en 1917 entre le gouvernement français et le gouvernement fédéral suisse. « A cette convention, dit le rapport de la Banque de Paris pour 1917, se rattachaient des stipulations financières pour la réalisation desquelles notre gouvernement s'est adressé à un groupe d'établissements français dont nous faisons partie. Notre succursale de Genève a été chargée de centraliser les opérations relatives à ces stipulations dont l'extension fait actuellement l'objet des négociations entre les deux gouvernements ». Par ailleurs, la Banque de Paris a pris en 1918 une part importante aux négociations avec un consortium de banques espagnoles pour une ouverture de crédit de 350 millions de pesetas.

Quant à l'Union Parisienne, elle fit aboutir en 1915 une ouverture de crédit à long terme, consentie par un groupe des premières banques américaines à un consortium d'établissements français, pour le compte de MM. Schneider et Cie et avec leur garantie et celle du gouvernement français. Ce crédit, initialement de 30 millions de dollars, fut porté à 45 millions l'année suivante et remboursé au cours des années 1917 et 1918.

La seconde mesure prise par le gouvernement français pour stabiliser les changes a été de vendre les titres étrangers qu'il pouvait se procurer ou de les affecter à la garantie d'opérations de change. La loi du 5 mai 1916 a permis à l'Etat de se faire prêter des titres étrangers possédés par des Français avec faculté de les acheter s'il y avait lieu. Or, pour la recherche et la centralisation de ces titres dont beaucoup avaient été émis par elles, les banques d'affaires apportaient un important concours et facilitaient les investigations. Leurs rapports font mention de ce fait à maintes reprises :

« ... des crédits obtenus... ainsi que le rachat des titres américains placés en France, ont permis d'atténuer, au point de vue du change, les conséquences des paiements à faire à l'étranger pour les importations qui nous sont nécessaires... La Banque de Paris et des Pays-Bas a participé à ces opérations et son intervention a été particulièrement importante pour celles qui ont eu pour objet le rachat des titres américains à l'introduction desquels elle avait, il y a quelques années, donné son concours (Rapport Banque de Paris, exercice 1915).

« ... Nous avons répondu à l'appel du ministre des Finances en recommandant à nos clients porteurs de titres spécialement désignés par le Trésor de prêter ces titres à l'Etat qui s'est réservé le droit de les affecter à la garantie des opérations de change qui lui seraient consenties ou des crédits qui lui seraient ouverts » (Banque de Paris, rapport exercice 1916).

« Nous avons également continué à donner notre concours le plus empressé pour le rachat et pour le prêt de titres mis à la disposition de l'Etat en vue de lui faciliter ses opérations de change ou de crédits à l'étranger (Rapport Banque de Paris, exercice 1917).

« Nous avons également tenu nos guichets toujours ouverts au public pour le rachat et le prêt de titres de pays neutres à l'Etat, afin de lui faciliter ses paiements à l'étranger et ses opérations de change » (Crédit Mobilier, rapport exercice 1917-1918).

« Nous avons donné notre concours aux opérations effectuées sur l'initiative du gouvernement français ou de la Banque de France, en vue d'améliorer le change : prêts au gouvernement français de titres de pays neutres, ouvertures de crédit à l'étranger » (Banque Française, rapport exercice 1915-16).

« Nous nous sommes appliqués à développer les prêts au gouvernement français de titres de pays neutres » (Banque Française, rapport exercice 1916-1917).

« Nous avons donné un large appui aux opérations de prêts de titres de pays neutres » (Société Centrale des Banques de Province, rapport exercice 1916).

# CHAPITRE III

## ACTIVITÉ FINANCIÈRE DES DIVERSES BANQUES
## D'AFFAIRES

Le bouleversement des conditions générales provoqué par la guerre a entraîné pour les banques d'affaires des modifications profondes de leur activité, tant au point de vue des opérations d'émission qu'à celui des opérations de financement.

La déclaration de guerre arrêta en effet les émissions en cours dont les soldes implacés vinrent grossir les participations et les portefeuilles-titres des banques. La Bourse fut fermée et, lors de sa réouverture, quelques mois après, pour le marché au comptant seulement, les transactions furent très rares. Les cours avaient subi une baisse énorme et ils n'esquissèrent que bien lentement par la suite une marche ascendante. L'incertitude des événements faisait courir aux diverses entreprises de trop gros aléas pour qu'elles puissent songer à faire des appels à l'épargne. De plus, toute une catégorie d'émissions, celle des emprunts publics étrangers, n'était plus de mise sur le marché français et les banques d'affaires perdaient là une source importante d'opérations.

D'autre part, avec l'arrêt des affaires, la mobilisation

générale et l'occupation des régions du Nord et de l'Est, la puissance d'absorption des capitalistes était fort réduite et l'épargne, mise en défiance, ne pouvait être tentée que par des valeurs tout à fait sûres. Or, l'Etat français, dont les besoins financiers étaient énormes, commençait la série de ses emprunts de guerre : par l'émission de titres de rente et aussi de bons et obligations de la Défense Nationale, il drainait la plus grande partie des disponibilités du pays. Le tableau suivant indique le montant (nominal) des émissions de fonds publics français au cours de la période de guerre et le montant des bons et obligations de la Défense Nationale en circulation aux dates indiquées.

| Années | Fonds d'Etat français, de départements et de villes | Dates | Bons et obligations de la D. N. en circulation |
|---|---|---|---|
| 1915 | 15.204.960.000 | 31 octobre 1915 | 8.533.000 000 |
| 1916 | 11.513 978.000 | 30 septembre 1916 | 15.074.000.000 |
| 1917 | 15.435.096.000 | 15 août 1917 | 20.211.000.000 |
| 1918 | 30.690 456.000 | 31 octobre 1918 | 30.000.000.000 |

Ainsi que nous l'avons vu, les banques d'affaires ont largement participé à ces émissions d'emprunts mais, au point de vue de leur activité générale, ce n'est là qu'une opération de placement, qu'un travail à la commission.

Par suite de la durée inattendue de la guerre et des nécessités de la défense, une reprise se manifesta pourtant bientôt. Les commandes de l'Etat affluant, la production industrielle se ranima rapidement. Il fallait songer à l'intensifier et à l'organiser de façon à obtenir le maximum de rendement : les banques d'affaires ont joué à ce double point de vue un rôle des plus intéressants.

Très restreintes dans l'ensemble en 1915 et 1916, les opérations de participation et les créations nouvelles reprennent en effet une assez grande importance en 1917 et 1918. Les besoins de la défense nationale augmentaient sans cesse, exigeant le développement des entreprises dont les fonds de roulement devaient d'ailleurs croître avec la dépréciation de la monnaie et avec la hausse des prix résultant de l'inflation fiduciaire. D'autre part, les affaires financières et industrielles présentaient alors à nouveau une stabilité relative, de plus en plus accentuée au fur et à mesure que « l'on s'installait dans la guerre », et les émissions de leurs titres purent reprendre une certaine ampleur.

C'était donc pour les banques d'affaires un changement complet d'orientation : elles délaissaient les emprunts étrangers, éloignés par les circonstances du marché financier français, les émissions des crédits fonciers et des grandes entreprises de travaux publics qui formaient la base de leur activité antérieure, pour se consacrer à la production industrielle du pays en accord avec les besoins de la défense.

— La *Banque de Paris et des Pays-Bas* s'est en premier lieu consacrée au cours de cette période aux très grandes entreprises métallurgiques et électriques. Elle participe à l'augmentation du capital de la Société des usines métallurgiques de la Basse-Loire, aux émissions d'actions et d'obligations de la Société des Forges et Aciéries de la Marine et d'Homécourt et à celle des obligations des Etablissements Delaunay-Belleville Notre marine marchande étant déclinée par la guerre, elle donne en particulier son concours aux entreprises métallurgiques spécialisées dans les constructions navales. C'est ainsi qu'elle prend une large part à l'émission d'obligations de la Société des Chantiers et Ateliers de la Loire et à l'augmentation de capital de la Société des Chantiers navals français dont il est dit dans le rapport pour l'exercice 1918 : « L'accroissement du tonnage de notre matériel naval est l'un des objets sur lesquels se porte au premier rang l'attention des pouvoirs publics, ainsi que celle de notre commerce et de notre industrie. C'est pour répondre à cette préoccupation que nous avons donné notre concours à l'augmentation de capital à laquelle a procédé la Société des Chantiers navals français ».

Parallèlement à cet appui donné aux Sociétés de constructions navales, la Banque de Paris a participé aux augmentations de capital d'entreprises de transports maritimes, la Compagnie des Chargeurs réunis et la Compagnie Générale Transatlantique.

En ce qui concerne l'industrie électrique, la Banque de Paris a donné son concours aux augmentations de capital de la Société pour l'exploitation des procédés Thomson-Houston, de la Compagnie française de Télégraphie sans fil, de la Compagnie française des Câbles télégraphiques et aux émissions d'obligations ou de bons de la Compagnie d'électricité de l'Ouest Parisien et de la Compagnie des Tramways de l'Est Parisien.

Mais il était une industrie qui, étant donné les conditions de la guerre moderne, avait une importance primordiale au point de vue de la défense nationale : c'était l'industrie chimique. Avant 1914, elle était encore embryonnaire et ne pouvait lutter contre les puissantes organisations allemandes. Un grand effort a été fait au cours de la guerre pour implanter cette industrie en France sur de larges bases et, en premier lieu, a été constituée la Compagnie Nationale des matières colorantes et des produits chimiques. Cette société a été fondée, d'accord avec le gouvernement, par un groupement d'entreprises intéressées dans l'industrie chimique et par un syndicat des principales banques. C'est la Banque de Paris qui a constitué ce syndicat et a dirigé l'émission des 60.000 actions de la Compagnie offertes au public, en dehors des 20.000 souscrites par le groupe industriel fondateur. Dans le même ordre d'idées, elle a participé à l'augmentation de capital de la Compagnie des produits chimiques d'Alais et de la Camargue.

Dans des domaines divers, la Banque de Paris a effectué quelques très intéressantes opérations financières. En vue de la reprise du commerce international, elle constitue le Comptoir National Economique, qui a pour objet les opérations d'importation et d'exportation. De concert avec quelques autres établissements, elle fonde la Société française des Réassurances générales et prend une participation dans une Société d'étude pour la recherche du charbon dans la région de la Mure. Enfin, elle assure l'émission d'obligations de la Société des automobiles Delaunay-Belleville.

D'autre part, la Banque de Paris a donné à l'industrie nationale un intéressant concours sous forme d'ouvertures de crédit. Toutefois, le montant de ses avances sur garanties diminue de moitié par rapport à 1913 et ses comptes courants débiteurs varient de 96 à 139 millions contre 237 en 1913. Mais cette dernière différence provient, pour 30 millions environ, de l'imputation aux « Fonds disponibles dans les banques » de sommes figurant en 1913 et auparavant dans les comptes courants. En outre, il faut remarquer que ces comptes étaient formés avant-guerre pour une large part, de beaucoup la plus grande même, d'avances aux filiales étrangères ou aux Etats : or, les avances aux gouvernements étrangers ont cessé avec la guerre et, pour pouvoir soutenir plus efficacement l'industrie nationale tout en ayant une large trésorerie, la Banque de Paris a cherché à restreindre les découverts consentis aux sociétés étrangères. Par là s'explique la diminution de ces postes, alors que les ouvertures de crédit à l'industrie nationale étaient bien en augmentation.

A l'étranger, la Banque de Paris a donné son appui financier à des sociétés métallurgiques travaillant dans les pays alliés pour les besoins de la guerre : telles la Société des Usines Maltzoff, en Russie et la Société des Hauts-fourneaux, forges et aciéries de Piombino, en Italie, dont elle effectue les augmentations de capital. Par ailleurs, elle participe à l'émission d'obligations du chemin de fer franco-éthiopien de Djibouti à Addis-Abeba.

C'est au Maroc que son action, quoique fort ralentie par la guerre, a été la plus intéressante. La Banque de Paris prend en effet une large part à l'émission d'obligations de la Société Internationale de Régie des Tabacs au Maroc et à la fondation de la Compagnie franco-espagnole du chemin de fer de Tanger à Fez. « La constitution de la ligne de Tanger à Fez, dit le rapport pour 1916, est appelée à contribuer au développement économique du pays : en prenant part à la souscription du capital de cette Compagnie, nous avons donné une nouvelle preuve de l'intérêt que nous avons toujours porté depuis 1902 aux affaires marocaines, afin de seconder les vues et l'action du gouvernement français ». De plus, la Banque a dirigé, à la tête du consortium français formé en 1902, l'émission de l'emprunt marocain 5 0/0 1918 de 204 millions de francs.

En ce qui concerne ses nombreuses et importantes sociétés filiales à l'étranger, crédits fonciers et entreprises de travaux publics principalement, la Banque de Paris n'a effectué qu'exceptionnellement des émissions nouvelles pour leur compte : on ne peut guère citer que l'émission de bons de la Compagnie des chemins de fer de Santa-Fé. Mais elle a exercé vis-à-vis de ces entreprises, dans toute la mesure où les événements le lui permettaient, son rôle de surveillance et de direction et, à ce point de vue, elle a en particulier porté ses efforts sur la réorganisation de la Brazil Railway Cy.

— Dès avant guerre, nous l'avons vu, l'*Union Parisienne* avait particulièrement tourné son activité vers l'industrie métallurgique et s'était liée avec le groupe Schneider du Creusot. Elle se trouvait donc au premier plan pour assurer le développement de ces entreprises qui, du fait de la guerre, prenaient une importance primordiale. L'effort de la Banque de l'Union a été à cet égard tout à fait remarquable. Elle donne son appui financier aux Etablissements Schneider — « la formidable activité déployée par leurs divers ateliers, et qui est de notoriété publique, constitue un des plus importants facteurs de la défense nationale », dit le rapport de 1915 — et à la Société d'outillage mécanique et d'usinage d'artillerie, filiale des Etablissements Schneider, qui double son capital pour absorber les usines Champigneul. Elle crée la Société Normande de Métallurgie, dont elle émet par la suite les actions nouvelles, les obligations et les bons, et assure les augmentations de capital de la Société Horme et Buire, des Mines, forges et fonderies d'Alais, de la Société des moteurs à gaz et d'industrie mécanique, de la Compagnie Le Matériel Roulant. Au point de vue des constructions navales, elle fonde successivement la Société Provençale, qui a pris à bail les chantiers de construction de la Ciotat et assure les réparations du matériel naval de la Compagnie des Messageries Maritimes, et la Société Normande et elle effectue les émissions d'actions et de bons des Ateliers et Chantiers de la Gironde.

De plus, l'effort de l'Union Parisienne en France s'est doublé de l'appui qu'elle a donné au groupe d'entreprises métallurgiques russes dans lesquelles elle était déjà intéressée : « ... les différentes entreprises auxquelles nous avons donné notre concours, dit le rapport à l'assemblée de 1915, contribuent dans une mesure des plus considérables à l'armement de nos vaillants et fidèles alliés russes. La Société des usines Poutiloff, la Société russe pour la fabrication de munitions et d'armements, la Société Baranowsky (fabrication de douilles, fusées et poudres), la Société russo-baltique de constructions navales, la Société russe de construction (port de Revel), ont de très importantes commandes de matériel de guerre, de constructions navales et de munitions qui leur promettent une activité fructueuse pendant plusieurs années ».

En ce qui concerne les entreprises électriques, la Banque de l'Union donne son concours aux augmentations de capital de l'Energie électrique du littoral méditerranéen, de l'Energie électrique du Sud-Ouest, de la Société d'éclairage électrique et de la Compagnie française Thomson-Houston. Son action au point de vue de l'industrie chimique n'est pas moins importante : elle prend une large part à la constitution de la Compagnie Nationale des matières colorantes et aux émissions d'actions et d'obligations de la

Société de l'Air liquide et de la Compagnie des produits chimiques d'Alais et de la Camargue.

Les difficultés de ravitaillement au cours de la guerre ayant démontré l'utilité d'intensifier notre production agricole et d'assurer une meilleure répartition des produits de l'élevage, l'Union Parisienne effectue deux opérations intéressantes : d'une part, création de la Société nationale de matériel agricole, d'autre part, réorganisation de la Société d'abattoirs et d'entreprises frigorifiques dont le capital est porté de 1 à 10 millions.

Enfin, en dehors d'émissions diverses, il faut signaler la participation prise par l'Union Parisienne dans le Crédit Commercial de France. Cet établissement de crédit a, en effet, absorbé la Banque de Bordeaux avec laquelle la Banque de l'Union était particulièrement liée et a réservé à celle-ci une part dans l'augmentation de son capital qu'il a porté à cette occasion de 45 à 80 millions. Au point de vue de sa force de placement, c'est là pour l'Union Parisienne une opération extrêmement intéressante.

D'autre part, la Banque de l'Union a largement financé les industries nationales sous forme d'ouvertures de crédit. De 112 millions en 1913, le total de ses comptes courants débiteurs et de ses avances sur garanties, après avoir fléchi à 87 millions, se relève rapidement jusqu'à 173 millions en 1918. Si l'on tient compte du fait que les avances aux filiales étrangères étaient restreintes dans la mesure du possible, il y a là une augmentation très sensible. D'ailleurs, les rapports annuels font maintes fois mention de l'importance de ces avances, entre autres :

« Le volume et l'activité de nos opérations de banque, dirigées principalement vers les entreprises industrielles, ont pris au cours de l'exercice considéré un notable développement, ainsi qu'en témoigne le total de notre bilan (389 millions contre 248 en 1915) » (Rapport exercice 1916). « ... La Banque et son groupe ont consenti des crédits pour un montant total de 158 millions à des sociétés industrielles diverses » (Rapport exercice 1917).

En dehors de l'appui financier à la grande métallurgie russe, que nous avons déjà mentionné, car il est tout à fait parallèle au concours donné à la métallurgie française, et en dehors de sa participation dans les émissions marocaines comme membre du consortium, les opérations actives de l'Union Parisienne à l'étranger ont été relativement peu importantes. Cependant elle fonde en 1917, avec un groupe d'industriels espagnols, français et belges, la Société espagnole de constructions électro-mécaniques (fabrication à Cordoue de cuivre électrolytique et de matériel électrique) et assure les augmentations de capital de la Société des caoutchoucs de Padang et de la Compagnie de l'Est Asiatique Danois.

Mais son action de direction et de contrôle a été très importante. Les rapports annuels passent en revue la situation de ses entreprises filiales à l'étranger et rendent compte, s'il y a lieu, des efforts faits pour améliorer leur marche. C'est ainsi que la Banque de l'Union suit d'année en année la situation de la Compagnie française de tramways et d'éclairage électrique de Shanghaï, de l'Astra Romana, de la Compagnie des chemins de fer de la Province de Buenos-Aires, du groupe des entreprises métallurgiques russes, de la Société russe des Embranchements de chemins de fer, de la Société foncière Cheremeteff, de la Société pour la production et le commerce du raisin de Corinthe, de la Société Financière Franco-Américaine et, au point de vue des banques, de ses filiales mexicaines et balkaniques, de la Banque d'Haïti, de la Banque Hypothécaire Franco-Argentine et de la Société Générale de Belgique.

En outre, l'Union Parisienne entreprend la réorganisation de la Compagnie des chemins de fer de la Province de Buenos-Aires, à laquelle un concordat est consenti au début de 1919, et elle intervient auprès des gouvernements respectifs pour améliorer la situation de la Banque d'Haïti et des banques mexicaines. Pour ces dernières, elle délègue l'un de ses administrateurs, M. Georges Heine, pour la représenter au Comité Anglo-Franco-Américain, constitué en vue de la restauration économique et financière du Mexique et de la protection des intérêts engagés dans ce pays par les nationaux américains, britanniques et français. Enfin, une des filiales de l'Union, la Société Financière Franco-Américaine, profite d'une hausse des valeurs américaines composant son portefeuille pour réaliser son actif et entrer en liquidation en 1916.

— Le *Crédit Mobilier Français* pratique au début de la guerre une politique très réservée. Il prend bien part à la plupart des grandes opérations financières effectuées sur la place de Paris, mais il n'en dirige pas lui-même et limite ses participations. Par ailleurs, il réduit peu à peu ses immobilisations financières : le montant de son portefeuille-titres et de ses participations est en diminution constante de 1914 à 1917 inclus. C'est ainsi qu'il conclut un accord avec la Compagnie Générale Transatlantique : le Crédit Mobilier avait en effet droit à 25 0/0 de l'excédent des bénéfices de cette société après répartition aux actions de 3.200.000 francs et il avait fait cession de ces avantages à une société civile dont il possédait la presque totalité des actions ; ces droits ont été rétrocédés à la

Compagnie Générale Transatlantique pour le prix de
5 millions de francs. De même, le Crédit Mobilier liquide
avec bénéfice, en 1916, ses intérêts dans la Sucrerie Centrale de Coloso, par vente de ses titres et de ceux des
porteurs français à un groupe de propriétaires producteurs de sucre à Porto-Rico ; et il ajoute dans son rapport
pour l'exercice 1915-16 : « ... Nous poursuivons encore le
règlement d'autres opérations dans lesquelles nous sommes intéressés, mais nous ne pouvons vous en entretenir
à l'heure actuelle : les négociations ne sont pas terminées
et ne pourront sans doute recevoir de solution qu'un peu
plus tard ». Le bilan de l'exercice suivant accuse en effet
une diminution de près de 5 millions sur les postes titres
et participations.

Mais, dès 1917, l'activité du Crédit Mobilier est en sensible reprise : ses créations sont peu nombreuses mais très
intéressantes. Il prend une part très active à la Constitution de la Compagnie Nationale des matières colorantes et
effectue deux importantes fondations : celle de la Compagnie générale de construction de locomotives (Batignolles-
Châtillon) — « cette affaire est la première que nous ayons
faite nous-mêmes, directement, depuis un certain temps »,
(dit le rapport pour 1916 17) — et celle de la Compagnie
générale de constructions navales. Il effectue le placement des obligations de ces deux sociétés, de concert avec
la Société Générale, et prend part à la garantie d'augmentation de capital et au placement des actions nouvelles de la Compagnie Générale Transatlantique.

En outre, le Crédit Mobilier acquiert en 1917 un lot
important d'actions de la Société Générale dans le conseil
de laquelle entrent deux de ses administrateurs,
MM. J.-C. Charpentier et Edouard Gouin, et aussi

M. Dupuis, président du conseil de la Société métallurgique de Montbard-Aulnoye, entreprise qui fait partie du
groupe industriel du Crédit Mobilier. Le Crédit Mobilier se
liait ainsi avec l'un des grands établissements de crédit
à succursales multiples, ce qui, au point de vue de sa force
indirecte de placement. et de l'ampleur des opérations
qu'il peut envisager, offre un intérêt de premier ordre.
Nous venons de voir précisément que les émissions d'obligations des deux sociétés métallurgiques fondées au cours
de la guerre par le Crédit Mobilier ont été réalisées de
concert par les deux établissements.

Au point de vue des ouvertures de crédit, les comptes
courants débiteurs du Crédit Mobilier — 41 à 48 millions
— sont en sensible diminution sur ceux de 1913 — 92 millions — et à peine égaux à ceux de 1911 et 1912. C'est que,
plus encore que la Banque de Paris, le Crédit Mobilier a
pratiqué une politique de restriction des avances consenties à ses filiales étrangères, politique parallèle d'ailleurs
à celle de réalisation de ses immobilisations financières.
Cette diminution du montant global n'implique donc nullement un affaiblissement de l'appui financier donné à
l'industrie nationale sous forme d'ouvertures de crédit.

— Au cours de la guerre, la *Banque Française* n'a dirigé
que rarement des constitutions d'entreprises nouvelles
mais elle a pris des participations très importantes dans
des opérations de financement et d'émission. Au point de
vue de l'industrie métallurgique, elle prend une large
part aux augmentations de capital des Tréfileries et Laminoirs du Havre, dont elle émet en outre des obligations,
des Forges et Aciéries de la Marine et d'Homécourt, des
Usines métallurgiques de la Basse-Loire et des Etablissements Hotchkiss, aux émissions d'obligations des Etablis-

sements Delaunay-Belleville, de la Compagnie française
des Métaux, de la Société le Matériel Roulant et des Forges et aciéries électriques Paul Girod. Elle donne son concours à la fondation de la Société générale de construction
de locomotives, de la Compagnie générale de constructions navales et de la Société normande de constructions
navales et à l'augmentation de capital des Chantiers
navals français. Dans cet ordre d'idées, c'est elle qui réalise, à la tête d'un syndicat, l'augmentation de capital de
la Compagnie Générale Transatlantique.

En second lieu, l'activité de la Banque Française s'est
portée vers les entreprises électriques. Elle effectue les
émissions d'actions nouvelles et d'obligations de l'Energie
électrique du littoral méditerranéen et de l'Energie électrique du Sud-Ouest, donne son concours aux augmentations de capital de la Compagnie Thomson-Houston et de
la Compagnie générale de Télégraphie sans fil et aux
émisssions d'obligations de la Société des forces motrices
de la Vienne et de la Compagnie d'électricité de l'Ouest
Parisien.

Elle s'intéresse aussi à l'industrie chimique et participe
à la création de la Compagnie Nationale des matières
colorantes et aux émissions d'actions et d'obligations de la
Compagnie des produits chimiques d'Alais et de la Camargue et de la Compagnie des produits aromatiques, chimiques et médicinaux. Au point de vue de l'industrie
automobile, elle donne son concours aux émissions des firmes Delaunay-Belleville, Lorraine-Dietrich et Hotchkiss.

Dans des domaines divers, la Banque Française effectue,
soit seule, soit en participation, quelques intéressantes
opérations : fondation de la Caisse foncière de prêts, dont
l'objet est de consentir les avances nécessaires aux cons-

tructions de logements ouvriers, constitution de la Compagnie française des Réassurances générales, augmentation de capital de la Société française des Carburants, prélude de la grande politique du pétrole d'après-guerre. Enfin elle prend une part importante à l'augmentation de capital de la Banque Nationale de Crédit, resserrant encore ainsi les liens qui l'unissaient à cet établissement dont l'essor a été tout à fait remarquable.

Par ailleurs, la Banque Française développe ses avances sur garanties et ses comptes courants débiteurs dont le total varie de 39 à 43 millions contre 36 seulement en 1913 et qui sont consenties pour la majeure part aux industries travaillant pour la défense nationale. Parlant de la reprise des affaires parmi ces sociétés industrielles, le rapport pour l'exercice 1915-16 dit en effet : « ... Nous nous sommes attachés à participer à ce mouvement. Nous avons ainsi trouvé l'occasion d'étendre nos crédits, de faciliter les besoins de trésorerie de notre clientèle, en un mot de donner à nos affaires une activité nouvelle... » Ce fait est encore souligné dans le rapport suivant : « Nous avons accordé des crédits sous forme d'avances, d'acceptations et d'escompte à des sociétés ou maisons en vue de commandes exceptionnelles se rapportant pour la plupart à l'armement et au ravitaillement du pays ».

A l'extérieur, en dehors de son concours à l'émission d'obligations de la Compagnie du chemin de fer Franco-Ethiopien, la Banque Française limite son action au Maroc : membre du consortium marocain, elle participe largement à la création de la Compagnie franco-espagnole du chemin de fer de Tanger à Fez et à l'émission de l'emprunt marocain 1918.

De 1914 à 1918, l'activité financière du *Crédit fran*

çais est singulièrement réduite : il évite de s'engager dans d'importantes participations nouvelles et se contente de concourir à la réalisation d'émissions diverses. Par contre, il donne un intéressant appui aux industries nationales sous forme d'ouvertures de crédit : le montant de ces avances croît en effet de façon sensible, atteignant en 1917 54 millions contre 29 en 1913. Les rapports successifs font mention de l'importance de ce concours ; il est dit par exemple : « Nous avons prêté notre appui aux industries de la défense nationale ; nous avons le plaisir d'avoir aidé à l'établissement et au développement d'entreprises dont certaines comptent aujourd'hui parmi les plus considérables du pays » (Rapport pour l'exercice 1916). — « Nous continuons notre appui le plus large aux industries de la défense nationale ; l'augmentation de 10 millions environ que vous constatez dans les comptes courants débiteurs concerne principalement les affaires nouvelles de cette catégorie que nous avons traitées » (Rapport pour l'exercice 1917).

Par suite de l'importance relative de ses immobilisations financières qui, en 1914, n'étaient guère inférieures à ses ressources propres et atteignaient la moitié de son actif, le Crédit Français n'avait plus en effet de disponibilités suffisantes et sa trésorerie était embarrassée. Sa politique a consisté alors à réduire ses participations et son portefeuille-titres, le produit de ces réalisations lui permettant de financer les entreprises industrielles sous-forme d'avances : de 44 millions en 1915, le montant du portefeuille-titres descend à 19 en 1918 et les participations n'atteignent plus à cette date que quelques centaines de mille francs contre 5 millions en 1914.

Parmi les réalisations effectuées par le Crédit Français,

se place celle de ses actions de la Compagnie Sud-Atlantique. Ces titres provenaient de l'augmentation de capital de cette compagnie assurée en 1914 par le Crédit Français et qui n'avait eu qu'un faible succès : ils ont été cédés à la Compagnie des Chargeurs Réunis qui prenait ainsi le contrôle de la Compagnie Sud-Atlantique. Par ailleurs, le Crédit Français vend à un groupe russe sa participation dans la Banque Russo-Française et réalise ses actions de deux compagnies de chemins de fer et sa participation dans une affaire immobilière à Petrograd. Mais la plus importante liquidation effectuée est celle de ses intérêts dans diverses banques régionales ou locales — Crédit du Sud-Ouest, Crédit du Rhône et du Sud-Est... — dont les titres figuraient à son bilan pour 14 millions environ. Le rapport pour 1917 dit à ce propos : « La rubrique Actions banques filiales en France a disparu du bilan qui vous est soumis. Ce n'est pas sans hésitation que nous nous sommes séparés de notre réseau de banques provinciales ; mais le programme que nous nous étions tracés à l'origine du Crédit Français répondait évidemment à une situation différente de celle que les événements ont créée et nous imposait une lourde immobilisation,.. »

A l'étranger, le Crédit Français ne prend, au cours de cette période, aucune participation nouvelle. Son action se borne à diriger et contrôler les entreprises antérieurement fondées par lui : chaque année, il rend compte de la situation de ses principales filiales étrangères, en particulier des banques hypothécaires et agricoles de Sao-Paulo et d'Espirito-Santo, de la Banque commerciale et Foncière des Balkans, des Compagnies de chemins de fer des Alpes Bernoises et de la Furka et de la Societa Italiane di Credito Provinciale qui fusionne en 1916 avec la Banca di Sconto. D'autre part, soit que, par suite des répercussions de la guerre, quelques unes de ces entreprises aient été particulièrement ébranlées, soit que certains Etats n'effectuent pas le service de la garantie d'intérêts due, le Crédit Français est amené à négocier avec divers gouvernements. Il entre en pourparlers avec les autorités suisses en vue d'améliorer la situation du chemin de fer des Alpes Bernoises : « ... Cette question, dit le rapport pour 1916, est l'objet de notre persévérante attention en collaboration avec les autorités suisses intéressées dans cette entreprise ». — « Les négociations continuent avec la Compagnie du chemin de fer des Alpes Bernoises. Nous avons l'espoir d'arriver à bref délai à une solution qui donnera satisfaction aux porteurs français » (Rapport pour 1918). De concert avec l'Office national des porteurs de valeurs mobilières, le Crédit Français négocie en outre avec le gouvernement d'Espirito-Santo au sujet de la garantie d'intérêt due à la Banque hypothécaire et agricole de cet état et finit par aboutir à une solution transactionnelle (1).

— Au cours de la guerre, *la Société Centrale des Banques de Province* effectue peu de créations nouvelles et réduit même ses immobilisations financières qui, de 25 millions en 1914, n'atteignent que 20 millions en 1918. Mais son activité de financement reste très importante sous forme de réalisation d'émissions et elle se développe beaucoup au point de vue des ouvertures de crédit.

Ainsi qu'il est dit à maintes reprises dans ses rapports, la Société Centrale consacre tous ses efforts à l'industrie nationale. Avant la guerre, elle s'était particulièrement intéressée à la mise en valeur des forces hydro-électri-

---

1. Voir les rapports du Crédit Français pendant la guerre.

.ques du pays : de 1914 à 1918, elle accentue encore le concours donné par elle aux entreprises électriques diverses. Elle prend ainsi une part prépondérante à la réalisation des émissions d'actions nouvelles, de bons ou d'obligations de la Société Pyrénéenne d'énergie électrique et de la Société Toulousaine du Bazacle qu'elle avait antérieurement constituées, de la Société hydro-électrique Drac-Romanche, de la Société de l'Eclairage électrique, de la Compagnie d'électricité industrielle, de l'Energie du Sud-Ouest et de la Société des Forces motrices de la Vienne : elle participe en outre aux émissions de la Compagnie Générale d'Electricité, de la Compagnie Thomson-Houston, de la Compagnie des Tramways de l'Est Parisien et de la Société du Gaz de Paris.

Son activité se porte en second lieu vers l'industrie métallurgique. Elle donne son concours aux augmentations de capital de la Société métallurgique de l'Ariège, des Forges et aciéries de la Marine et d'Homécourt et aux émissions de bons ou d'obligations des Boulonneries de Brogny-Vraux, des Forges et aciéries électriques Paul Girod, de la Société d'outillage mécanique, des Câbleries et Tréfileries d'Angers. Elle fonde la Société des ateliers et chantiers maritimes du Sud Ouest, dont elle assure les émissions d'actions nouvelles et de bons, et, dans un genre d'industrie connexe, réalise l'augmentation de capital de la Compagnie des Vapeurs français et les émissions de bons des Affréteurs Réunis, sociétés avec lesquelles elle est particulièrement liée.

La Société Centrale donne aussi son appui financier aux entreprises du groupe Bessonneau (1), l'un de ses admi-

_______

1. La Société des Câbleries et Tréfileries d'Angers, déjà citée, est de ce nombre.

nistrateurs : c'est ainsi qu'elle réalise les émissions des Filatures, corderies et tissages d'Angers et de la Société d'applications industrielles du bois. Enfin, elle participe à des émissions dans des domaines divers particulièrement intéressants, soit industrie automobile (firme Brasier), soit entreprises de travaux publics, devant lesquelles s'ouvrait un vaste champ d'action avec la reconstitution ultérieure des régions dévastées (Société générale d'entreprises), soit fabrication des instruments agricoles (Société du matériel agricole et industriel de Vierzon).

Ses ouvertures de crédit à l'industrie prennent une extension considérable, ainsi qu'en témoignent les montants successifs des comptes courants débiteurs qui, de 1913 à 1918, sont successivement de **2, 2, 3, 19, 42** et **47** millions — ils comprennent, il est vrai, des avances purement commerciales —. « Sous forme de crédits ouverts, dit le rapport pour l'exercice **1907**, soit seuls, soit avec l'aide des divers membres du syndicat ou de maisons amies, nous avons prêté un vigilant concours à de nombreuses usines et fabriques travaillant pour la défense nationale ».

L'action de la Société Centrale à l'étranger ne s'est manifestée, au cours de la guerre, que sous forme de surveillance et de direction de ses filiales déjà existantes ; elle prépare par ailleurs la liquidation de certaines affaires, encore secondaires, dont la guerre compromettait le développement (telle l'Anglo-French South American Ld). Ces efforts sont mentionnés dans les rapports annuels : « Avec une vigilance extrême, comme nous le devions, nous avons suivi autant que nous l'avons pu toutes les affaires qui avant la guerre avaient été présentées au public par nos soins et nous croyons avoir pris d'utiles

mesures qui en assureront la sauvegarde dans l'avenir »
(Rapport pour l'exercice 1915). «... Comme c'est notre
devoir, nous avons apporté toute notre vigilance à la surveillance et à la sauvegarde des affaires qui, avant la
guerre, avaient été présentées au public par les soins de
votre société. Nos peines n'ont pas été perdues. Déjà, vous
le savez, des résultats positifs ont été obtenus. Nous ne
nous arrêterons pas dans cette voie » (Rapport pour
l'exercice 1916).

— La *Société Générale* s'est trouvée au début de la guerre
dans une situation particulièrement difficile : des bruits
fâcheux couraient sur l'importance de ses engagements
avec des banques ou des institutions allemandes, engagements que d'aucuns prétendaient égaler une large part
des fonds déposés par les tiers. Bien que la réalité fût
tout autre, ainsi que le précise le rapport du conseil à
l'assemblée générale du 6 mai 1915, la Société Générale
eut à faire face à d'importants retraits de fonds : de
1791 millions au 31 décembre 1913, le total de ses dépôts
et comptes courants créditeurs tombe à 1079 fin 1914 et
même à 990 l'année suivante. Grâce à l'appui de la Banque de France qui réescompta la plus grande partie de
son portefeuille, dont le montant n'était plus que de
299 millions en 1914 contre 971 en 1913, la Société Générale put franchir cette crise. Mais, au cours des premières
années de la guerre, elle évita soigneusement de nouvelles immobilisations et réduisit ses participations qu'étaient
venus grossir les soldes des émissions en cours de réalisation au mois de juillet 1914. Par la suite, avec la reprise des
affaires en 1917, la Société Générale retrouve une importante activité financière, mais elle n'en continue pas moins
à liquider progressivement d'anciennes immobilisations.

De même que les autres banques d'affaires, elle tourne avant tout son activité vers l'industrie nationale. Poursuivant le large concours qu'elle avait donné avant guerre aux entreprises d'électricité, la Société Générale participe aux émissions d'actions nouvelles, d'obligations ou de bons de la Compagnie Centrale d'énergie électrique, de l'Energie électrique de la Basse-Loire, de l'Energie électrique du littoral méditerranéen, des Forces motrices de la Garonne, de la Compagnie d'électricité de Limoges, de la Compagnie Thomson-Houston, de la Société des Exploitations électriques, de la Société Toulousaine du Bazacle, de la Compagnie française des Câbles télégraphiques, de la Société méridionale de transport de force, de la Société gaz et électricité de Gaillac et de la Société du Gaz de Paris.

Son concours à l'industrie métallurgique est tout aussi important. La Société Générale prend part aux émissions d'actions nouvelles et d'obligations de la Société Horme et Buire, des Forges et aciéries de la Marine et d'Homécourt, des usines métallurgiques de la Basse Loire, des Etablissements Carnaud et forges de Basse-Indre ; elle intervient dans les augmentations de capital des Tréfileries et Laminoirs du Havre, des Ateliers de construction du Nord et de l'Est, de la Société métallurgique de l'Ariège et des Ateliers et chantiers de Bretagne ; elle donne son concours aux émissions d'obligations de la Compagnie générale de construction de locomotives, de la Société d'outillage mécanique, de la Compagnie Electro-mécanique, des Etablissements Delaunay-Belleville, des Tréfileries et câbleries de Bourg, des Hauts-fourneaux et forges d'Allevard et de la Compagnie générale de constructions navales.

Au point de vue de l'industrie chimique, l'activité de la Société Générale est tout à fait intéressante. De même que, .avant 1914, elle avait été l'un des établissements bancaires qui avait le plus énergiquement soutenu l'essor des entreprises d'électricité, la Société Générale s'intéresse tout particulièrement au cours de la guerre aux sociétés chimiques qui se développent en France. Elle prend un large intérêt dans la fondation de la Compagnie Nationale des matières colorantes et dans les émissions d'actions ou d'obligations de la Compagnie des produits chimiques d'Alais et de la Camargue et de la Société des Produits chimiques de l'Ouest et, en particulier, elle constitue la Société pour l'industrie chimique en France qui, dès 1916, avait édifié deux puissantes usines pour la fabrication des explosifs.

Pour préparer son appui au commerce français d'exportation, dont le développement s'annonçait pour l'après-guerre comme devant être au plus haut point nécessaire, la Société Générale fonde la Banque Française pour le Chili (1) et participe à l'augmentation de capital de la Banque Industrielle du Japon. « Nous avons en ce qui nous concerne, dit le rapport pour 1917, le désir que notre établissement soit en mesure de contribuer largement au développement de notre commerce extérieur, et c'est principalement dans cette direction que nous orientons nos efforts. D'ores et déjà, par des ententes passées avec d'importantes institutions des Etats-Unis, par nos liens étroits avec la Banque Française et Italienne de l'Amérique du Sud, installée au Brésil et en Argentine, par la création de la Banque Française du Chili, nous obtenons des résul-

_______

1. Et par la suite, en 1919, la Banque Française de Syrie.

tats intéressants qui nous font bien augurer de l'avenir ».

Dans des domaines divers, la Société Générale s'intéresse à des entreprises concernant la production agricole et l'alimentation — émissions d'actions ou d'obligations de la Société des Phosphates tunisiens, de la Société normande d'alimentation et des Abattoirs industriels du Sud-Ouest — ; elle participe aux augmentations de capital de la Compagnie Générale Transatlantique et des Chargeurs Réunis et est l'un des principaux fondateurs de la Compagnie française des Réassurances Générales.

Son appui à l'industrie se manifeste aussi sous forme de développement des avances sur garanties et des comptes courants débiteurs. Le total de ces deux postes était en effet de 888 millions en 1913 et il augmente en 1914 — 926 millions — par suite des difficultés traversées par les sociétés diverses. Mais la Société Générale cherche à réduire ces découverts qui n'atteignent plus que 730 millions en 1916. C'est alors que se manifeste la reprise des affaires et ces postes reprennent une nouvelle ampleur, leur montant augmentant de 154 millions en deux ans.

En dehors de ses participations bancaires déjà mentionnées, la Société Générale n'effectue guère, comme opérations financières concernant des entreprises à l'étranger, que les augmentations de capital de deux importantes firmes métallurgiques russes qui travaillaient pour la guerre : la Société des Usines franco-russes et la Société des laminoirs de cuivre et cartoucheries de Toula (ainsi que nous l'avons vu précédemment, la Société Générale avait cédé en 1913-14 ses participations dans les affaires russes de métallurgie et de mines qu'elle avait longtemps financées). Par contre, elle suit, d'aussi près que les circonstances le lui permettent, la marche de ses filiales étrangères. Elle fait en particulier mention dans ses rapports de la situation de ses filiales bancaires belge, alsacienne et suisse, de la Brazil Railway, de la Barcelona Traction and Power Cy et de la Banque de Salonique. Le rapport pour 1915 dit à ce sujet : «... Nous nous sommes appliqués principalement... à sauvegarder l'avenir des entreprises dans lesquelles notre clientèle et nous-mêmes sommes intéressés. La prolongation de la guerre, bien au delà de la durée que l'on pouvait lui assigner à l'origine, ne pouvait manquer d'avoir une répercussion défavorable sur un grand nombre d'entreprises, notamment sur celles de l'Amérique du Sud. Nous avons fait et continuons de faire, dans l'intérêt de nos clients, tous nos efforts pour aider au relèvement des affaires qui subissent le contre-coup des événements actuels. « Et la Société Générale entreprend les réorganisations devenues nécessaires, en particulier celle de la Brazil Railway » : Nous continuons, dit le rapport pour l'exercice 1916, à apporter tous nos soins à la réorganisation des affaires dont la guerre a entravé le développement et nous avons la satisfaction de voir les pourparlers et tractations nécessaires se poursuivre d'une manière généralement favorable. La réorganisation de la Brazil Railway Cy est également très avancée. Cette œuvre complexe, rendue particulièrement délicate par la diversité des intérêts qu'il a fallu accorder, a été entreprise par les comités d'obligataires constitués sous les auspices de l'Office national des valeurs mobilières... ». Dans ses rapports suivants, la Société Générale mentionne la marche des pourparlers et les résultats obtenus.

# CHAPITRE IV

## CARACTÉRISTIQUES GÉNÉRALES DE L'ACTIVITÉ DES BANQUES D'AFFAIRES

Au cours de la guerre, l'action des banques d'affaires a donc été concentrée quasi-exclusivement en France. Devant l'effort national à accomplir, leur activité ne pouvait, en effet, être détournée vers de nombreuses entreprises étrangères. D'ailleurs, la plupart des pays, subissant le contre-coup de la guerre, traversaient des circonstances exceptionnelles, ce qui, étant donné la difficulté des communications, rendait l'action bancaire exercée à distance particulièrement délicate.

Le tableau suivant donne le montant (en millions de francs) des émissions et introductions de valeurs mobilières en France au cours des années de guerre (voir page ci-contre).

Au point de vue des opérations d'émissions étrangères, l'activité des banques d'affaires offre donc un contraste saisissant avec celle d'avant-guerre (1). Toutefois, la différence provient en grande partie des emprunts français émis au cours de cette période. Mais si l'on compare simplement le montant des valeurs étrangères émises à celui

1. Voir le tableau p. 196.

| Années | Fonds d'Etats, de départements, de villes | | Actions de Sociétés industrielles et diverses | | Obligations et bons de Sociétés industrielles et diverses | | Total des émissions | | | Pourcentage des émissions étrangères dans le total |
| --- | --- | --- | --- | --- | --- | --- | --- | --- | --- | --- |
| | Français | Etran-gers | Fran-çaises | Etran-gères | Fran-çaises | Etran-gères | Françaises | Etran-gères | Global | |
| 1915 | 15 205 | » | 36 | 2 | 329 | » | 15.570 | 2 | 15.572 | 0,013 |
| 1916 | 11.514 | » | 145 | 99 | 414 | 8 | 12.073 | 107 | 12 180 | 0,87 |
| 1917 | 15.435 | » | 476 | 151 | 1.587 | » | 17.498 | 151 | 17.649 | 0,85 |
| 1918 | 30.690 | » | 629 | 72 | 1.127 | » | 32.416 | 72 | 32.518 | 0,22 |

des valeurs françaises, les pourcentages sont tout de même très faibles, respectivement 0,72, 19,31, 7,36 et 4,11 0/0.

Si l'action des banques d'affaires a été très limitée au point de vue des créations nouvelles et des émissions étrangères, elle a été très importante, nous l'avons vu, au point de vue du contrôle, de la direction et, parfois, de la réorganisation des entreprises déjà existantes. Ayant avant la guerre constitué de nombreuses affaires à l'étranger, elles ne pouvaient en effet se désintéresser du sort de léurs participations et de celui des capitaux qu'avait investis l'épargne française. D'autre part, il eut été de mauvaise, politique d'abandonner le fruit des efforts passés, de se détourner complètement de l'activité internationale et de ne pas songer à la lutte économique de l'après-guerre sur les marchés extérieurs.

Mais, de 1914 à 1918, les banques d'affaires se sont nettement orientées vers l'industrie nationale. Dans son rapport pour l'exercice 1916, le Crédit Mobilier Français disait : « Cette création de la Compagnie de construction de locomotives constitue l'application très nette des principes directeurs que nous vous indiquions dans notre dernier rapport comme devant être ceux qui inspirent votre conseil. C'est un premier pas vers la recherche et la mise sur pied de grandes affaires industrielles nationales. Ces affaires, nous croyons pouvoir l'affirmer, ne manqueront pas au lendemain de la paix. Nous espérons que celle dont nous venons de parler ne sera que le début de l'accomplissement d'un programme bien intéressant à poursuivre et que nous considérons comme aussi profitable à vos intérêts particuliers qu'à ceux du pays ». Si l'on envisage dans l'ensemble l'activité des banques françaises pendant la guerre, on peut dire que cette *politique de grandes affaires nationales,* que définissait ainsi le Crédit Mobilier, a vraiment été celle qu'ont adoptée et poursuivie nos banques d'affaires, au milieu de circonstances difficiles, et qu'elles devaient remarquablement développer par la suite.

Au point de vue du genre des affaires traitées, c'est en effet l'appui considérable, maintes fois affirmé dans les rapports annuels, à toutes les industries concourant à la défense nationale et, en premier lieu, ainsi que nous l'avons vu, aux entreprises métallurgiques, à l'industrie électrique et aussi aux firmes automobiles. C'est de plus la création d'industries nouvelles, telles l'industrie chimique, dont l'importance militaire ne cessait de grandir, et l'industrie frigorifique.

Parallèlement à cet effort dicté par les nécessités de la défense, les banques d'affaires se sont préoccupées de la lutte économique de l'après-guerre et leur politique est marquée de vues d'avenir. Les conditions générales de cette période rendaient particulièrement difficile la fondation d'entreprises destinées au développement du commerce extérieur et à la mise en valeur du domaine colonial. Aussi, jusqu'en 1918, c'est simplement l'amorce de cette politique qui n'a pu vraiment s'épanouir qu'après la guerre. Mais les banques préparent leurs efforts ultérieurs, soit en développant leurs liens avec des institutions bancaires à l'étranger, soit en créant quelques sociétés commerciales et surtout en finançant la reconstitution de notre marine marchande : l'effort dans ce dernier ordre d'idées a été tout à fait remarquable. Enfin, les banques d'affaires commencent à s'intéresser — la création de la Société française des Carburants en est la preuve — à la question du pétrole qui allait prendre une si grande importance.

Cet effort dans des branches d'activité nouvelles se doublait pour les banques d'affaires de la préoccupation d'assurer au lendemain de la guerre l'adaptation des entreprises travaillant pour la défense nationale. La transition ne pouvait qu'être délicate, mais les banques d'affaires ont pris soin d'envisager le problème à l'avance, de façon à faire rentrer par la suite ces entreprises dans le cadre des directives générales nouvelles. « Nous nous attachons particulièrement à celles des industries qui peuvent, plus ou moins transformées, s'adapter aux besoins d'après-guerre », dit le rapport pour 1917 de la Société des Banques de Province, et l'Union Parisienne donne particulièrement son appui aux « industries qui concourent actuellement à la défense nationale mais qui, après la paix, disposant d'un outillage absolument moderne, s'adapteront facilement à d'autres travaux et seront ainsi à même de participer à la reconstitution du pays et à son développement économique (1) ».

En second lieu, au point de vue de l'organisation générale industrielle, les banques pratiquent une large politique de concentration et de liaison des entreprises.

C'est en effet la très grande industrie qui s'est plus particulièrement développée au cours de la guerre : évolution tout à fait normale d'ailleurs, car les entreprises très importantes étaient mieux à même d'effectuer une production considérable en série, tout en abaissant le prix de revient. Il est à remarquer que, en Allemagne, c'est systématiquement que l'on a procédé au cours de la guerre

_________

1. Union Parisienne : rapport pour l'exercice 1917.

à l'élimination des petites industries au profit des grandes
de façon à réaliser la production maxima avec le minimum de déperdition de forces et à exploiter les capitaux
fixes des grandes entreprises jusqu'à leurs dernières
limites (1). En France, le mouvement a été moins accentué mais très net cependant : le développement considérable des Etablissements Schneider en offre un exemple
saisissant.

D'ailleurs, cette évolution s'est effectuée moins par
développement des entreprises sur elles-mêmes que par
liaison ou fusion entre entreprises distinctes et par la fondation en commun de filiales. Au cours de la guerre, en
effet, la concurrence a disparu entre les industries, qui
travaillaient à plein rendement pour la défense nationale ;
d'autre part, par suite des difficultés d'approvisionnement
en matières premières et en charbon, celles-ci ont été
amenées à s'unir pour effectuer des achats en commun
ou pour répartir entre elles les produits dont l'Etat se
réservait le monopole d'achat. La politique individualiste
d'avant-guerre n'était plus de mise et l'on n'a pas tardé à
constater les avantages de la solidarité entre les entreprises industrielles. Aussi en est-il résulté une coordina-
tion des efforts inconnue jusqu'alors, qui s'est précisément
traduite par la fondation en commun de filiales et par des
accords divers.

Par suite, les banques d'affaires ont été amenées à élargir leur rôle vis-à-vis de l'industrie. Avant 1914, une banque d'affaires qui voulait fonder une entreprise ne faisait
appel qu'à ses filiales dont l'objet était similaire ou connexe ; parfois même, la fondation s'effectuait sans aucun

---

1. M. Rist à son cours.

concours de sociétés industrielles. Au contraire, pendant la guerre, visant à constituer d'emblée de très puissantes entreprises, les banques ont recherché le concours d'importantes entreprises similaires ou connexes avec lesquelles elles n'entretenaient parfois jusqu'alors aucune relation. Par suite, les relations de la banque et de l'industrie se sont singulièrement développées, car c'est la banque d'affaires qui, rapidement, a assumé le rôle de grouper les entreprises diverses et qui a négocié des ententes. C'était elle, en effet, qui, n'étant pas partie au débat, était le mieux désignée pour mettre en accord les intérêts des diverses sociétés.

La plupart des importantes créations d'entreprises pendant la guerre ont été effectuées de cette manière et les rapports des banques offrent maints exemples de cette double liaison des entreprises entre elles, d'une part, et de la banque et de l'industrie, d'autre part :

« ... C'est dans ce but que s'est formé l'an dernier un groupement comprenant les principales sociétés et personnalités françaises intéressées dans l'industrie chimique. Ce groupement a pensé qu'il y avait lieu d'organiser en France sur de larges bases l'industrie des matières colorantes... D'accord avec le gouvernement et pour répondre à son appel, il a constitué la Compagnie Nationale des matières colorantes et des produits chimiques... Notre société a invité les principaux établissements de crédit à se joindre à elle pour procéder à l'émission de **60.000** actions formant le surplus du capital de la Compagnie Nationale... » (Rapport Banque de Paris exercice **1916**).

« A l'instigation du gouvernement français, MM. Schneider et C\u1d35\u1d49, la Société des Forges et aciéries de la Marine et d'Homécourt et plusieurs autres métallurgistes ont constitué avec notre concours, au capital de 25 millions porté ensuite à 40 millions, la Société Normande de métallurgie qui a pris à bail les Hauts-fourneaux et aciéries de Caen pour utiliser et développer un puissant outillage, fours à coke, hauts-fourneaux, aciéries et laminoirs, etc. » (Rapport Union Parisienne exercice 1916).

« Avec MM Schneider et C$^{ie}$, les Tréfileries et laminoirs du Havre, la Société française de constructions mécaniques (anciens établissements Cail) et un groupe financier ami, nous avons participé à la création de la Société normande de constructions navales, au capital de 20 millions de francs, qui a pour objet principal la construction et l'exploitation au Havre d'un chantier de constructions navales. » (Rapport Union Parisienne exercice 1917).

« Avec le concours d'industriels amis, nous avons constitué une entreprise en participation de travaux publics. » (Rapport Union Parisienne exercice 1918).

« ... Nous avons fondé, avec la Société de construction des Batignolles et avec la Compagnie des forges de Châtillon, Commentry et Neuves-Maisons, la Compagnie générale de construction de locomotives (Batignolles-Châtillon).,. » (Rapport Crédit Mobilier exercice 1916-1917).

« Nous avons procédé avec la Société de construction des Batignolles, la Société des établissements J.-J. Carnaud et forges de Basse-Indre, la Société métallurgique de Montbard-Aulnoye, la Société des fonderies et ateliers de la Courneuve, la Société des mines et fonderies de Pontgibaud, la Société des Chargeurs de l'Ouest, à la constitution au capital de 35 millions de francs, moitié actions, moitié obligations, de la Compagnie générale de constructions navales... » (Rapport Crédit Mobilier exercice 1917-1918).

En outre, le passage suivant du rapport de la Société

Générale pour l'exercice 1917 donne un exemple de l'action des banques dans la constitution de consortiums pendant la guerre : « Nous avons... participé à la création du Consortium cotonnier du Havre, constitué avec le concours de divers établissements de banque, par les principaux commerçants intéressés, en vue d'assurer la répartition entre les ayant-droits de cotons dont l'Etat français s'est désormais réservé l'acquisition. »

Bien plus, l'achat, fin 1917, par le Crédit Mobilier d'un lot important d'actions d'un grand établissement de crédit — la Société Générale — a été effectué « avec le concours de participants parmi lesquels plusieurs grandes Sociétés industrielles » et le rapport pour cet exercice ajoute : « Nous ne voulons pas nous étendre plus longuement sur le caractère et la portée d'une opération à laquelle des tiers sont intéressés en même temps que nous. Nous dirons simplement qu'on a souvent préconisé, comme vous le savez, l'union de la Finance et de l'Industrie. Leur étroite collaboration, toujours si désirable, est peut être plus nécessaire aujourd'hui qu'avant la guerre. »

La politique industrielle des banques se caractérise, en dernier lieu, par l'importance des ouvertures de crédit aux entreprises. Les émissions étant difficiles, surtout jusqu'en 1917, les banques ne pouvaient récupérer leurs capitaux sur le public. Pour effectuer le financement à long terme des sociétés, elles ont donc été amenées à leur consentir des avances élevées. Certes, les participations industrielles, dans lesquelles les banques ne s'engagent d'abord qu'avec prudence, prennent vite de l'ampleur ; mais les ouvertures de crédit aux industries se développent plus rapidement encore au cours de cette période. C'est que, en effet, en ces temps de crise, les banques d'affaires ne pouvaient employer de trop forts capitaux à s'intéresser directement dans des entreprises, car elles auraient ainsi couru de trop gros risques. L'ouverture de crédit, au contraire, les rendait simplement créancières des sociétés, situation meilleure au point de vue de la sécurité des capitaux engagés.

En ce qui concerne la nature des émissions, il faut signaler l'importance prise par les émissions de bons à court terme, dix ans en général. Il se peut, en effet, qu'une société ait à effectuer des agrandissements qu'elle espère amortir rapidement. Les capitaux nécessaires sont souvent trop importants pour être demandés aux banques sous forme d'ouvertures de crédit ; d'autre part, la société juge inutile d'augmenter son capital-actions, alors que ses besoins ne seront probablement que passagers. Elle pourrait, certes, émettre des obligations, en se réservant le droit de remboursement anticipé. Mais les bons à court terme offrent une double avantage : en premier lieu, celui de faire appel, dans une mesure faible il est vrai, à un autre genre de capitaux, à des ressources dont les capitalistes veulent recouvrer la libre disposition assez rapidement (1) ; en second lieu, celui de capter l'épargne sous une forme nouvelle et de séduire le souscripteur par la nouveauté.

_______

1. L'avantage des bons pour les capitalistes est évident au cas où l'intérêt des capitaux est très bas et où l'on peut présumer une hausse : le porteur retrouve en effet, quelques années après, le montant nominal de son titre et peut faire un remploi en profitant du loyer plus élevé de l'argent, tandis qu'une obligation, non encore remboursable, aurait sensiblement baissé de valeur. Si l'intérêt des capitaux est au contraire élevé, ce sont les sociétés qui ont intérêt à émettre des bons, de préférence à des obligations, de façon à pouvoir profiter, le cas échéant, de la baisse possible de l'intérêt.

CHAPITRE V

## BILANS ET COMPTES DE PROFITS ET PERTES

Pour la période 1914-1918, les bilans des banques d'affaires marquent des changements provenant principalement des répercussions de la guerre et aussi de modifications dans l'orientation individuelle de chaque banque.

Les banques d'affaires ont été au début très fortement atteintes par cette crise sans précédent. Le montant total des bilans, reflet de l'importance des opérations effectuées, baisse d'abord de façon considérable pour augmenter à nouveau avec la reprise des affaires. Fin 1918, les chiffres sont nettement inférieurs encore à ceux concernant l'exercice 1913 pour la Banque de Paris, le Crédit Mobilier, la Banque Française et le Crédit Français ; au contraire pour la Société Générale, le total de 1918 — 2.697 millions — dépasse légèrement celui de 1913 — 2.611 millions — et pour l'Union Parisienne, il est nettement supérieur — 517 millions contre 352 —. Seule, la Société des Banques de Province n'offre en 1914 qu'une diminution insignifiante par rapport à 1913 et, de 158 millions à cette date, le total de son bilan passe de 306 à 304 millions en 1917 et 1918.

A l'actif, les espèces en caisse et dans les banques mar-

quent dans l'ensemble en 1914 une diminution, mais, peu
après, leur montant devient en général supérieur à celui
de 1913. Les banques gardent en effet des disponibilités
importantes, de façon à être en mesure de faire face à toute
éventualité. Seul, le Crédit Mobilier enregistre pour ce
poste une diminution continue.

Le portefeuille d'escompte baisse nettement tout d'abord,
les banques faisant réescompter leurs effets par la Banque
de France pour se procurer des disponibilités, puis, *augmenté des bons de la Défense Nationale*, atteint des chiffres supérieurs : Banque de Paris, 130 millions en 1918
contre 121 en 1913; Union Parisienne, 119 millions contre 89; Crédit Mobilier, 53 contre 48 ; Banque Française,
142 contre 105 ; Crédit Français, 30 contre 13 ; Société
Générale, 1.200 contre 971 ; Société des Banques de Province — qui inaugure sa politique de banque de dépôts
— 107 contre 14. Par rapport à l'ensemble de l'actif, les
pourcentages du portefeuille-effets sont tout à fait analogues pour la Banque de Paris et l'Union Parisienne à ceux
de la période antérieure ; pour les autres banques, ils
sont en sensible augmentation, provoquée par le désir de
garder d'importantes ressources facilement réalisables :
ils varient en effet pour le Crédit Mobilier entre 25,2 et
44, 2 0/0 au lieu de 3 à 19,5 0/0, pour la Banque Fran-
caise de 16,4 à 51,2 au lieu de 7,1 à 32,7, pour le Crédit
Français de 7,4 à 28,3 au lieu de 6,3 à 11,4, pour la
Société Centrale de 6,5 à 39,7 au lieu de 1,4 à 9,1 ; pour
la Société Générale, il dépasse en 1918 — 44,4 0/0 — le
pourcentage maximum antérieur qui était 41,8 0/0 (en 1919
et 1920, il atteint d'ailleurs 57,5 et 53,1 0/0).

Les reports sont en diminution considérable. Le marché
à terme est en effet formé et les opérations antérieures

prorogées se liquident peu à peu. De même, les acceptations et les avances sur garanties sont en diminution sensible, sauf pour l'Union Parisienne dont le poste « Prêts
sur titres et avances » accuse 47 millions en 1918 contre
31 seulement en 1913.

Les comptes courants débiteurs, après une diminution
initiale de leur montant en général, augmentent nettement avec le développement des ouvertures de crédit aux
industries de guerre. Pour la Banque de Paris et le Crédit Mobilier, ils n'atteignent pas leur montant antérieur,
mais le dépassent au contraire, ainsi que nous l'avons vu,
pour la Banque Française, l'Union Parisienne, la Société
Générale et surtout pour le Crédit Français et la Société
des Banques de Province.

Quant aux postes particulièrement intéressants des
bilans des banques d'affaires, les immobilisations financières, on constate dans l'ensemble une diminution très
nette des participations et une augmentation parallèle du
portefeuille-titres. Les opérations financières en cours
ayant, en effet, été interrompues par les hostilités, nombre
de syndicats se liquident peu à peu, au fur et à mesure
de la prolongation de la guerre, et les titres appliqués de
ce chef viennent grossir le portefeuille. Aussi certaines
banques qui changent d'orientation — Crédit Français,
Société Générale (1) — entreprennent-elles aussitôt la
réduction de leur portefeuille en liquidant diverses
affaires. Le Crédit Mobilier suit une politique un peu analogue, mais son portefeuille reprend de l'ampleur par la
suite avec les affaires nouvelles. La Banque Française et
la Société des Banques de Province ne diminuent guère

_________

1. Voir le chapitre suivant.

leurs immobilisations mais ne les augmentent pas à nouveau. Au contraire celles de la Banque de Paris et de l'Union Parisienne atteignent en 1918 un chiffre supérieur à celui d'avant-guerre.

Au total, le montant comparé des immobilisations en 1918 et en 1913 est le suivant :

|  | 1918 (en millions de francs) | 1913 (en millions de francs) |
|---|---|---|
| Banque de Paris et des Pays-Bas . . . . . . . . | 165 | 158 |
| Union Parisienne. . . . . | 78 | 73 |
| Crédit Mobilier . . . . . | 45 | 44 |
| Banque Française . . . . | 28 | 31 |
| Crédit Français . . . . . | 19 | 29 (48 en 1914) |
| Société Centrale Banques de Province. . . . . . . | 20 | 22 |
| Société Générale. . . . . | 119 | 115 (137 en 1915) |

Les pourcentages des immobilisations par rapport à l'ensemble de l'actif sont en augmentation très nette pour la Banque de Paris et l'Union Parisienne : ils varient respectivement de 24,3 à 31,9 et de 13,1 à 31 0/0 au lieu de 13,1 à 30 et 10,3 à 28,6 pour la période 1900-1914. Ceux du Crédit Mobilier sont, de même, plus élevés que ceux des dernières années avant 1914. Quant à la Banque Française, ses pourcentages sont supérieurs dans l'ensemble mais décroissent de 14,4 à 8,5 0/0, de même que ceux de la Société Centrale (16,7 0/0 en 1914 ; 6,7 0/0 en 1918) et du Crédit Français. La Société Générale, qui avait réduit ses immobilisations, titres et participations, à 4,4 0/0 de son actif en 1913, les voit remonter à 8,2 0/0, mais elle réussit à les ramener à nouveau en 1918 au pourcentage même de 1913.

Au Passif, le poste « Capital » demeure sans changement, aucune augmentation de capital n'ayant été effectuée au cours de la guerre par les banques envisagées. Les réserves subissent au contraire les diminutions que nous avons précédemment signalées et qui ont permis les amortissements nécessités par la dépréciation des postes de l'actif. Les comptes courants débiteurs diminuent au début fortement, étant donné les retraits effectués par les clients et les difficultés de trésorerie des entreprises, mais ils croissent rapidement à nouveau. Ceux de la Banque de Paris tombent de 345 millions à 145, mais se retrouvent en 1918 à 344 millions ; ceux de l'Union Parisienne, après être descendus à 87 millions, atteignent 225 millions en 1918 contre 139 seulement en 1913 ; ceux du Crédit Mobilier, de 118 millions en 1913, passent à 60 et remontent à 81 millions. Ceux de la Banque Française se chiffrent par 190 millions en 1913 et 171 en 1918, après n'avoir été entre temps que de 145 : par rapport à 1913, il faut remarquer que les comptes-courants à vue sont en augmentation — 142 millions contre 113 — mais que les comptes à préavis ne sont plus que de 29 millions contre 77, ce qui est en corrélation avec la politique de la Banque Française qui développe ses opérations de banque pure (1). Les comptes courants de la Société Générale passent, ainsi que nous l'avons vu, de 1791 millions à 1190 et atteignent 2.100 millions en 1918. Quant au Crédit Français et à la Société Centrale, établissements qui s'orientent tous deux à des degrés divers vers l'activité d'établissements de dépôts (1), leurs comptes-courants croissent sans recul initial et passent respectivement de 35 à 50 et de 14 à 113 millions.

1. Voir le chapitre suivant.

Quant aux résultats financiers de ces exercices, il est bien évident que, étant donné les amortissements à pratiquer, et l'activité limitée des banques au cours de cette période, ils sont en diminution très sensible, mais ils s'améliorent sans arrêt. Rendement et dividende, après avoir également fléchi pour toutes les banques, suivent une progression parallèle. De même, les frais généraux comparés aux bénéfices bruts donnent des pourcentages très supérieurs à ceux d'avant-guerre et qui ne diminuent guère par la suite. Enfin, si l'on examine, pour la Banque de Paris et la Banque de l'Union, le détail des bénéfices bruts, on constate que les deux postes qui fléchissent le plus et laissent même des pertes sont respectivement « Fonds publics, actions et obligations » pour la Banque de Paris et « Bénéfices sur portefeuille, participations et divers » pour l'Union Parisienne : c'est là un nouvel exemple du manque de stabilité des bénéfices résultant des opérations financières proprement dites, très élevés en période de prospérité mais particulièrement atteints par les crises.

# CHAPITRE VI

## SPÉCIALISATION DES BANQUES D'AFFAIRES

Nous avons exposé au cours de la Deuxième Partie quel était respectivement le degré de spécialisation des banques envisagées en tant que banques d'affaires. Il est particulièrement intéressant de rechercher, en s'appuyant sur la précédente étude des bilans, si les répercussions de la guerre mondiale ont amené ces banques à modifier leur politique à cet égard et dans quelle mesure elles ont évolué.

Les deux principales banques d'affaires françaises, Banque de Paris et Union Parisienne, ne présentent à ce point de vue aucune variation. Avec les nuances déjà indiquées, elles restent les types des banques d'affaires françaises. De même, la politique du Crédit Mobilier ne subit guère de changements : pendant les premiers temps de la guerre, il se replie sur lui-même, mais, dès 1917, il commence à reprendre son activité normale et, dans l'ensemble, son orientation ne varie pas.

La Banque Française, au contraire, accentue la part qu'elle fait dans son activité aux opérations de banque pure et limite en conséquence ses immobilisations. Cette double préoccupation est nettement marquée dans ses rapports successifs :

« A l'égard de nos intérêts propres, nous nous sommes attachés à mobiliser le plus grand nombre possible de nos postes de l'actif. Nous étions poussés à le faire, tant par le désir de parer aux besoins de notre clientèle que par le souci de fortifier nos ressources et de les maintenir disponibles sous forme d'encaisse ou de valeurs immédiatement réalisables ; c'est pour ce dernier motif que vous voyez apparaître à notre bilan un montant important de bons de la Défense Nationale » (Rapport exercice **1914-1915**).

« Au cours de cet exercice qui correspond à la troisième année de guerre, nous avons suivi la politique financière que nous vous indiquions dans notre précédent rapport : d'une part, développement de nos opérations de toute nature... ; d'autre part, préoccupation constante de laisser à notre trésorerie le plus d'élasticité possible » (Rapport exercice **1916-1917**).

« Nous avons développé sensiblement nos opérations de banque qui ont fourni leur contingent à l'augmentation de nos bénéfices... » (Rapport exercice **1917-1918**).

Cette tendance se traduit dans les bilans de la Banque Française, d'une part, par l'importance de l'actif liquide ou facilement réalisable — les trois postes : espèces en caisse et dans les banques, bons du Trésor et de la Défense Nationale, portefeuille-effets, formant en 1918 un total de **169** millions sur un actif de 279 — d'autre part, par l'augmentation des comptes courants à vue, qui, après avoir fléchi en 1914, atteignent à la fin de la guerre **142** millions contre **113** en 1913, et par la diminution des comptes courants à préavis qui, à la même date, ne sont plus que de 29 millions contre 77 en 1913. De plus en plus la Banque Française s'achemine vers le type de la banque mixte.

Le Crédit Français était, au début de la guerre, particulièrement engagé dans des affaires financières. Ces lourdes immobilisations ont rapidement rendu sa situation difficile, car ses participations dans des entreprises brésiliennes, suisses et russes ont entraîné pour lui de sérieux mécomptes. Evitant de s'engager dans des immobilisations nouvelles, tout en donnant un notable appui sous forme d'ouvertures de crédit à des entreprises industrielles françaises, le Crédit Français a porté tous ses efforts sur l'assainissement de sa trésorerie et la réduction de son portefeuille-titres et de ses participations. Il a obtenu à cet égard des résultats très intéressants, mais, établissement de fondation récente qui avait abordé la crise sans réserves importantes, il n'a pu éviter une réorganisation financière. Elle a eu lieu en 1919 : le capital a été ramené de 50 à 40 millions, par réduction de la valeur nominale des actions de 500 à 400 francs, et reporté aussitôt après au chiffre antérieur par émission de 25.000 actions nouvelles. Les rapports aux assemblées ordinaire et extraordinaire du 19 septembre 1919 rappelaient l'effort accompli et les résultats obtenus :

« Vous avez suivi les efforts que nous avons faits pendant les cinq dernières années, d'une part, pour réduire nos immobilisations, d'autre part, pour modifier notre orientation première et nous adapter aux circonstances nouvelles.

« Nous avons réussi à liquider la plus grande partie de notre portefeuille-titres qui ne figure plus à notre bilan que pour 20 millions de francs et nous avons créé un mouvement d'opérations qui a affirmé la vitalité de notre établissement.

« Depuis 1915, les bénéfices réalisés ont été affectés à divers amortissements et à l'élargissement de notre trésorerie...

« ... Nous abordons la période de paix avec un programme d'extension dont la création de six succursales dans le Nord est la première étape ».

La réorganisation de 1919 marque la consécration du changement d'orientation du Crédit Français : il cesse d'être une banque d'affaires pour devenir banque de dépôts à succursales multiples dont il accroît progressivement le nombre. Alors qu'il s'est étendu spécialement dans la région du Nord, il vient de prendre, au cours de l'année 1920, une importante participation dans un grand établissement de crédit, la Banque Privée Lyon-Marseille, qui a de nombreuses agences dans le Sud-Est et la région lyonnaise. D'autre part, de 35 millions avant-guerre ses dépôts et comptes courants créditeurs passent à 217 millions en 1920 et son portefeuille-effets atteint à cette date 90 millions contre 13 en 1913, soit 31,5 0/0 du total de l'actif au lieu de 11,4 0/0. Au cours de l'étude de la période d'après-guerre, nous n'envisagerons donc plus le Crédit Français dont l'activité sort maintenant du cadre de ce travail.

La Société Centrale des Banques de Province a, elle aussi, profondément évolué. « Fondée, dit le rapport pour 1918, pour souscrire et patronner les émissions qu'elle avait charge de rechercher au profit des banquiers adhérents au syndicat, centralisant en même temps à Paris un certain nombre de services peu ou pas rémunérateurs qu'elle assurait au profit des banquiers de Province, la Société Centrale devait profondément être modifiée si on voulait l'adapter aux nécessités nouvelles d'une époque où, pour un temps, devaient cesser les émissions de valeurs étrangères. C'est pourquoi notre société, avec son siège social complété par ses agences parisiennes, au lieu de demeurer simplement l'organe exécutif du Syndicat des banquiers de Province, est devenue, en outre, une des plus importantes maisons de banque associées. La transformation est maintenant faite. Nous sommes en possession de tous nos moyens d'action. Recommencer à répartir un dividende, signifie que sous sa nouvelle forme, la Société Centrale est capable de prospérer.

« Pour asseoir notre situation à Paris suivant le programme mesuré que vous avez bien voulu approuver aux assemblées de **1917** et de **1918**, nous avons élargi le réseau de nos agences qui, actuellement au nombre de **10**, seront prochainement portées à **14** ».

Ainsi, alors qu'elle avait été constituée pour permettre aux banquiers de province de lutter contre les grands établissements de crédit sur le terrain des participations et du placement, la Société Centrale qui était devenue une banque d'affaires tout à fait semblable aux autres, évolue à nouveau et son activité se rapproche de celle des banques de dépôts. Comptes courants créditeurs à **vue** et portefeuille-effets se développent rapidement. **En fait,** d'ailleurs, elle n'abandonne pas à proprement parler les opérations des banques d'affaires, mais, bien plutôt, mène de front les deux genres d'activité : ses participations dans des opérations d'émission restent très importantes et ses ouvertures de crédit passent de **2** millions avant la guerre à **47** millions fin **1918**. C'était là pour la Société Centrale, organe de groupement de divers banquiers de province, une politique bien complexe et assurément dangereuse.

Depuis 1900, la Société Générale poursuivait avant tout le développement de ses opérations de crédit commercial et n'augmentait plus ses immobilisations financières. La grave crise traversée par elle au début de la guerre l'a incitée à accentuer encore cette politique. Son activité financière demeure très importante, mais elle liquide progressivement ses anciennes participations et le montant de son portefeuille-titres et de ses participations qui atteignait 137 millions en 1915 n'est plus que de 119 millions en 1918 et même de 102 en 1920. Le rapport pour l'exercice 1917 dit à cet égard : « Les rentes, actions, bons et obligations à 69.548.713,21 au lieu de 71.662.612,20 et les participations financières à 50.760.705,10 au lieu de 52.820.091,26 sont deux postes *dont la réduction intentionnelle a été poursuivie avec vigilance et méthode.* Les différences en moins sont respectivement de 2.113.898,99 et 2.059.386,16 ». Par contre, tous les efforts de la Société Générale se portaient vers le développement de ses opérations de banque pure.

Cette politique a été couronnée de succès et, tandis que le pourcentage par rapport à l'ensemble de l'actif de ses immobilisations, titres et participations, n'est plus en 1918 que de 4,4 0/0 contre 8,2 0/0 en 1915 et *tombe à 1,7 en 1920,* que celui des comptes courants débiteurs passe de 33,3 0/0 en 1914 à 24,3 en 1918 et 22,6 en 1920, le pourcentage du portefeuille-effets croît singulièrement de 16,4 en 1914 à 44,4 en 1918 et 53,1 en 1920.

Il s'ensuit que l'activité de la Société Générale ne se différencie plus suffisamment de celle du Crédit Lyonnais et du Comptoir d'Escompte pour que l'on puisse actuelle-

ment ranger la Société Générale, même avec les réserves
que nous avons faites à son sujet pour la période antérieure, dans le groupe des banques d'affaires. Certes, au
30 juin 1921, le montant de ses titres et participations est
encore de 99 millions de francs contre 8 pour le Crédit
Lyonnais et 6 pour le Comptoir d'Escompte. Mais cette différence, qui tend à s'atténuer, n'est plus très sensible par
rapport aux 4 ou 5 milliards qui forment le total du bilan.

# QUATRIÈME PARTIE

## LES BANQUES D'AFFAIRES APRÈS LA GUERRE

### CHAPITRE PREMIER

#### AUGMENTATIONS DE CAPITAL

Dès la fin des hostilités, les banques d'affaires se sont préoccupées d'augmenter sensiblement leur capital social. Elles y étaient poussées moins par des besoins de trésorerie immédiats que par des prévisions d'avenir. Les pourcentages des immobilisations, titres et participations, par rapport aux ressources propres étaient bien fin 1918 en augmentation sur ceux mêmes du bilan 1913, mais ils restaient tout à fait analogues à ceux de l'ensemble des exercices 1900 à 1913. A l'assemblée générale extraordinaire de la Banque de Paris et des Pays-Bas, le 2 septembre 1919, le conseil d'administration disait, d'ailleurs, dans son rapport : « Vous avez pu constater par le bilan qui vous a été présenté à votre dernière assemblée générale, tenue le 25 mars 1919, que les ressources disponibles ne manquaient pas à la Banque pour ses affaires

19

actuelles. Si nous vous proposons aujourd'hui d'autoriser une augmentation de son capital social, c'est en vue de lui créer des moyens d'action plus puissants, pour faire face au développement des affaires qui ne manquera pas de suivre le rétablissement de la paix ».

Ainsi que l'exposent les rapports aux assemblées générales extraordinaires (1), l'activité des banques d'affaires allait en effet avoir un large champ. C'était en premier lieu la reconstruction des régions dévastées, le développement de l'outillage national, le relèvement de notre marine marchande et la mise en valeur de notre domaine colonial. C'était ensuite l'aide aux diverses industries françaises, dont l'esprit d'initiative avait heureusement progressé au cours de la guerre : « ... l'esprit d'initiative s'est considérablement développé dans notre pays pendant la guerre, dit le rapport de la Banque de Paris à l'assemblée extraordinaire du 2 septembre 1919. De grandes transformations industrielles y ont été accomplies. Certains progrès techniques, réalisés en vue de la défense nationale, sont susceptibles d'utilisation commerciale ». De même, la Banque Française considère de son devoir « d'encourager les initiatives judicieuses ayant pour but de développer sur l'ensemble de notre territoire de nouvelles sources de richesses » (2). Enfin, l'activité des banques d'affaires devait être plus que jamais nécessaire pour soutenir l'expansion économique du pays. La concurrence internationale s'annonçait en effet comme particulièrement âpre et la lutte serait sans doute vive pour la con-

---

1. Notamment rapport à l'assemblée générale extraordinaire de la Banque de Paris et des Pays-Bas du 2 septembre 1919.

2. Rapport Banque Française, assemblée extraordinaire du 28 mai 1920.

quête des débouchés ou des matières premières nécessaires. De plus, il était de la plus haute importance au point de vue national de prendre des intérêts et de s'assurer une influence dans les jeunes Etats du centre et du sud-est de l'Europe qui avaient à s'organiser sur des bases nouvelles.

Ainsi, l'ampleur de la tâche à accomplir nécessitait à elle seule l'augmentation des moyens financiers des banques.

En outre, celle-ci était déterminée par la hausse générale des prix et l'accroissement corrélatif des fonds de roulement et des capitaux de fondation nécessaires. Certes, il n'était pas besoin pour les banques d'affaires d'augmenter leur capital proportionnellement à la dépréciation de l'argent : c'est que la hausse des prix n'intervenait vis-à-vis d'elles qu'au point de vue de l'accroissement des fonds de roulement des entreprises et des capitaux nécessaires pour les fondations nouvelles et les extensions de sociétés déjà existantes. Sous réserve des développements éventuels, les entreprises anciennes n'avaient besoin en effet d'augmenter leurs ressources que dans la mesure où leur fonds de roulement l'exigeait, leurs immobilisations déjà constituées (usines, bâtiments, par exemple) augmentant de valeur avec la dépréciation de l'argent sans nécessiter de mises de fonds nouvelles. De plus, dès l'armistice et la paix une importante catégorie de ressources, les comptes courants créditeurs, ne cessait de s'accroître, facilitant ainsi l'augmentation des ouvertures de crédit aux sociétés diverses et donnant à la trésorerie des disponibilités suffisantes pour les opérations habituelles de banque pure.

Enfin, il faut tenir compte de ce que les primes d'émissions de leurs actions nouvelles procuraient aux banques d'affaires des capitaux sensiblement supérieurs au chiffre nominal des émissions effectuées.

Dès la fin de l'année 1919, les deux plus importantes banques d'affaires françaises commencent à augmenter leur capital social, la Banque de Paris le portant de **100** à **150** millions, et l'Union Parisienne de **80** à **100** millions. Ces exemples sont bientôt suivis et, vers le milieu de l'année 1920, le capital du Crédit Mobilier est élevé de **80** à **100** millions, celui de la Banque Française de **60** à **100** et celui de la Société des Banques de Province de **100** à **200** (1/4 versé). A la même époque, l'Union Parisienne effectue une deuxième augmentation de **100** à **150** millions, et, récemment — septembre 1921 — la Banque de Paris agit de même en portant son capital de **150** à **200** millions. Il faut d'ailleurs souligner que, étant donné les difficultés de plus en plus grandes rencontrées pour réunir des assemblées extraordinaires, plusieurs de ces établissements ont, d'ores et déjà, autorisé leur conseil à augmenter encore leur capital, s'il y a utilité : tels l'Union Parisienne et le Crédit Mobilier, dont le capital peut être porté en une ou plusieurs fois jusqu'à **200** millions, les émissions nouvelles étant effectuées sur simple décision du conseil.

Par suite des primes d'émission des actions nouvelles, les banques d'affaires ont reçu d'importants capitaux supplémentaires qui sont venus grossir les réserves. C'est ainsi que la Banque de Paris reçoit en deux fois **50** millions (actions émises à 750 francs en 1919 et en 1921) qui, sous déduction des frais d'émissions, sont portés aux réserves, soit **22.500.000** francs pour la première augmentation de capital (1). De même, l'Union Parisienne reçoit respectivement 6 et 25 millions, soit, net, 5.000.000 et 22.600.000 portés aux réserves. Celles de la Banque Française s'accroissent de 3.200.000, montant exact de la prime d'émission. Quant au Crédit Mobilier et à la Société des Banques de Province, le montant des primes perçues de ce fait est de 1.200.000 francs pour le premier et de 6.000.000 pour le second de ces établissements.

Comme, d'autre part, d'importantes sommes prélevées sur les bénéfices annuels ont été portées aux réserves, qui au début de la guerre avaient vu leur montant considérablement réduit par suite des amortissements nécessaires, le total des ressources propres de ces banques — capital, réserves et provisions et aussi report à nouveau — marque depuis la fin de la guerre une augmentation sensible, ainsi que le montrent les tableaux suivants (en millions de francs).

| Dates | Banque de Paris et des Pays-Bas | | Union Parisienne | | Société Banques de Province | |
|---|---|---|---|---|---|---|
| | Capital versé | Total des ressources propres | Capital versé | Total des ressources propres | Capital versé | Total des ressources propres |
| 1er Janvier 1914 | 100 | 245,8 | 80 | 139,6 | 25 | 36 |
| 1er Janvier 1920 | 150 | 276,8 | 100 | 179,3 | 25 | 35,6 |
| 1er Janvier 1921 | 150 | 288,7 | 150 | 257,8 | 50 | 65,8 |

1. Le chiffre net relatif à l'augmentation de capital récente ne sera publié que lors de l'assemblée ordinaire pour l'exercice 1921.

| Dates | Crédit Mobilier | | Banque Française | |
| --- | --- | --- | --- | --- |
| | Capital versé | Total des ressources propres | Capital versé | Total des ressources propres |
| 1er Juillet (août) 1914. | 80 | 98,1 | 60 | 73,5 |
| 1er Juillet (août) 1919. | 80 | 86,8 | 60 | 74,2 |
| 1er Juillet (août) 1920. | 80 | 89,6 | 70 | 89,6 |

Si l'on fait entrer en ligne de compte les dernières augmentations de capital réalisées, on voit que, à l'heure actuelle, les ressources propres se chiffrent approximativement par **361,2** millions pour la Banque de Paris, **257,8**, pour l'Union Parisienne, **119,6** pour le Crédit Mobilier et **119,6** pour la Banque Française. En laissant de côté la Société Centrale, il s'ensuit que le total des ressources propres des quatre grandes banques d'affaires françaises se monte actuellement à *858 millions environ*, somme qui, sous forme de participations et d'ouvertures de crédit, sert à financer l'industrie nationale et à constituer des entreprises françaises à l'étranger. A ce chiffre, il faut d'ailleurs ajouter une partie du montant des comptes courants créditeurs qui, dans la mesure où leur exigibilité n'est pas immédiate, peuvent servir à consentir des avances aux entreprises et qui, d'après les derniers bilans, se chiffrent par **2.068** millions.

# CHAPITRE II

## ACTIVITÉ FINANCIÈRE
## DES DIVERSES BANQUES D'AFFAIRES

Les besoins financiers de l'Etat français étant demeurés après la guerre extrêmement importants, les Banques d'affaires ont continué à lui apporter leur plus entier concours, tant au point de vue de l'émission des grands emprunts de consolidation qu'à celui de la souscription des bons de la Défense Nationale. Le montant de ce poste dans les bilans de la Banque Française, seul établissement qui ne présente pas sous une seule rubrique les bons et le portefeuille-effets, est en progression considérable : 253 millions au 31 juillet 1920 contre 147 et 94 en 1919 et 1918. De plus, les banques d'affaires ont encore développé leurs opérations de change à terme garanties par l'Etat, opérations dont l'utilité était de plus en plus grande avec la hausse énorme des devises étrangères.

*Montant des opérations de change à terme garanties*
*(en millions de francs).*

| Bilan au 31/12 | Banque de Paris | Union Parisienne | Bilan au 30/6 ou 31/7 | Crédit Mobilier | Banque Française |
|---|---|---|---|---|---|
| 1919 | 112,9 | 67,5 | 1919 | 26,6 | 35,2 |
| 1920 | 98,6 | 72,4 | 1920 | 56,9 | 50,7 |

Etant donné l'importance des grands emprunts nationaux, il est évident que l'épargne française ne peut à l'heure actuelle être captée sur son propre marché au profit d'Etats étrangers. Aussi, depuis l'armistice, aucun emprunt étranger n'a été émis en France. Quelques rares opérations financières, des avances à court terme, ont été faites avec des gouvernements étrangers, mais ces avances n'étaient nullement le prélude d'emprunts ultérieurs et étaient simplement consenties dans un but commercial. C'est ainsi que le Crédit Mobilier participe à deux reprises, au cours de l'exercice 1919-20, à des avances faites au gouvernement tchéco-slovaque « pour faciliter les échanges commerciaux que l'instabilité des changes rendait difficiles » et le rapport mentionne que « ces opérations entourées de toutes garanties sont maintenant liquidées » (1).

En dehors des grandes émissions habituelles de la Ville de Paris, du Crédit Foncier et des Compagnies de chemins de fer, et de la constitution et des émissions d'obligations du Crédit National, auxquelles elles ont participé, les banques d'affaires ont avant tout porté leur activité vers les entreprises industrielles et, en général, vers les sociétés privées diverses. Au sortir d'une période de destruction et de ruines, où l'activité de nombreux pays avait été uniquement orientée vers la guerre, le retour à une vie économique plus normale, la reprise des échanges internationaux et la reconstitution nécessaire des régions dévastées ont amené une activité industrielle et commerciale d'autant plus intense que les prix augmentaient sans cesse et que les débouchés étaient faciles. Pour mettre

1. Rapport à l'assemblée du 25 novembre 1920.

leurs fonds de roulement en harmonie avec les nouveaux prix des matières premières et des salaires, les entreprises — qui usaient d'ailleurs largement des ouvertures de crédit en banque — ont dû effectuer de très nombreuses augmentations de capital ou émissions d'emprunts obligataires. D'autre part, c'était une floraison d'affaires nouvelles nécessitées par la restauration économique à l'intérieur et par la lutte commerciale sur les marchés étrangers. L'activité financière était donc particulièrement vive, et cela d'autant plus que l'état de guerre avait retardé la réalisation de nombre de ces opérations d'émission. — La restriction de la consommation provoquée par des prix excessifs, le bouleversement des changes ont bientôt entraîné d'ailleurs une crise mondiale et, par suite, une stagnation financière non moins vive que ne l'avait été l'activité antérieure.

Aussi bien au point de vue des genres d'affaires traitées qu'à celui des régions d'expansion, il est particulièrement intéressant de remarquer que les banques d'affaires françaises agissent d'après un plan d'ensemble très net qui s'affirme dans leurs rapports. C'est ainsi que, dans son rapport pour l'exercice 1920, la Banque de Paris innove de la façon la plus heureuse, non seulement en fournissant un compte rendu beaucoup plus détaillé qu'antérieurement, mais surtout en groupant les opérations financières effectuées par elle d'après la nature des entreprises : elle dégage ainsi clairement les directives de sa politique actuelle, définit les buts poursuivis et marque les résultats déjà obtenus.

Dans l'ensemble, c'est, d'une part, l'aide aux grandes industries — métallurgie, entreprises électriques, constructions et transports maritimes, entreprises de recons-

truction —, d'autre part, la création de sociétés coloniales et d'organismes divers dans le but de faciliter et de
développer le commerce extérieur. Enfin, l'importance
prise par le pétrole comme combustible, alors que la
France n'en possède pas sur son propre sol (1), à
conduit les banques d'affaires à prendre d'intéressantes
participations et à s'assurer le concours de Sociétés pétrolifères mondiales.

— *La Banque de Paris et des Pays-Bas* s'est en premier
lieu intéressée aux grandes industries métallurgiques et
électriques. Elle prend une part importante à l'émission
d'actions nouvelles et d'obligations de la Société des forges et aciéries du Nord et de l'Est, participe aux augmentations de capital de la Société des forges et aciéries de
Longueville, de la Compagnie de Fives-Lille, de la Société
des Etablissements Delaunay-Belleville, de la Société des
ateliers et chantiers de la Loire et aux émissions d'obligations des Chantiers navals français et de la Société des
forges et aciéries de Nord et Lorraine. D'autre part, elle
constitue le groupement des Constructions électriques de
France, dont l'objet principal est la fabrication du matériel nécessaire à l'électrification des chemins de fer; elle
prend une large part aux augmentations de capital de la
Compagnie française des procédés Thomson-Houston, de
la Société Electricité et Gaz du Nord, de l'Union d'Electricité et de la Compagnie générale de Télégraphie sans
fil. En outre, elle fonde la Société d'études du Haut-Rhône
et de la Compagnie Générale du Basalte dont les produits
sont utilisés pour l'appareillage électrique.

En ce qui concerne l'œuvre de reconstitution des pays

1. Tout au moins en l'état actuel des recherches.

dévastés, la Banque de Paris constitue la Caisse de prêts urgents aux agriculteurs des régions dévastées, la Caisse foncière de crédit pour l'amélioration du logement ouvrier, et la Société nouvelle de constructions et de travaux qui concourt aussi à l'exécution de grands travaux publics ; dans le même ordre d'idées, elle prend une participation dans l'augmentation de capital de la Compagnie nouvelle des ciments Portland du Boulonnais.

La reconstitution de notre marine marchande, décimée par la guerre, exigeant d'importants capitaux nouveaux, la Banque de Paris donne son entier concours aux augmentations de capital effectuées par trois des plus grandes compagnies de navigation françaises : Compagnie des Chargeurs Réunis, Compagnie des Messageries Maritimes et Compagnie Transatlantique. Avec le concours d'un groupe Belge, elle fonde la Caisse de Prêts fluviaux et maritimes, qui a pour but de faciliter le développement de la batellerie.

Le problème de l'approvisionnement national en pétrole ayant pris une importance primordiale, la Banque de Paris a pratiqué à ce point de vue une politique de large envergure. Elle se rapproche de l'une des plus puissantes sociétés existantes, la Standard Oil Company et constitue de concert avec elle, la Compagnie Standard Franco-Américaine. Pour reprendre les actions de la Steaua Romana fondée par les Allemands, elle forme un groupe Franco-Anglo-Roumain et constitue, avec le concours de maisons de la Haute Banque, la Steaua Française qui a pris la part revenant à la France dans le capital de la Steaua Romana et qui, par contrat, assure l'attribution à notre pays d'une partie des exportations de cette Société. Dans le courant de 1921, la Steaua Romana a triplé son capital, opération à laquelle la Banque de Paris a donné tout son concours. Par ailleurs, la Banque de Paris donne un important appui financier à l'Omnium International des Pétroles qui contrôle des sociétés roumaines et participe à son augmentation de capital. Enfin, elle acquiert des intérêts dans des affaires de pétrole en Galicie et s'intéresse à la fondation de la Société pour l'exploitation des Pétroles. « D'une manière générale, dit le rapport pour l'exercice 1919, nous faisons tous nos efforts en vue de coopérer au ravitaillement de la France en produits naturels et en matières premières dans les pays dont la politique est orientée vers l'Entente et chez lesquels nous pouvons trouver des conditions de change favorables ».

La Banque de Paris et des Pays-Bas a porté une large part de son activité vers la mise en valeur de nos colonies, qui, avant-guerre, était assez délaissée. Elle fonde un puissant organisme, la Compagnie Générale des Colonies, et lui assure le concours de la plupart des établissements de crédit et des grandes entreprises coloniales. Elle participe en outre à la constitution de nombreuses affaires coloniales : Compagnie minière et métallurgique de l'Indo-Chine, Compagnie cotonnière du Niger, Société commerciale et industrielle des Palmeraies Africaines et Compagnie Africaine de Commerce (Etablissements A. Lecomte).

Mais c'est vers le Maroc que, dès avant la guerre, la Banque de Paris était particulièrement orientée, à la tête du consortium français. A la fin des hostilités, son activité dans ce pays prend une ampleur nouvelle : « Nous avons repris et, à l'heure actuelle nous intensifions encore, dit le rapport pour 1919, l'action que nous avions entreprise avant la guerre pour l'outillage économique et la mise en valeur des ressources agricoles du Protectorat

Marocain ». Elle constitue la Société des Brasseries au Maroc et la Compagnie du Sebou et participe aux émissions d'obligations de la Société du chemin de fer de Tanger à Fez et de la Société des ports marocains de Mehedya-Kenitra et de Rabat-Salé. Elle assure les augmentations de capital de la Construction Marocaine, de la Compagnie du Sebou et de sa puissante filiale, la Compagnie Générale du Maroc qui, de concert avec les compagnies de chemins de fer Paris-Orléans et Paris-Lyon-Méditerranée et avec la Compagnie Marocaine, a obtenu la concession du réseau de chemins de fer du Protectorat.

Dans le double but de développer le commerce français international et d'accroitre ou d'amorcer sa propre expansion dans les pays étrangers, la Banque de Paris renforce le réseau de ses filiales ou correspondants bancaires. Alors qu'en Roumanie et en Bulgarie elle avait dès avant-guerre des intérêts dans de grandes banques (Banque Marmorosch, Banque Générale de Bulgarie), elle fonde la Banque Franco-Polonaise et prend une participation dans la Banque Générale de Commerce, en Bulgarie.

Par cette liaison avec des établissements bancaires de l'Europe Orientale, par sa participation dans de puissantes entreprises pétrolifères de cette région, la Banque de Paris pratique une politique d'expansion en Roumanie, en Bulgarie et en Pologne que vient faciliter la dépréciation du change de ces pays.

Pour étendre les relations d'affaires entre la France et l'Espagne, la Banque Française et Espagnole est constituée par elle avec le concours de trois importantes banques espagnoles : la Banque Espagnole de Crédit, qui fut fondée elle-même par la Banque de Paris, la Banque de

Viscaye et la Banque Urquijo. La Banque de Paris fonde, avec le concours d'autres grandes banques françaises, la Société commerciale, industrielle et financière pour la Russie; elle reprend un lot important d'actions de la Banque Impériale Ottomane, dans le conseil d'administration de laquelle entrent ses représentants (elle amorce d'ailleurs son expansion en Turquie en constituant la Société d'études de Mines en Asie-Mineure). Elle conclut un accord avec l'International Acceptance Bank, de New-York, et, de concert avec la Société Générale, assure l'augmentation de capital de sa filiale, la Banque Française et Italienne pour l'Amérique du Sud. Enfin dans un ordre d'idées analogue, elle participe à la constitution de la Banque Nationale Française pour le Commerce Extérieur, dont un des Vice-Présidents est M. Griolet, président du conseil d'administration de la Banque de Paris.

Parmi les principales opérations effectuées par la Banque de Paris dans des domaines divers, il faut citer la transformation en société anonyme et l'émission d'obligations de la Librairie Hachette, la constitution de la Prévoyance-Vie et de la Prévoyance-Incendie, sa participation à la création du Bureau d'organisation économique, enfin l'intéressant concours donné aux grands magasins : augmentation de capital du Bon Marché, émissions d'obligations de la Société Paris-France et de la Société des Galeries Lafayette qui crée à Londres avec son concours une société filiale.

Enfin, la succursale de Bruxelles de la Banque de Paris fait preuve, depuis la fin de la guerre, d'une grande activité, participant, entre autres, à la constitution des Constructions électriques de Belgique et assurant les augmentations de capital de la Société des usines John Cockerill et de la Société des usines métallurgiques du Hainaut.

Quant aux comptes courants débiteurs, composés pour la quasi-totalité d'ouvertures de crédit aux sociétés filiales, leur montant croît rapidement : de 139 millions en 1918, ils passent à 182 en 1919 et à 281 en 1920. Sous cette forme d'avances, la Banque de Paris apporte donc aux industries un appui financier extrêmement important.

— Fidèle à sa politique antérieure, l'*Union Parisienne* s'est en premier lieu intéressée à l'industrie métallurgique. Elle assure les augmentations de capital des sociétés dans lesquelles elle a déjà des participations et donne son concours à celles d'entreprises métallurgiques diverses : Société d'outillage mécanique et d'usinage d'artillerie et Société française de constructions mécaniques, dont elle émet en outre des obligations, Louvroil et Recquignies, Tréfileries et Laminoirs du Havre, Horme et Buire, Société des aciéries de Longwy, Société nouvelle des Etablissements Decauville, Ateliers et chantiers de la Loire, Forges et chantiers de la Méditerranée. Elle donne son concours aux émissions d'obligations des Sociétés provençale et normande de constructions navales, de la Société de moteurs à gaz et d'industrie mécanique et des anciens Etablissements Chavanne Brun.

Mais, de même qu'elle avait constitué avant-guerre un groupe puissant d'entreprises métallurgiques russes, parallèlement à son action en France, l'Union Parisienne porte ses efforts vers le bassin industriel du centre de l'Europe et prend d'importants intérêts dans la grande industrie métallurgique tchéco-slovaque, hongroise et polonaise. Dans ce but, elle constitue, avec le concours du groupe Schneider, l'Union Européenne Industrielle et

Financière, puissant omnium au capital de 75 millions de francs qui s'est assuré le contrôle des Etablissements Skoda, des Charbonnages de Teschen, de la Société Autrichienne métallurgique et minière et des Forges et aciéries de la Huta-Bankowa dont l'Union Parisienne a réalisé l'augmentation de capital. De plus, grâce à une augmentation de capital à laquelle s'est intéressée l'Union Parisienne, l'Union Européenne a pris un très fort intérêt dans la Banque Générale de Crédit Hongrois qui détient des participations importantes dans les principales sociétés industrielles de l'ancienne Hongrie et qui est un des plus puissants organismes financiers du pays. Ainsi, au point de vue grande industrie métallurgique, l'Union Parisienne, grâce à une politique de très large envergure, visant d'emblée les plus puissantes entreprises existantes dans ces pays, a réalisé en Tchéco-Slovaquie et en Hongrie une emprise financière indiscutable et tout à fait intéressante. Possédant de ce fait une situation privilégiée dans ces pays, elle pourra largement profiter de leur relèvement économique et de leur essor industriel ultérieur.

En ce qui concerne les entreprises d'électricité, l'Union Parisienne assure l'augmentation de capital de ses filiales, l'Energie électrique du Nord de la France et la Compagnie française de tramways et d'éclairage électriques de Shanghaï, et participe à celles de l'Union d'Electricité et de la Société Centrale pour l'industrie électrique. Elle donne son concours aux émissions d'obligations de l'Energie électrique Rhône et Jura, de l'Energie de Seine et Yonne, de l'Union d'Electricité et des Sociétés Fusion des gaz et Gaz et eaux.

Au point de vue des transports maritimes, la Banque de

l'Union prend une part importante aux augmentations de capital des Messageries Maritimes, des Chargeurs Réunis, de la Compagnie Générale Transatlantique, et de la Compagnie auxiliaire de navigation.

De même que la Banque de Paris, l'Union Parisienne s'intéresse particulièrement à la question du pétrole. Elle prête son appui financier à la réorganisation de l'Astra Romana, société qu'elle avait fondée avec le concours de la Royal Dutch et dont les installations avaient subi de sérieux dommages pendant la guerre ; elle participe à l'augmentation de capital de l'Omnium International des Pétroles, et, surtout, elle fonde la Société pour l'exploitation des Pétroles : « La question des carburants est d'un intérêt trop actuel et trop puissant pour notre vie nationale, dit le rapport pour 1919, pour qu'elle n'ait pas attiré notre attention. Avec le concours de la Royal Dutch et des principales maisons françaises spécialisées dans l'industrie du pétrole, nous avons fondé la Société pour l'exploitation des Pétroles, au capital de 20 millions de francs, ayant pour objet l'acquisition, l'affermage, l'exportation, l'exploitation, la mise en valeur de tous terrains pétrolifères ou de leurs concessions en tous pays ». Ainsi, la Banque de Paris et l'Union Parisienne se lient respectivement avec les deux plus puissantes sociétés de pétrole mondiales, Standard Oil et Royal Dutch, et assurent à la France au point de vue de son ravitaillement en pétrole des appuis extrêmement précieux.

L'Union Parisienne a aussi porté une large part de ses efforts vers les sociétés coloniales. Elle concourt à la fondation de la Compagnie Générale des Colonies et à la réalisation des augmentations de capital de la Société commerciale, industrielle et agricole du Haut Ogooué, de la

Compagnie française du coton colonial, de la Compagnie de culture cotonnière du Niger ; au Maroc, elle assure l'augmentation de capital de la Compagnie Marocaine et participe à celles de la Compagnie Générale du Maroc et de la Société des moulins du maghreb et en outre à l'émission d'obligations de la Société des ports marocains de Mehedya-Kenitra et de Rabat-Salé.

Pour développer le commerce français international, l'Union Parisienne prend part à la fondation de la Société commerciale, industrielle et financière pour la Russie ; elle constitue la Compagnie française pour l'Amérique du Nord, dont l'objet principal est de faciliter l'obtention de crédits aux Etats-Unis et au Canada, et la Compagnie française du Levant, au sujet de laquelle le rapport pour 1919 s'exprime ainsi : « Dans un but analogue, atténuer la crise du change en favorisant l'exportation des produits français, nous avons fondé, avec le concours de MM. Schneider et Cie, d'autres sociétés industrielles importantes et de la Compagnie des Messageries Maritimes, la Compagnie française du Levant, destinée à développer notre commerce national dans les pays du bassin oriental de la Méditerranée. »

Dans ce même but et aussi pour développer son expansion à l'étranger, l'Union Parisienne, en dehors de sa participation à la fondation de la Banque Nationale du Commerce extérieur, accroît encore son réseau, déjà si puissant, de filiales bancaires ou d'établissements correspondants à l'étranger. Elle réorganise la Banque Internationale à Luxembourg, concourt à la fondation de la Banque Française et Espagnole et prend des intérêts, ainsi que nous l'avons vu, dans la Banque Générale de Crédit Hongrois. En outre, elle donne tout son appui à la réorganisation de ses filiales balkaniques éprouvées par la guerre, Banque Commerciale Roumaine, Banque Franco-Serbe et Banque d'Athènes (1). De la sorte, avec ces quatre grands établissements bancaires, la Banque de l'Union s'assure une influence financière considérable dans les pays balkaniques, hongrois et tchéco-slovaque.

Dans des domaines divers, l'Union Parisienne effectue quelques créations particulièrement intéressantes. De concert avec la Société Générale de Belgique, elle fonde la Banque Générale du Nord, qui a absorbé la maison Verley-Decroix et la Banque Centrale de Maubeuge et qui, au point de vue du placement de titres, vient apporter à l'Union un élément de force très important. L'activité du nouvel établissement s'est rapidement développée, et, peu après sa fondation, son capital a dû être porté de 50 à 100 millions. Par ailleurs, la Banque de l'Union constitue la Société industrielle de transports automobiles et la Compagnie d'alimentation et d'installation frigorifiques, vaste omnium qui groupe diverses entreprises d'abattoirs industriels et d'alimentation, notamment la Société d'abattoirs et d'entreprises frigorifiques constituée par l'Union en 1913. Elle participe à la fondation de l'Union industrielle de crédit pour la Reconstruction et de la Société des Transports en commun de la région parisienne. Enfin elle prend part aux augmentations de capital de sa filiale, la Société ardoisière de l'Anjou, de l'Air liquide et de la Société des Magasins du Printemps.

Sous forme d'ouvertures de crédit, la Banque de l'Union apporte aussi à l'industrie un appui financier de tout pre-

1. Voir rapport pour l'exercice 1919.

mier ordre. Le montant de ses comptes courants débiteurs passe de 146 millions en 1918 à 213 en 1919 et à 232 en 1920, cependant que les prêts sur titres et avances diverses se chiffrent par 114 millions contre 47 et 73 en 1918 et 1919. Cette augmentation considérable découle de la politique générale de l'Union Parisienne, de plus en plus orientée vers l'industrie, et particulièrement de sa liaison avec la grande industrie métallurgique qui, au sortir de la guerre, avait à renouveler son matériel et à l'adapter à de nouveaux objets.

— L'activité du *Crédit Mobilier* a été principalement dirigée vers l'industrie métallurgique. Il assure les augmentations de capital et les émissions de bons des deux sociétés avec lesquelles il est particulièrement lié, la Compagnie générale de construction de locomotives et la Société métallurgique de Montbard-Aulnoye. Il prend une part importante à la fondation de la Société Lorraine minière et métallurgique et à celle de la Société des fours à coke et installations métallurgiques, à l'augmentation de capital des Forges et aciéries de la Marine et d'Homécourt et fait partie du syndicat qui garantit l'émission d'actions nouvelles des Forges et aciéries de Huta-Bankowa.

En second lieu, le Crédit Mobilier s'intéresse aux entreprises d'électricité, participant aux augmentations de capital de la Compagnie française Thomson Houston, de la Compagnie des Câbles Télégraphiques, de l'Union d'Electricité, et aux émissions d'obligations de la Compagnie d'Électricité de Limoges et de l'Union d'Electricité.

Au point de vue du commerce extérieur, le Crédit Mobilier se range parmi les fondateurs de la Société commerciale, industrielle et financière pour la Russie.

De même que les deux principales banques d'affaires, il tourne son activité vers les pays de l'ancienne Autriche, des Balkans et de l'Orient, en constituant, de concert avec la Société Générale, la Banque Française de Syrie et en prenant des participations dans les augmentations de capital de la Banque de Crédit de Prague et de la Banque Marmorosch Blank et C^ie.

Dans des domaines divers, le Crédit Mobilier participe à la fondation de la Société des Pétroles d'Alsace, à celle de la Société Hachette et Cie et de la Banque Nationale pour le Commerce Extérieur, aux augmentations de capital de la Compagnie Générale Transatlantique et de la Compagnie forestière Shangha-Oubanghi. En outre, il fait partie du groupe qui a repris le contrôle de la Société des chemins de fer orientaux et est l'un des principaux fondateurs de la Compagnie Générale des Tabacs dans le conseil de laquelle il a plusieurs représentants : l'essor de cette société a été rapide et le Crédit Mobilier a largement contribué à ses augmentations de capital successives.

D'autre part, le Crédit Mobilier a complètement liquidé ses intérêts à Porto-Rico : au cours de la guerre, il avait déjà réalisé sa participation dans la Sucrerie Centrale de Coloso et, en 1920, il liquide celle qu'il avait dans les chemins de fer de ce pays.

Le Crédit Mobilier apporte aussi à l'industrie une aide intéressante sous forme d'avances en compte courant qui, de 46 millions en 1919, passent à 50 en 1920 et à 76 au 30 juin 1921.

— C'est aussi vers l'industrie métallurgique que la *Banque Française* a particulièrement tourné ses efforts. Elle constitue, avec l'appui d'un groupe belge, la Société des fours à coke et installations métallurgiques et elle participe aux augmentations de capital de la Compagnie générale de construction de locomotives, des Tréfileries et Laminoirs du Havre, des Hauts-fourneaux, forges et aciéries de Steinfort, des Forges et aciéries électriques Paul Girod, et aux émissions d'obligations de la Société Normande de constructions navales, des Forges et aciéries du Nord et de Lorraine, des Aciéries d'Hagondange, des Forges et ateliers de construction Latécoère et des Usines métallurgiques de la Basse-Loire. En outre, elle prend une participation dans l'Union Européenne Industrielle et Financière et concourt à l'augmentation du capital des Forges et aciéries de la **Huta-Bankowa**.

Au point de vue industrie électrique, la Banque Française s'intéresse à l'augmentation de capital de la **Compagnie** Thomson-Houston et aux émissions d'obligations de l'Energie électrique du littoral méditerranéen et de l'Energie électrique du Sud-Ouest. Par ailleurs, elle prend une large part à l'émission d'actions nouvelles de la Compagnie Générale Transatlantique et à celle d'obligations des Armateurs français. En ce qui concerne l'industrie automobile, elle assure l'augmentation de capital de la Société des Automobiles Bellanger et participe à l'émission d'obligations de la Société Lorraine-Diétrich. Enfin, elle fonde la Société auxiliaire agricole, assure l'augmentation de capital des Etablissements Kuhlmann et participe à celle de la Banque Nationale de Crédit avec laquelle elle est particulièrement liée.

Au point de vue commerce extérieur, son action a été assez restreinte et se limite au concours donné à la formation de la Banque Nationale Française pour le Com-

merce Extérieur et à l'émission des obligations des Etablissements Orosdi-Back.

A l'étranger, son action n'est importante qu'au Maroc et
en Turquie. Au Maroc elle prend part à l'augmentation
de capital de la Compagnie Générale du Maroc et à
l'émission d'obligations de la Société des ports marocains. En Turquie, elle effectue une opération particulièrement intéressante qui est la prise du contrôle de la
Compagnie d'exploitation des chemins de fer orientaux,
opération au sujet de laquelle le rapport pour l'exercice
1919-1920 s'exprime en ces termes : « Nous sommes heureux d'avoir pu grouper autour de nous des intérêts
industriels et financiers, qui sont parmi les premiers de
notre place, pour reprendre l'entier contrôle de la Compagnie d'exploitation des chemins de fer orientaux.
Cette entreprise d'origine française était passée depuis
longtemps entre les mains des ressortissants des puissances centrales. Nous nous réjouissons d'avoir fait rentrer sous l'influence de notre pays un réseau dont les
remaniements territoriaux, dus aux récentes guerres balkaniques, ont peut-être diminué la longueur kilométrique,
mais n'ont pu affaiblir l'importance économique qui se
trouve au contraire accrue par les derniers événements.
N'oublions pas, en effet, que, même réduits à 500 kilomètres environ, les chemins de fer orientaux constituent,
en même temps que le seul accès sur Constantinople, le
chaînon terminal sur la terre d'Europe de la longue
voie ferrée appelée à relier l'Occident aux Indes Orien-
tales ».

De même que ceux des autres banques d'affaires, les
comptes courants débiteurs de la Banque Française croissent rapidement et passent de 39 millions en 1919 à 84

en 1920 et ses avances sur garanties se montent à 24 millions en 1920 contre 16 en 1919.

— En dehors de son concours à des entreprises régionales diverses, la *Société Centrale des Banques de Province* a porté son activité spécialement vers trois branches d'affaires : métallurgie, transports maritimes, entreprises de reconstruction. Mais son activité créatrice a été très faible et elle s'est contentée le plus souvent de participer aux émissions.

Au point de vue métallurgie, elle prend une part importante à la fondation de la Société Lorraine minière et métallurgique qui a acquis en Lorraine désannexée des usines et des mines qui appartenaient auparavant à des Allemands. La Société Centrale concourt en outre aux émissions d'obligations de la Société des Aciéries de Micheville, de la Société des constructions mécaniques de la Courneuve, de la Société des forges de Froncles et de Vraincourt, des Hauts-fourneaux et fonderies de Pont-à-Mousson, des Chantiers généraux. Au point de vue transports maritimes, elle assure les émissions des sociétés dans lesquelles elle est intéressée : obligations des Affréteurs Réunis, actions nouvelles et bons de la Compagnie des Vapeurs français. Dans le domaine des entreprises de reconstruction, elle prend part à l'augmentation de capital de la Caisse Générale de l'industrie et du bâtiment, au placement des actions de la Société pour la Reconstruction de Reims et des pays dévastés et des bons, de la Société générale d'entreprises. Enfin, elle prend une part très importante à la fondation de Compagnie Générale des Tabacs, dans le conseil de laquelle elle est représentée, et aux émissions des entreprises du groupe Bessonneau (Câbleries d'Angers, Applications industrielles du bois, Meuble massif...).

Si les créations effectuées par la Société Centrale et les participations prises par elle sont relativement peu nombreuses, par contre, son concours à l'industrie sous forme d'ouvertures de crédit, devient extrêmement important. Ses avances en compte courant croissent, en effet, avec une rapidité très grande : 47 millions en 1918, 151 en 1919, 229 en 1920. Il est vrai que dans ces chiffres figurent pour une part importante des opérations de crédit purement commercial à des intermédiaires divers.

Il faut de plus mentionner que les banques d'affaires ont fait partie de la plupart des syndicats de garantie constitués pour assurer les augmentations de capital des principaux établissements bancaires français et des banques de province importantes. C'est là, en effet, un concours que les banques ont l'habitude de se prêter largement les unes aux autres et les syndicats fondés en vue de ces opérations financières comprennent toujours un très grand nombre de participants.

De cette étude successive de l'activité des banques d'affaires envisagées, se dégagent des différences très nettes entre elles que l'examen des bilans viendra d'ailleurs corroborer. Alors que la Banque de Paris et l'Union Parisienne développent sans cesse avec vigueur leur activité au point de vue des opérations financières, le Crédit Mobilier ne les suit que de très loin et la Banque Française est stationnaire, pratiquant à ce point de vue une politique assez timorée. Quant à la Société des Banques de Province, son activité créatrice, considérée jusqu'en 1920, s'atténue sensiblement.

CHAPITRE III

## CARACTÉRISTIQUES DE LA POLITIQUE INDUSTRIELLE DES BANQUES D'AFFAIRES

L'étude précédente décèle l'importance de l'action des banques d'affaires vis-à-vis de l'industrie en général et tout particulièrement de l'industrie nationale. La politique amorcée par les banques d'affaires au cours de la guerre reçoit son plein épanouissement : *l'appui financier à l'industrie nationale forme maintenant la base des opérations des grandes banques d'affaires.* Si l'on examine le tableau des émissions pour 1919 et 1920, on constate d'ailleurs que, malgré l'énormité des emprunts publics en 1920 (et non compris les bons de la Défense Nationale qui au 31 décembre 1920 se chiffraient par 49.400 millions), les émissions d'actions nouvelles et d'obligations de sociétés industrielles ou diverses atteignent des chiffres très importants (voir tableau page ci-contre).

Il est nécessaire d'insister sur ce point et d'essayer de caractériser cette activité particulièrement intéressante des banques d'affaires vis-à-vis de l'industrie nationale.

En premier lieu, les ouvertures de crédit aux entreprises industrielles prennent une importance grandissante. Au premier bord, ce fait ne paraît point général, car si

*Émissions et introductions en Bourse en 1919 et 1920 (en millions de francs)* (¹)

| Années | Fonds d'Etats, de départements, de villes | | Actions de Sociétés industrielles et diverses | | Obligations et bons de Sociétés industrielles et diverses | | Total des émissions | | | Pourcentage des émissions étrangères dans le total |
|---|---|---|---|---|---|---|---|---|---|---|
| | Français | Etran-gers | Fran-çaises | Etran-gères | Fran-çaises | Etran-gères | Françaises | Etran-gères | Globales | |
| 1919 | 1.500 | » | 2.141 | 386 | 6.988 | 51 | 10.629 | 437 | 11.066 | 2,40 |
| 1920 | 12.640 (1) | » | 5.051 | 119 | 8.032 | 6 | 55.723 | 125 | 55.848 | 0,22 |

1. Montant nominal. Il faudrait tenir compte des cours d'émission, l'emprunt de février 1920 ayant été émis à 130 francs et étant remboursable à 150 francs, et d'autre part déduire le montant des bons de la D. N. et des rentes anciennes remis en souscription.

(¹) D'après les statistiques de l'*Economiste Européen*

les montants des avances et comptes courants débiteurs augmentent très rapidement en valeur absolue pour toutes les banques, leurs pourcentages par rapport à l'ensemble de l'actif diminuent sensiblement en 1919 et 1920 par rapport à 1913 pour la Banque de Paris et des Pays-Bas (20,9 et 20,3 0/0 contre 42,4 0/0) et le Crédit Mobilier (20,8 et 16,5 0/0 contre 37,4 0/0). Mais, avant la guerre, ainsi que nous l'avons vu, les comptes courants débiteurs des banques étaient composés des avances, parfois très importantes, consenties aux Etats et des ouvertures de crédit aux sociétés filiales, dont les plus puissantes et les plus nombreuses étaient des crédits fonciers et des entreprises de travaux publics à l'étranger. Au contraire, après la guerre, la partie de beaucoup la plus grande de ces comptes courants est formée d'ouvertures de crédit aux entreprises industrielles nationales qui reçoivent donc de ce fait, au point de vue absolu, et certainement aussi au point de vue relatif, un concours singulièrement augmenté.

L'explication de ce fait est d'ailleurs facile : les nécessités de la défense ont entraîné pour la plupart des industries des extensions considérables, cependant que les fonds de roulement devaient croître avec la hausse des prix. Or, jusqu'en 1917, l'épargne française répondait bien aux appels de l'Etat, mais, le marché financier étant désorganisé, elle n'était pas en mesure de fournir à l'industrie les capitaux qui lui auraient été nécessaires ; par la suite, les émissions, en sensible reprise, ont dû pourtant rester assez limitées. Les banques et particulièrement les banques d'affaires ont tâché de pallier cette insuffisance des émissions publiques et ont consenti aux sociétés diverses de larges découverts. Après la guerre, alors que le marché financier avait rapidement repris une activité intense, les avances se sont développées encore : ce faisant, les banques d'affaires restaient dans leur rôle et ne faisaient qu'accomplir leur fonction de financement. Elles doivent assurer le développement de leurs filiales, les aider à traverser les périodes difficiles, donner leur appui financier aux sociétés, leurs clientes, qui ont besoin de ressources et préfèrent ajourner l'appel à l'épargne. N'ayant à leur passif que des ressources dont l'exigibilité n'est en général pas immédiate, elles n'ont pas, nous l'avons vu, à craindre des retraits en masse et, au point de vue des ouvertures de crédit, leur situation diffère donc entièrement de celles des banques de dépôts.

Celles-ci, au contraire, auraient sans doute pu s'engager moins avant, de façon à ne pas se trouver dans l'obligation, la crise venue, de restreindre et dénoncer des crédits à des entreprises souvent peu assises qui n'avaient vécu jusque là que grâce aux découverts bancaires. Certes, il est, à notre avis, au plus haut point souhaitable que les banques en général pratiquent les avances à l'industrie et au commerce beaucoup plus largement qu'elles ne le faisaient avant guerre. Mais il nous paraît que mauvaise est la méthode qui consiste à enfler considérablement les crédits en période de prospérité pour les réduire alors qu'une crise survient. Mieux vaut, en temps normal, conserver une marge qui permettra le moment venu, de soutenir plus avant les entreprises dont la trésorerie sera gênée. Dans un article de la *Revue Politique et Parlementaire* du 10 janvier 1921, M. Allix caractérisait très justement les crédits bancaires : « On ne saurait, croyons-nous, définir plus exactement le caractère de ce crédit demandé à la banque qu'en disant qu'il représente la dette flottante de l'entreprise. L'entreprise qui veut vivre des ressources de banque, c'est l'Etat qui veut vivre de la dette flottante.

« Les finances publiques et les finances privées ont, en effet, des règles communes et sont exposées à de communes erreurs. Il est curieux de constater qu'elles sont tombées dans les mêmes fautes, pendant ces dernières années, en renversant l'ordre normal des ressources auxquelles elles doivent s'adresser. Que voyons-nous figurer au premier plan ? Ici, la dette flottante ; là, le crédit **de** banque. Au second plan : ici, les grands emprunts **publics,** là, l'émission d'obligations. A l'arrière plan, enfin : ici l'impôt, là. le capital actions, c'est-à-dire la ressource fondamentale et la seule qui n'inflige point de charges. C'est là un système aussi nuisible aux affaires privées qu'aux affaires publiques (1) ».

En second lieu, la politique de grandes entreprises nationales qu'indiquait le Crédit Mobilier dans un de ses rapports, s'affirme nettement, et dans le choix des genres d'affaires traitées, et dans le choix des entreprises dans une catégorie donnée. L'œuvre de restauration nationale, reconstitution des pays dévastés et développement de l'industrie, forme la base de l'action des banques d'affaires. C'est elle qui détermine les directives de leur politique ; leur activité se porte vers la métallurgie, car c'est peut-être l'industrie la plus importante au point de vue national et au point de vue des exportations ; vers les entreprises d'électricité, car la France, d'autant plus pauvre en charbon que la production de ses mines du Nord est actuellement réduite, doit mettre en valeur ses forces hydro-élec-

______

1. E. Allix : la Banque et l'Industrie. *Revue politique et parlementaire,* 10 janvier 1921, p. 53.

triques ; vers les entreprises s'occupant directement de la reconstitution et vers les compagnies de transports maritimes, car le relèvement de notre marine marchande est une condition nécessaire de l'essor de nos exportations ; c'est enfin la politique du pétrole qui cherche à assurer au pays le combustible qui lui manque. En outre, la mise en valeur de nos colonies est au premier chef une œuvre nationale et peut d'ailleurs entraîner une diminution de nos achats à l'étranger.

Et, dans chaque nature d'industrie, les banques d'affaires cherchent à constituer de puissantes entreprises capables de lutter sur le marché mondial : c'est le groupe Schneider qui se développe sans cesse (1) ; ce sont les fondations du groupement des Constructions Electriques, de la Compagnie Générale du Basalte, de la Compagnie Standard Franco-Américaine, de la Société pour l'exploitation des Pétroles, de la Compagnie Générale des Colonies, de la Société d'abattoirs et d'entreprises frigorifiques, de la Société des fours à coke et installations métallurgiques, de la Société Lorraine minière et métallurgique, de l'Union d'Electricité, de la Société nouvelle de constructions et de travaux, de la Société des Transports en commun de la région parisienne, de la Compagnie Générale des Tabacs, toutes sociétés puissantes dont les sept ou huit premières citées offrent, d'ailleurs, les caractéristiques des omniums (et à ce point de vue, il ne faut pas oublier le puissant omnium à l'étranger qu'est, ainsi que nous

1. Dans le bilan des Etablissements Schneider présenté à l'assemblée générale du 30 novembre 1921, l'actif atteint 713 millions, les valeurs en portefeuille et participations se chiffrant à elles seules par 175 millions.

l'avons dit, l'Union Européenne Industrielle et Financière).

Pour pratiquer cette politique, les banques d'affaires opèrent d'ailleurs en liaison intime avec les grandes entreprises industrielles : de plus en plus, on procède par voie de créations en commun, de participations réciproques, de fusions et l'on cherche à réaliser des accords qui substituent à la concurrence individuelle poussée à l'excès un régime de large entente permettant de lutter dans de meilleures conditions sur les marchés étrangers. Dans une même catégorie d'industrie, on voit ainsi la Compagnié des forges et aciéries de la Marine et d'Homécourt s'intéresser avec la Banque de Paris à l'augmentation de capital des Etablissements Delaunay-Belleville ; la Société pour l'exploitation des Pétroles est fondée par la Banque de l'Union et la Royal Dutch avec le concours des principales maisons françaises de pétrole ; la Banque Française constitue la Société des fours à coke et installations métallurgiques de concert avec un groupe d'industries belges ; plusieurs firmes métallurgiques françaises participent à la constitution de la Société Lorraine minière et métallurgique ; la plupart des grandes entreprises coloniales prennent des participations dans la Compagnie Générale des Colonies ; récemment enfin, les usines de la Basse-Loire et les Forges du Nord et de l'Est ont fusionné de façon à constituer un groupement important capable d'un vigoureux effort sur les marchés étrangers (1).

D'autre part, des sociétés industrielles prennent des

---

1. Voir les rapports aux assemblées générales extraordinaires de ces sociétés en 1921.

intérêts dans des entreprises situées à un autre stade de
la production de façon à se ménager des débouchés : les
Forges et aciéries du Nord et de l'Est participent à la
création de la Société nouvelle de constructions et de travaux et la Société d'outillage mécanique, à celle de la
Société industrielle de transports automobiles ; des firmes
industrielles font partie du groupe qui, sous la direction de
la Banque Française, a repris le contrôle de la Compagnie
des chemins de fer orientaux ; c'est par un groupe de banques et de sociétés industrielles qu'est constituée la
Société commerciale, industrielle et financière pour la
Russie et à la fondation de la Compagnie française du
Levant, effectuée par l'Union Parisienne, participent
MM. Schneider et C<sup>ie</sup>, diverses sociétés industrielles importantes et la Compagnie des Messageries Maritimes.

Cette politique de liaison avec l'industrie a eu de plus
une conséquence extrèmement intéressante, c'est l'entrée
d'industriels dans les conseils d'administration des banques d'affaires. Avant la guerre, si les financiers étaient
souvent nombreux dans les conseils des sociétés industrielles, il n'y avait pas d'industriels — sauf exception —
dans les conseils de ces banques ni dans ceux, d'ailleurs,
des établissements bancaires en général. La liaison par
les conseils d'administration était unilatérale. Un conseil
d'administration de banque était principalement composé
de financiers et d'anciens hauts fonctionnaires du Ministère des Finances, de la Cour des Comptes, du Conseil
d'Etat et des Ambassades.

L'Union Parisienne a nettement marqué dans ses rapports cette nouvelle orientation. A l'assemblée extraordinaire de juin 1919, il était dit : « Mettant à profit les relations que nous nous sommes créées et que nous avons

développées au cours de ces dernières années, nous pensons qu'il serait avantageux pour l'avenir et la prospérité de notre banque de les affirmer et de les resserrer. Pour atteindre ce but, votre Conseil pourrait s'adjoindre plusieurs représentants de la haute industrie, complétant ainsi la formule du groupement des Maisons de haute banque qui a si heureusement présidé à la fondation de notre établissement. Mais l'article 19 ne fixant actuellement qu'à 14 le nombre maximum des membres du Conseil, nous vous en demandons en conséquence la modification pour pouvoir le porter à 18 ».

Et le rapport pour 1919 est plus explicite encore :

« Vous savez par nos précédents rapports que, depuis plusieurs années, nous poursuivons une politique d'étroite collaboration avec divers groupes industriels des plus puissants.

« Nous avons pensé, d'accord avec eux, qu'il y avait intérêt réciproque à affirmer et cimenter cette union, en appelant à siéger parmi nous les représentants les plus qualifiés de ces groupes, et c'est dans ce but que nous avions demandé à l'assemblée générale extraordinaire du 27 juin dernier de porter à 18 le nombre maximum de vos administrateurs.

« Usant de la faculté que lui donnait l'article 21 des statuts, votre Conseil, au lendemain de cette assemblée, a nommé administrateurs M. H. Darcy, Président du Comité des Houillères de France, M. A. Fournier, directeur général des Etablissements Schneider et C<sup>ie</sup> et M. Humbert de Wendel, maître de forges.

« Plus récemment, au retour de la mission aux Etats-Unis dont le Gouvernement lui avait confié la présidence, M. Eugène Schneider, gérant des Établissements Schneider et Cie, est également venu prendre place parmi nous.

« Ces hautes personnalités sont trop connues et trop appréciées dans les milieux industriels et financiers pour qu'il soit besoin de faire leur éloge ».

De même, la Banque de Paris appelle dans son conseil, au cours de la guerre, M. Robert Delaunay-Belleville, administrateur général des établissements qui portent son nom ; dans le conseil du Crédit Mobilier entre M. Louis Guérin (1), grand industriel du Nord (industrie linière) ; dans celui de la Banque Française, c'est M. Donat Agache, président du conseil des Etablissements Kuhlmann et M. Jules Lorthiois, un des plus importants industriels roubaisiens ; dans celui de la Banque Française, c'est M. Bessonneau, gros industriel d'Angers.

D'ailleurs, bien d'autres établissements bancaires agissent de même et, pour ne citer que les deux dont nous avons parlé au cours de cette étude, le conseil du Crédit Français s'adjoint MM. Bellanger et Masurel-Prouvost, et celui de la Société Générale, quatre personnalités industrielles dont la nomination est annoncée en ces termes : « Pour remplacer..., nous avons fait choix de quatre nouveaux collègues : M. François Dujardin-Baumetz, ingénieur civil, Edmond Dupuis, président de la Société métallurgique de Montbard-Aulnoye, Edouard Gouïn, administrateur de la Société de construction des Batignolles, Paul Nicou, administrateur délégué des Aciéries de Micheville.

« Il ne nous semble pas nécessaire d'expliquer longuement les motifs de ce choix. Les personnalités en question vous sont suffisamment connues, et, par l'approbation

1. Mort en 1920.

donnée l'an dernier à notre rapport, vous avez sanctionné nos vues sur l'importance pour notre pays et pour nous mêmes du mouvement de renaissance industrielle de la France. Nous avons en conséquence jugé utile de nous adjoindre plusieurs représentants de la grande industrie et nous soumettons avec confiance à votre approbation leur nomination définitive ».

Ainsi est assurée une liaison beaucoup plus étroite de la Banque et de l'Industrie. Elle offre un triple intérêt. Tout d'abord, les industriels se rendent mieux compte des possibilités financières des banques. En second lieu, ils se trouvent placés au centre d'un groupe d'affaires diverses et peuvent plus facilement avoir des vues d'ensemble sur l'organisation générale de ces industries — participations, fusions ou simples accords possibles —. Enfin les industriels, administrateurs de banques, peuvent avoir l'influence la plus heureuse sur la politique générale de ces établissements : leur présence dans les conseils est une garantie que les banques donneront leur entier concours à l'industrie nationale et que leur expansion à l'étranger s'effectuera en liaison avec elle.

Au point de vue de l'organisation économique générale, c'est donc là un fait nouveau extrêmement important.

Nous donnons ci-dessous la liste comparée des membres des conseils d'administration des quatre banques d'affaires et de la Société Générale, en **1911** et en **1921** (1).

---

1. Les noms marqués d'une croix sont ceux de personnalités figurant dans plusieurs des conseils envisagés.

## Conseil d'administration de la Banque de Paris
## et des Pays-Bas.

#### 1911

Demachy, financier.
Ed. Noetzlin, financier.
Chev. de Bauer, financier.
+ A. Benac, ancien fonctionnai-
   re Ministère des Finances.
S. Derville, adm. P.-L.-M.
Cte Foy.
Cte A. de Germiny, ex fre Mi-
   nistère des Finances.
G. Griolet, adm. ch. de fer
   du Nord.
E. Stern, financier.
J.-H. Thors, financier.

#### 1921

G. Griolet, adr ch. de fer Nord.
S. Derville,      —      P.-L.M.
A. Turrettini, financier.
+ A. Benac, ancien fre Ministère
   des Finances.
Jules Cambon, ambassadeur.
R. Delaunay-Belleville, in-
   dustriel.
+ J. Kulp, financier.
R. Lehideux, financier.
Cte F. Pillet Will, financier,
E. Stern, financier.

## Conseil d'administration de l'Union Parisienne.

#### 1911

Lucien Villars, financier.
Ernest Dreux, financier.
Frédéric Mallet, financier.
Baron Baeyens, financier.
Mis de Frondeville, financier.
Georges Heine, financier.
Octave Homberg, financier.
Maurice Hottinguer, finan-
   cier.
Gustave Mirabaud, financier.
Th. Morin, financier.
André de Neuflize, financier.
Mis de Reverseaux, ex-ambas-
   sadeur.

#### 1921

Ch. Sergent, ex fre Ministère
   des Finances.
F. Mallet, financier.
A. Bonzon, financier.
M. Boucard, ex membre du
   Conseil d'Etat.
H. Darcy, industriel.
M. d'Eichtal, financier.
J. Exbrayat, financier.
A. Fournier, industriel.
F. François Marsal, finan-
   cier.
G. Heine, financier.
M. Hottinguer, financier.

Philippe VERNES, financier.

J. JADOT, financier.
L. LION, ingénieur Ponts et Chaussées.
A. de NEUFLIZE, financier.
Eugène SCHNEIDER, industriel.
Ph. VERNES, financier.
H. de WENDEL, industriel.

## Conseil d'administration du Crédit mobilier.

### 1911

J. de LAPISSE, financier.
P. LEVEQUE, financier.
+ J.-C. CHARPENTIER ancien diplomate.
+ H. BOUSQUET, financier.
P. DUTASTA, ex ministre plénipotentiaire.
P. EONNET, financier.
E. GOUIN, industriel.
F. JOLLY, financier.
Cte d'ORMESSON, ancien diplomate.
A. PIALA, financier.

### 1921

A. LUQUET, ex fonctionnaire Ministère des Finances.
J. de LAPISSE, financier.
R.-G. LEVY, financier.
P. LEVEQUE, financier.
P. BOUCHERON, financier.
+ H. BOUSQUET, financier.
Cte de CHARNIÈRES.
+ J.-C. CHARPENTIER, ancien diplomate.
Mis de CREQUI MONTFORT, industriel.
P. EONNET, financier.
+ E. GOUIN, industriel.
+ Baron de GUNZBURG, financier.
F. JOLLY, financier.
Cte d'ORMESSON, ancien diplomate.
A. PIALA, financier.
Walter BERRY, Président Chambre de Commerce Américaine.

## Conseil d'administration de la Banque Française.

|  | 1911 | | 1921 |
|---|---|---|---|
|  | René Boudon, financier. | | René Boudon, financier. |
|  | Ch. de Gheest, financier. | | Donat Agache, industriel. |
| + | Henri Bousquet, financier. | + | H. Bousquet, financier. |
|  | E. Combalat, ex membre de la Cour des Comptes. | | S. Einhorn, financier. |
|  | S. Einhorn, financier. | | A. Furst, financier. |
| + | Baron de Gunzburg, financier. | | G. Grandjean, financier. |
|  | A. de Kaulla, banquier étranger. | + | Baron de Gunzburg, financier. |
| + | J. Kulp, financier. | + | J. Kulp, financier. |
|  | S. de Neufville, financier, | | M. Lépine, financier. |
|  | L. Odier, financier. | | J. Lorthiois, industriel. |
| + | A. Spitzer, financier. | | S. de Neufville, financier. |
|  | E. Ullmann, financier. | | L. Odier, financier. |
|  | L. Vincent, ancien préfet. | | E. Raval, financier. |
|  |  | | O. Sainsère, ancien conseiller d'Etat. |
|  |  | | L. Vincent, ancien préfet. |

## Conseil d'administration de la Société Générale.

|  | 1911 | | 1921 |
|---|---|---|---|
|  | Baron Hély d'Oissel, ex Conseiller d'Etat. | | H. Guernaut, ex fonctionnaire du Ministère des Finances. |
|  | E. Dejardin Verkinder. | | Lemarquis, ex liquidateur judiciaire. |
| + | A. Benac, ex 1re Ministère des Finances. | | A. Homberg, ex 1re Ministère des Finances. |
|  | G. Bouillat. | + | A. Benac, ex 1re Ministère des Finances. |
|  | J. Bourget. | | G. Bouillat. |
|  | Defontaine, financier. | + | J.-C. Charpentier, ancien diplomate. |
|  | M. Duval, financier. | | Ph. Crozier, ancien ambassadeur. |
|  | A. de Fourtou, ex membre de la Cour des Comptes. | |  |
|  | Genebrias de Fredaigue. | |  |
|  | H. Guernaut, ex 1re Ministère des Finances. | |  |

Lemarquis, ex liquidateur ju-
diciaire.

Cte de Matharel.

A. de Ste Anne, ex fre Ministère des Finances.

J. de Sessevalle, financier.

+ A. Spitzer.

O. Wagner, ex Ministre plénipotentiaire.

P. Dejardin Werkinder.

E. Dupuis, industriel.

A. De Fourtou, ex membre de
la Cour des Comptes.

+ E. Gouin, industriel.

P. Nicou, industriel.

P. Petit, financier.

L. de Villele, financier.

# CHAPITRE IV

## CARACTÉRISTIQUES DE LA POLITIQUE D'EXPANSION A L'ÉTRANGER.

Alors que pendant la guerre l'expansion des banques d'affaires à l'étranger a été extrêmement réduite, elle marque après la fin des hostilités une reprise tout à fait intéressante. Toutefois, le volume des opérations financières effectuées à l'étranger reste très inférieur à celui des opérations analogues traitées avant guerre, et il ne saurait en être autrement, étant donné l'œuvre nécessaire de restauration économique intérieure. Par rapport à l'ensemble des émissions, la proportion des émissions étrangères reste très faible : 2,40 0/0 en 1919 (pas de grand emprunt d'Etat français), 0,22 0/0 en 1920; en dehors des emprunts publics, les émissions étrangères ne représentent que 4,79 et 0,98 0/0 des émissions françaises.

L'activité des banques d'affaires à l'extérieur présente un changement complet au point de vue des régions d'expansion. Avant 1914, les deux principaux champs d'action des banques françaises étaient la Russie et l'Amérique du Sud. Or, de nos jours, la Russie est en état d'anarchie et les changes sud-américains sont en hausse considérable par rapport au franc. Il serait donc dangereux d'effectuer des placements nouveaux au Brésil ou en Argentine alors que le franc perd beaucoup de sa valeur. Les banques françaises avaient acquis dans ces régions, et dans bien d'autres pays à change actuellement apprécié, une situation financière de premier ordre : dans l'ensemble, elles ont conservé la plupart de leurs participations et continuent à diriger de nombreuses et importantes affaires. Mais leur action se limite pour le moment à conserver les positions conquises et elles ne développent pas leurs opérations. Ce n'est que rarement qu'elles prennent de nouveaux intérêts et elles effectuent par contre des retraits de fonds : c'est ainsi que le Crédit Foncier Argentin, constitué par la Société Générale et la Banque de Paris, a opéré de très importants et fructueux rapatriements.

Depuis la guerre, ainsi que nous l'avons vu, l'activité des banques françaises à l'extérieur s'est principalement orientée — en dehors de leur importante action dans le domaine colonial français — vers les pays de l'Europe Centrale et des Balkans qui constituent des champs d'action extrêmement intéressants à bien des égards.

L'expansion actuelle des banques françaises à l'étranger et particulièrement dans ces pays, présente en effet deux caractéristiques très nettes. En premier lieu, elle s'effectue en étroit accord avec l'intérêt national, intérêt aussi bien politique qu'économique et financier. Au point de vue politique, il est de la plus haute importance de s'assurer une large influence dans les jeunes Etats balkaniques et austro-hongrois et d'aider à leur relèvement : ils enserrent l'Allemagne au Sud et à l'Est et la séparent de la Méditerranée, de la Turquie et de la Russie ; dans l'Europe nouvelle, plusieurs de ces Etats prendront certainement une place grandissante. D'autre part, certaines de ces régions sont très riches, non seulement en céréales, mais en pétrole, combustible qui nous manque. D'autres possèdent une industrie métallurgique puissante avec laquelle il était particulièrement intéressant pour la métallurgie française de se lier. Les diverses industries de ces pays sont encore, dans l'ensemble, en voie de développement et ils sont susceptibles d'offrir de larges débouchés aux produits manufacturés. Enfin, tous ces Etats ont des changes très dépréciés mais, avec l'assainissement progressif de leurs finances et leurs progrès économiques, on peut escompter le relèvement ultérieur de leurs devises.

Aussi la finance française a-t-elle à soutenir dans ces régions une lutte serrée contre les banques américaines et anglaises, plus favorisées encore par l'état des changes. Les unes et les autres, surtout les banques françaises et anglaises, ont obtenu jusqu'ici d'importants résultats. Au point de vue des établissements bancaires et de l'industrie de la métallurgie et du pétrole, l'effort français a été, nous l'avons vu, très grand, et, d'ores et déjà, l'emprise des banques d'affaires françaises dans ces pays est indiscutable — quoique non exclusive.

En second lieu, cette activité se caractérise par la recherche de très grandes affaires. Les banques ne se contentent plus de créer dans un pays où leur expansion s'amorce, de nouvelles entreprises dont l'essor leur fera peu à peu acquérir une situation intéressante. Elles visent d'emblée à une situation de premier ordre en prenant des participations dans les puissants organismes existants, soit bancaires, soit industriels. A cet égard l'expansion de l'Union Parisienne en Tchéco-Slovaquie et en Hongrie offre un remarquable exemple : d'une part, ce sont des participations directes (1) dans les plus puissantes entreprises métallurgiques et minières (Skoda, Teschen), d'autre part, c'est la prise d'intérêts dans la Banque Générale de Crédit Hongrois qui contrôle nombre d'importantes sociétés industrielles de ces pays. Par cette double action, l'Union Parisienne a acquis en peu de temps dans cette région une situation tout à fait remarquable. Or, cette politique vigoureuse est beaucoup plus féconde en résultats qu'une politique d'action morcelée et progressive : mieux vaut une influence incontestée dans un groupe puissant d'entreprises situé dans une région donnée que des intérêts dans des entreprises de même nature isolées et dispersées. L'effort financier nécessaire au début dans un pays est certainement supérieur, mais son rendement immédiat — et surtout ultérieur — est aussi nettement plus grand. Lorsque la banque veut s'intéresser à d'autres industries, elle a en effet l'assurance, de par sa situation acquise, de voir les plus importantes affaires venir à elle et n'a nullement besoin de s'intéresser à des entreprises, peut-être très bonnes certes, mais de moindre envergure et d'essor moins assuré.

Ainsi, aussi bien à l'extérieur que vis-à-vis de l'industrie nationale, la politique des banques d'affaires s'affirme d'après un plan d'ensemble du plus grand intérêt.

1. Plus exactement par l'intermédiaire de l'omnium constitué par elle.

CHAPITRE V

## BILANS ET COMPTES DE PROFITS ET PERTES. SPÉCIALISATION EN TANT QUE BANQUES D'AFFAIRES

Par suite de la diminution considérable de l'activité financière pendant la guerre, le total du bilan se trouvait, en 1918, pour la majorité des banques envisagées, inférieur à celui de 1913 : l'Union Parisienne et la Société des Banques de Province présentaient des chiffres nettement supérieurs, mais cette augmentation n'était nullement en rapport avec celle de la circulation monétaire qui dépassait 30 milliards en décembre 1918. Au contraire, en 1919 et 1920, alors que la circulation des billets ne s'accroît que de 0,25 0/0 environ, le mouvement d'affaires des banques marque une progression très supérieure. Le total du bilan de la Banque de Paris passe de 681 millions à 916 en 1919 et 1.424 en 1920, contre 782 seulement en 1913 ; celui de l'Union Parisienne est de 742 millions en 1919 et 918 en 1920, contre 517 en 1918 et 288 en 1913 ; celui de la Banque Française se chiffre par 367 millions en 1919 et 737 en 1920 contre 279 en 1918 et 326 en 1913, et celui de la Société Centrale passe de 304 millions en 1918 à 627 et 674 respectivement en 1919 et 1920 contre 158 fin 1913. Le Crédit Mobilier enregistre une augmentation moins importante : 223 millions en 1919, 304 en 1920 au lieu de 191 en 1918 et 218 en 1913.

Cette période d'activité intense — et, d'ailleurs, assez factice — est marquée, au point de vue des banques d'affaires, par une augmentation considérable des *dépôts et des comptes courants créditeurs*. Les entreprises industrielles, réalisant des bénéfices faciles, ont de larges disponibilités chez leurs banquiers ; les capitalistes reprennent l'habitude de laisser chez ceux-ci des sommes importantes en attente de placement. L'argent est abondant et afflue chez les banques qui, toutes, font de gros efforts pour développer ces ressources. En particulier, les banques d'affaires multiplient le nombre de leurs démarcheurs et cherchent à développer leurs relations avec les capitalistes grands et moyens, de façon à accroître leur force de placement et à s'assurer par l'ouverture de comptes à préavis des ressources peu sujettes à variation. Les résultats sont très brillants : en deux ans, de fin 1918 à fin 1920, l'augmentation des comptes courants créditeurs est de 160 0/0, pour la Banque de Paris, de 123 0/0, pour l'Union Parisienne, de 81 0/0, pour le Crédit mobilier, de 206 0/0, pour la Banque Française et de 131 0/0 pour la Société des Banques de Province. Mais il faut remarquer que ce sont les comptes courants à vue qui fournissent une large part de cette augmentation. Certains établissements même les développent considérablement. C'est le cas de la Banque Française dont les comptes à vue passent de 142 millions en 1918 à 476 en 1920, alors que les comptes à préavis ne se chiffrent que par 48 millions en 1920, contre 29 en 1918 mais 96 en 1912 ; c'est aussi le cas de la Société Centrale dont les comptes à vue passent en deux ans de 69 à 216 millions, tandis que les comptes à préavis restent stables, 46 millions au lieu de 44.

La nature de ces importantes ressources a évidemment

influé sur le choix des emplois qui en ont été fait. Ce qu'il y avait de factice dans l'intense activité économique de l'après-guerre incitait, d'ailleurs, les banques d'affaires à la politique de prudence qui consistait à garder de fortes disponibilités et à user largement des placements facilement réalisables. De cette façon, elles étaient mieux à même, le moment venu, de parer aux retraits de fonds possibles et aux difficultés de trésorerie de leurs filiales.

En premier lieu, les espèces en caisse et les fonds disponibles dans les banques augmentent en général de façon sensible et leur pourcentage par rapport à l'ensemble de l'actif est bien plus important : 16 et 20 0/0 pour la Banque de Paris, alors que les postes ne représentaient avant guerre que 5 à 6 0/0 de l'ensemble de l'actif (1) ; 8,2 et 7,6 0/0, pour l'Union Parisienne au lieu du pourcentage habituel de 5 à 7 0/0 avant 1914 ; 11 et 20 0/0, pour la Banque Française. Pour la Société Centrale la différence est sensible en 1919 mais disparaît en 1920, les disponibilités ayant subi une réduction par suite de la situation difficile de cet établissement. Seul, le Crédit Mobilier réduit ses disponibilités qui, dans l'ensemble de l'actif, tiennent une faible place : ne disposant, en effet, que de ressources fournies par les tiers moins importantes que les ressources analogues des autres banques d'affaires, le Crédit Mobilier tâche de garder le moins possible de fonds inactifs.

Parmi les opérations courantes de banque effectuées par les banques d'affaires, les opérations d'escompte

---

1. Sous réserve toutefois du changement de composition du poste « Fonds disponibles dans les banques et à l'étranger », changement que nous avons déjà signalé.

accentuent encore leur prépondérance. Elles sont en progression d'autant plus importante que les ressources fournies par les tiers sont en forte augmentation et que les autres emplois à court terme — reports, avances sur garanties — ne reprennent pas leur place d'avant-guerre. Le portefeuille de la Banque de Paris passe de 1918 à 1920 de 130 à 407 millions, celui de l'Union Parisienne de 119 à 231, celui du Crédit Mobilier de 53 à 114, celui de la Banque Française de 48 à 82 plus les bons de la Défense Nationale qui passent de 94 à 253 millions, celui de la Société Centrale de 107 à 294 en 1919 pour retomber à 149 en 1920, car elle a dû à cette époque faire réescompter une partie de son portefeuille-titres pour se créer des disponibilités. Par rapport à l'ensemble de l'actif, le portefeuille-titres tient chez toutes ces banques une place nettement supérieure à celle occupée au cours de la période antérieure à 1914 : 28,6 0/0 en 1920 pour la Banque de Paris, 25 à 26 0/0 pour l'Union Parisienne, 33 et 47 0/0 pour le Crédit Mobilier 45 à 50 0/0 pour la Banque Française, 47 0/0 en 1919, 22 0/0 en 1920 pour la Société Centrale des Banques de Province.

Au contraire, les reports et les avances reprennent bien en 1919, mais leurs montants restent très inférieurs à ceux d'avant guerre et, par conséquent, leurs pourcentages par rapport à l'ensemble de l'actif sont en diminution considérable. En 1919 et pendant la plus grande partie de 1920, l'argent est abondant et le taux des reports est relativement moins attrayant qu'avant la guerre. Aussi ce poste ne se chiffre en 1920 que par 33 millions pour la Banque de Paris contre 75 en 1913 et 147 en 1910, par 26 millions pour la Banque de l'Union contre 44 en 1913 et 71 en 1910, par 4 millions pour le Crédit Mobilier contre 16 en 1914 et 65 en 1910, par 3 millions pour la Banque Française contre 62 en 1913 et 91 en 1910. Et par rapport à l'ensemble de l'actif, les pourcentages ne sont que de 2 à 4 0/0 pour la Banque de Paris et l'Union Parisienne au lieu de 12 à 25 0/0, de 1 0/0 pour le Crédit Mobilier et la Banque Française au lieu de 25 à 35 0/0.

Quant aux avances sur garanties, leur montant reste sensiblement le même que pour les années précédant la guerre pour la Banque de Paris et la Banque Française ; elles sont peu importantes pour le Crédit Mobilier et la Société Centrale dont le total des reports et des avances est insignifiant. Par contre, celles de l'Union Parisienne sont en progression remarquable : 73 millions en 1919, 114 en 1920 contre 47 en 1918 et 31 en 1913. Mais ces avances sont, pour la plus grande part, des ouvertures de crédit garanties aux sociétés filiales et doivent par conséquent être considérées comme opérations de financement et non comme opérations de banque pure.

Quant aux comptes courants débiteurs, leur montant est en augmentation sensible, étant donné l'appui donné aux industries nationales, quoique cet accroissement ne soit pas proportionnel pour toutes les banques à celui du total du bilan par rapport à 1913, ainsi que nous l'avons expliqué plus haut (1). Le montant de ce poste passe en deux ans de 139 à 281 millions pour la Banque de Paris, de 146 à 232 pour l'Union Parisienne (et il faut y ajouter pour une large part l'augmentation du poste Avances sur garanties), de 42 à 50 millions pour le Crédit Mobilier, de 23 à 84 pour la Banque Française et de 47 à 229 millions pour la Société des Banques de Province. Par rapport à l'en-

____

1. Voir Troisième Partie, Chapitres II et III.

semble de l'actif, le pourcentage de ce poste est en diminution pour le Crédit Mobilier et la Banque de Paris, en augmentation pour la Banque Française et la Banque de l'Union et surtout pour la Société Centrale.

Quant aux immobilisations, titres et participations, celles de la Banque de Paris et de l'Union Parisienne prennent, avec l'activité financière de 1919 et 1920, un développement remarquable. Le total de ces postes est en 1918, 1919 et 1920, de 165, 231 et 251 millions pour la première de ces banques et de 78, 97 et 156 pour la seconde ; les pourcentages par rapport à l'ensemble de l'actif restent, d'ailleurs, tout à fait analogues à ceux de la période 1900-1914 et ceux par rapport aux ressources propres sont légèrement supérieurs (95,3 0/0 en 1920 pour la Banque de Paris, 64,2 0/0 pour l'Union). Le Crédit Mobilier, au contraire, profite de la hausse générale des cours pour effectuer des réalisations beaucoup plus importantes que ses immobilisations nouvelles : l'ensemble de ses postes titres et participations, de 45 millions en 1918 et 1919, est ramené à 29 en 1920, ce qui fait brusquement baisser leur pourcentage par rapport à l'ensemble de l'actif à 9,8 0/0, les ressources propres n'étant immobilisées que dans la proportion de 1/3. Les immobilisations de la Banque Française restent stables aux environs de 29 millions contre 31 en 1912-13, alors que tous les autres postes de l'actif sont en forte augmentation. Il s'ensuit que les immobilisations financières n'occupent dans l'actif de la Banque Française qu'une place de moins en moins importante : 7,4 0/0 en 1919, 4 0/0 en 1920. Le degré d'immobilisation de ses ressources propres, qui était de 46,3 en 1913 et était remonté à 55 0/0 en 1914, ne cesse de baisser depuis cette date et n'est plus que de 34,8 0/0 en 1920.

Quant à la Société des Banques de Province, ses immobilisations augmentent de 50 0/0 en deux ans — 30 millions en 1920 contre 20 en 1918 — mais, par rapport à l'ensemble de l'actif, leur pourcentage est beaucoup plus faible qu'avant la guerre et, depuis la dernière augmentation de capital, les ressources propres sont beaucoup moins immobilisées (43 0/0 en 1920, contre 73,7 en 1919). La Société des Banques de Province a surtout pratiqué, en effet, le financement sous forme d'ouvertures de crédit.

En somme, si l'on envisage l'activité d'ensemble de ces banques dans les années 1919 et 1920, en tenant compte des conditions spéciales dans lesquelles se produisait la reprise économique, conditions qui commandaient une certaine prudence et entraînaient le maintien d'importantes ressources facilement réalisables, il apparaît que la Banque de Paris et des Pays-Bas et l'Union Parisienne ont continué à pratiquer une politique nette de banques d'affaires. Les nuances qui existaient entre elles avant la guerre (1) se sont même atténuées : d'une part, par suite des circonstances, la Banque de Paris a été amenée à développer ses opérations de banque pure ; d'autre part, l'Union Parisienne a singulièrement accru l'importance de ses opérations financières avec l'industrie. Par suite, leurs bilans au 31 décembre 1920 présentent, ainsi que nous venons de le voir, des caractéristiques tout à fait analogues. Ainsi, la Banque de Paris et l'Union Parisienne restent, parmi les banques d'affaires, celles dont la spécialisation est la plus poussée ; toutes deux ont d'ailleurs donné un essor remarquable à leurs opérations

----

1. Voir Deuxième Partie, Chapitre Ier.

et surclassent nettement les autres banques du même genre.

Le Crédit Mobilier Français suit aussi à ce point de vue sa ligne de conduite d'avant-guerre, telle que nous l'avons définie. Avant tout banque d'affaires, il fait une large place aux opérations courantes de banque, caractère qui s'est même accentué en 1920, par suite de la réalisation d'une importante partie de ses immobilisations financières. Mais son activité ne s'est pas développée avec la même vigueur que celles des deux banques précédentes, bien loin de là. Le total de son bilan au 21 juin 1920 n'est supérieur que de 1/5 à celui du bilan de 1913 : le développement de ses opérations est donc certain, mais très limité, et le Crédit Mobilier n'a guère profité de l'abondance de la circulation fiduciaire. A l'heure actuelle, il tient toujours la troisième place parmi les banques d'affaires mais est distancé de très loin par la Banque de Paris et la Banque de l'Union.

La Banque Française a continué son évolution et se présente de nos jours comme une *banque mixte*. Au cours des dernières années, ses efforts ont particulièrement porté sur l'augmentation des comptes courants à vue de clients divers et, par suite, sur le développement des opérations courantes de banque. Ce double effort se reflète nettement dans les rapports annuels : « Le total des soldes des postes du bilan, dit le rapport de 1919, passe d'un exercice à l'autre de 279 à 367 millions. Les opérations de banque marquent en particulier une progression sensible, se répercutant sur les bénéfices obtenus. Les engagements supplémentaires qui peuvent en résulter sont largement compensés par des disponibilités nouvelles que nous nous sommes réservées ». Et dans le rapport pour l'exercice 1919-1920 il est dit : « Il convient de noter tout d'abord, d'une façon spéciale, les comptes courants créditeurs à vue qui passent de 197 à 476 millions de francs avec un accroissement de près de 2 fois 1/2 : nous nous plaisons à y voir une nouvelle preuve de la confiance d'une clientèle toujours plus nombreuse ».

Or, ainsi que nous l'avons marqué à plusieurs reprises au cours de ce travail, la politique de banque mixte est singulièrement délicate à suivre, car l'expérience démontre que l'écueil est difficile à éviter qui consiste à s'engager dans des immobilisations exagérées par rapport à l'exigibilité du passif. Certes, la Banque Française ne commet pas cette faute : ses opérations financières constituent toujours une part importante de son activité, mais ses immobilisations ne s'accroissent guère de 1919 à 1920, alors que dans le même temps le total du bilan double ; d'autre part, ses ouvertures de crédit passent bien de 39 à 84 millions, mais elles rentrent en grande partie dans le cadre d'opérations commerciales courantes. Pour éviter cet écueil, la Banque Française tombe nettement dans l'excès contraire : au point de vue du financement des entreprises, elle suit une politique très timorée, son activité créatrice est très réduite et son aide à l'industrie ne s'accroît guère, malgré la reprise économique de 1918 et 1920 ; d'autre part, si l'augmentation des opérations de crédit commercial est sensible, elle n'est nullement en rapport avec celle des ressources propres ou fournies par les tiers. Au 31 juillet 1920, les espèces en caisse et dans les banques se chiffrent par 154 millions et 253 millions sont employés en bons du Trésor ou de la Défense Nationale : ainsi, sur un montant total d'actif de 737 millions, 407 millions, soit 55 0/0, ne sont pas employés en opérations de crédit industriel et commercial. Certes, la situation de trésorerie est extrêmement saine, mais on peut se demander si cette activité bancaire est très profitable à l'économie nationale. Prudence, dira-t-on ? Evidemment l'abstention est le meilleur moyen de ne courir aucun risque, mais il ne nous paraît pas que la généralisation d'une telle conception soit souhaitable.

Quant à la Société Centrale des Banques de Province, son activité en **1919** et **1920** se caractérise par deux faits : développement de son caractère de banque de dépôts, importance des ouvertures de crédit consenties.

La Société Centrale continue en effet son programme d'ouvertures de succursales dans la région parisienne — elle en possède 15 en 1920 —. Son portefeuille d'escompte triple de 1918 à 1919, en corrélation avec l'augmentation des dépôts et comptes créditeurs à vue ; il redescend en 1920 à 149 millions, la Société Centrale pratiquant de plus en plus la politique des avances en compte courant. Ses immobilisations financières s'accroissent, mais restent peu importantes par rapport à l'ensemble de l'actif et, si elle effectue toujours d'importantes opérations d'émissions, son activité créatrice est à peu près nulle. D'autre part, ses comptes courants débiteurs passent de 47 à **151** et à **229** millions : ils ressortent de deux chefs différents : financement d'entreprises industrielles et ouvertures de crédit aux commerçants et aux intermédiaires, cette seconde catégorie paraissant constituer la plus large part de ces avances. Ainsi, la Société Centrale des Banques de Province, en dehors de ses caractéristiques spéciales tenant à ses relations avec les banquiers régionaux et locaux, aboutit, elle aussi, à la formule de banque mixte.

L'application n'en a pas été heureuse puisque, au début de **1921**, la Société Centrale s'est trouvée dans une situation si embarrassée qu'un consortium des principaux établissements de crédit et banquiers de Paris a dû venir à son secours. Le bilan de l'exercice 1920 accuse une perte de 53 millions, chiffre qui ne représente sans doute qu'une faible part des pertes subies et des amortissements à effectuer.

Nous n'insisterons pas ici sur la défaillance de la Société Centrale et ses causes, car, si la politique que suivait cet établissement est à notre avis critiquable, il semble admis que de lourdes fautes ont été commises dans son application. Mais cette crise est intéressante à notre point de vue, car elle marque la fin de l'activité de la Société Centrale en tant que banque d'affaires. Un grand effort a été entrepris pour essayer de réorganiser cet établissement sur des bases nouvelles : un changement complet d'orientation est à prévoir. On peut espérer que la fonction propre de la Société Centrale qui est de grouper les banques de province et d'être en quelque sorte leur banquier deviendra prédominante, si ce n'est exclusive. Il nous paraît que la Société des Banques de Province, de par sa nature même, a un rôle spécial à jouer qui n'est ni celui d'une banque de dépôts à succursales multiples, ni celui d'une grande banque d'affaires, ni celui d'une banque mixte. Sous réserve des répercussions de son activité antérieure, elle a en elle-même des éléments d'activité suffisants pour devenir, dans une branche différente, un puissant organisme.

En corrélation avec l'activité économique et financière, les résultats financiers obtenus par les quatre banques d'affaires en 1919 et en 1920 ont été très brillants. Les

bénéfices bruts marquent une progression considérable :
ils se chiffrent, pour la Banque de Paris, par près de
50 millions en 1920 contre 13,7 en 1918, pour l'Union
Parisienne par 27,1 millions au lieu de 15,9, pour le
Crédit Mobilier par 8,6 contre 5,1, et pour la Banque
Française par 15,5 millions au lieu de 7,6.

Comme dans toutes les périodes d'activité financière, il
est particulièrement intéressant de remarquer que les
bénéfices provenant des opérations financières sont pour
l'année 1920 en augmentation considérable. Si l'on se
reporte au détail des bénéfices réalisés par la Banque de
Paris (1), on constate que les bénéfices classés sous la
rubrique « Fonds publics, actions et obligations » passent brusquement de 5,25 millions en 1919 à 16,74
en 1920.

Il est vrai que les frais généraux augmentent plus que
proportionnellement. Leurs pourcentages par rapport
aux bénéfices bruts restent très supérieurs à ceux d'avant-
guerre et sont même parmi les plus élevés qui aient été
atteints : en 1920, 34,1 0/0 pour la Banque de Paris,
42,4 0/0 pour l'Union Parisienne, 30,2 0/0 pour le Crédit
Mobilier, 52,2 0/0 pour la Banque Française.

La progression des bénéfices nets n'en est pas moins
remarquable et le rendement s'améliore rapidement, pas-
sant de 4,6 0/0 en 1918 pour la Banque de Paris, à
11,8 0/0 en 1920, pour le Crédit Mobilier de 4,2 à 6,6 0/0,
pour la Banque Française de 7,1 à 8,3 0/0. Pour la Banque de l'Union, le rendement semble décroître, mais
cela provient de la réalisation de l'augmentation de capital dont le produit n'a pu être utilisé que très peu de

1. Voir tableau XII.

temps au cours de l'exercice. Parallèlement, les dividendes sont en augmentation continue et atteignent en 1920 13 0/0 pour la Banque de Paris (maximum avant guerre 15 0/0), 11 0/0 pour l'Union Parisienne (maximum avant guerre 10 0/0), 6 0/0 pour le Crédit Mobilier (maximum avant guerre 7 0/0) et 8 0/0 pour la Banque Française (maximum avant guerre 6 0/0).

Tous ces bilans, soit du milieu, soit de la fin de l'année 1920, ne reflètent nullement l'état de crise qui a succédé à la reprise trop brusque de l'activité économique. La crise n'a en effet commencé à se faire sentir durement qu'au début du dernier trimestre de 1920, mais le bilan récemment paru du Crédit Mobilier au 30 juin 1921 marque un ralentissement très net des opérations de cet établissement. Le total du bilan fléchit de plus de 50 millions — 251 contre 304 — et les dépôts et comptes courants créditeurs n'atteignent plus que 89 millions contre 147. Ces différences proviennent pour partie, il est vrai, de la liquidation du remboursement d'emprunts boliviens, opération en cours lors de la clôture du précédent exercice. A l'actif, le portefeuille-effets tombe de 114 à 83 millions, les immobilisations financières restent sensiblement les mêmes, mais par contre les ouvertures de crédit passent de 50 à 76 millions, ce qui est normal étant donné les besoins financiers des entreprises. Les pourcentages par rapport à l'ensemble de l'actif présentent donc en 1921 quelques différences assez sensibles avec ceux de 1920 : le portefeuille-effets ne représente plus que 33,2 0/0 au lieu de 47,6 0/0, tandis que les comptes courants débiteurs passent de 16,5 0/0 à 30,4 0/0, les immobilisations financières se chiffrant d'ailleurs par 10,8 0/0 au lieu de 9,8 0/0.

Il est à remarquer que les caractéristiques de banque d'affaires, un peu atténuées alors que les capitaux étaient abondants mais la situation économique instable, redeviennent beaucoup plus nettes. Les résultats financiers de l'exercice sont d'ailleurs bons — le rendement est de 6,4 0/0 contre 6,6 0/0 — et permettent le maintien du dividende de 6 0/0 pour un capital augmenté.

# CHAPITRE VI

## ETAT ACTUEL DES GRANDES BANQUES D'AFFAIRES

Si l'on élimine la Société Centrale des Banques de Province, on voit que quatre sociétés seulement peuvent être rangées parmi les grandes banques d'affaires, et encore est-il que l'une d'entre elles n'est pas une banque d'affaires pure mais une banque mixte. — Certes, il existe en France bien d'autres banques d'affaires moins importantes dont l'activité, avec des nuances diverses, est analogue à celle de ces grands établissements financiers. De plus, certaines banques régionales, telles la Société Nancéienne et la Banque Renauld, et de nombreuses banques locales jouent au point de vue des affaires financières, particulièrement vis-à-vis de l'industrie moyenne, un rôle très important qui ne cesse de se développer : toutefois, leurs fonctions sont différentes et elles n'offrent pas les mêmes caractéristiques. Ainsi que nous l'avons dit, nous nous sommes proposés d'étudier, non pas toutes les banques d'affaires françaises — ni, *a fortiori*, toutes les banques françaises effectuant des opérations financières —, mais les plus importantes d'entre elles seulement : c'est à ce point de vue que nous nous plaçons ici. — Alors que de 1902 à 1914 le nombre des grandes banques d'affaires s'accroissait de fondations nouvelles — Union Parisienne, Crédit Mobilier Français, Banque Française, Crédit Français, Société Centrale, — il est aujourd'hui sensiblement réduit.

Cet état de choses est-il regrettable ? Nous ne le pensons pas. Car ces banques d'affaires, et parmi elles surtout la Banque de Paris et la Banque de l'Union, ont singulièrement développé leur envergure et se présentent comme des organismes de plus en plus puissants. Or, la division du travail doit exister, et existe d'ailleurs de façon notable, dans le système bancaire. Le rôle propre des banques d'affaires est — nous avons à plusieurs reprises insisté sur ce point — l'appui financier à la grande industrie nationale, et subsidiairement l'appui à la moyenne industrie surtout par l'intermédiaire d'omniums et de sociétés de financement, d'autre part, l'expansion à l'étranger. Pour remplir cette fonction, il n'est nullement besoin de très nombreux établissements, mais il importe que ces établissements soient très puissants. L'appui à la grande industrie, la fondation d'omniums et l'expansion dans des pays étrangers sur de larges bases, en s'intéressant aux grandes entreprises de ces pays, nécessitent en effet des capitaux parfois considérables et toujours très importants. Mieux vaut alors quelques puissants organismes que de nombreuses banques moyennes : au point de vue de l'organisation de la grande industrie nationale, l'avantage est évident et, d'autre part, en ce qui concerne l'action à l'étranger, on évite ce danger qui serait que des établissements aux forces limitées s'intéressent à des affaires tout à fait secondaires, alors que les plus importantes, et avec elles l'influence économique, seraient sous la dépendance des banques d'autres pays.

D'autre part, au terme de cette étude, il importe de bien mettre en lumière la liaison des banques d'affaires et des banques de dépôts. La collaboration entre ces deux sortes de banques est particulièrement indiquée, les unes apportant leur activité financière, les autres leur force de placement, les unes faisant du crédit à long terme, les autres faisant du crédit commercial à court terme. Les inconvénients de la banque mixte sont ainsi évités, ces établissements gardant chacun leur autonomie propre.

Or, la tendance est de plus en plus nette, à l'heure actuelle, à une telle sorte de jumelage entre banques de dépôts et banques d'affaires, jumelage basé d'ailleurs, soit sur un contrôle ou une participation, soit sur des accords, soit sur de simples relations amicales et l'habitude de travailler en commun.

La Banque de Paris a cédé en 1920 le paquet de titres de la Banque Privée qu'elle détenait ; d'autre part, ses relations, quoique toujours très suivies, se sont un peu distendues avec la Société Générale, dans laquelle un autre groupe a pris des intérêts. Mais la Banque de Paris s'est beaucoup rapprochée du Crédit Lyonnais et effectue maintenant nombre de ses opérations nouvelles avec son concours, sa collaboration avec la Société Générale continuant surtout pour les anciennes affaires. L'Union Parisienne continue à travailler souvent de concert avec le Comptoir d'Escompte ; elle s'est en outre liée avec le Crédit Commercial de France et a fondé la Banque Générale du Nord. Le Crédit Mobilier, qui est particulièrement lié avec des banquiers de province, s'est beaucoup rapproché de la Société Générale dont il a acquis un lot important d'actions et dans le conseil de laquelle il est représenté. La Banque Française travaille en liaison avec la Banque Nationale de Crédit. On peut encore signaler la liaison de la Caisse Commerciale et Industrielle de Paris — qui était surtout avant guerre une société de financement d'affaires sud-américaines et qui, depuis, a élargi notablement son action — avec le Crédit Français et, par son intermédiaire, avec la Banque Privée.

Il y a là au point de vue de l'organisation bancaire un fait extrèmement intéressant et cette conception nous paraît beaucoup plus heureuse que celle de la banque mixte menant de pair les deux genres d'activité.

Vu :

*Le Président,*
CHARLES RIST.

Vu :

*Le Doyen,*
F. LARNAUDE.

Vu et permis d'imprimer :

*Le Recteur de l'Académie de Paris,*
P. APPELL.

# ANNEXES I

---

# TABLEAUX STATISTIQUES

---

Tableau I.— **Principaux postes des Bilans de la Banque de Paris et des Pays-Bas** *(en millions de francs)*.

| Au 31 décembre | 1900 | 1901 | 1902 | 1903 | 1904 | 1905 | 1906 | 1907 | 1908 | 1909 | 1910 | 1911 | 1912 | 1913 | 1914 | 1915 | 1916 | 1917 | 1918 | 1919 | 1920 |
|---|---|---|---|---|---|---|---|---|---|---|---|---|---|---|---|---|---|---|---|---|---|
| **Actif** | | | | | | | | | | | | | | | | | | | | | |
| Espèces en caisse et à la Banque | 15 | 12 | 13 | 14 | 12 | 16 | 14 | 17 | 29 | 17 | 26 | 26 | 31 | 34 | 27 | 31 | 48 | 31 | 34 | 62 | 86 |
| Portefeuille-effets | 34 | 24 | 46 | 76 | 110 | 82 | 105 | 72 | 48 | 59 | 53 | 61 | 112 | 121 | 40 | 47 | 85 | 99 | 130 | 145 | 407 |
| Fonds disponibles dans les banques et à l'étranger | 2 | 2 | 2 | 3 | 3 | 4 | 1 | 1 | 2 | 1 | 2 | 2 | 2 | 3 | 33 | 21 | 27 | 30 | 40 | 68 | 165 |
| Succursales | 8 | 9 | 8 | 8 | 51 | 42 | 97 | 66 | 41 | 42 | 39 | 41 | 52 | 52 | 41 | 20 | 17 | 18 | 17 | 9 | 8 |
| Correspondants et comptes courants | 81 | 69 | 68 | 78 | 227 | 167 | 206 | 198 | 166 | 147 | 177 | 207 | 229 | 237 | 164 | 106 | 96 | 157 | 139 | 182 | 281 |
| Reports | 39 | 45 | 51 | 61 | 74 | 54 | 73 | 42 | 80 | 137 | 147 | 85 | 79 | 75 | 67 | 20 | 20 | 16 | 26 | 41 | 33 |
| Avances sur garanties | 10 | 8 | 1 | 2 | 1 | 2 | 2 | 2 | 3 | 4 | 5 | 5 | 16 | 30 | 27 | 27 | 16 | 15 | 13 | 28 | 14 |
| Portefeuille-titres | 56 | 66 | 62 | 77 | 69 | 67 | 82 | 73 | 79 | 83 | 85 | 98 | 89 | 94 | 108 | 113 | 130 | 131 | 137 | 192 | 173 |
| Participations diverses | 14 | 12 | 11 | 8 | 7 | 13 | 19 | 26 | 24 | 15 | 31 | 34 | 54 | 64 | 50 | 29 | 23 | 22 | 28 | 39 | 78 |
| **Passif** | | | | | | | | | | | | | | | | | | | | | |
| Capital | 62 | 62 | 62 | 62 | 62 | 62 | 62 | 75 | 75 | 75 | 75 | 75 | 100 | 100 | 100 | 100 | 100 | 100 | 100 | 150 | 150 |
| Réserves et provisions | 18 | 18 | 18 | 18 | 18 | 30 | 30 | 66 | 67 | 69 | 77 | 82 | 129 | 131 | 91 | 91 | 91 | 91 | 91 | 113 | 114 |
| Effets à payer | 33 | 23 | 23 | 17 | 25 | 45 | 53 | 72 | 41 | 49 | 61 | 57 | 89 | 85 | 45 | 5 | 3 | 2 | 4 | 12 | 41 |
| Succursales | 8 | 9 | 8 | 8 | 51 | 42 | 97 | 66 | 41 | 42 | 39 | 41 | 52 | 52 | 41 | 20 | 17 | 18 | 17 | 21 | 24 |
| Correspondants et comptes courants | 125 | 110 | 124 | 149 | 346 | 229 | 328 | 190 | 224 | 225 | 279 | 253 | 269 | 345 | 270 | 145 | 190 | 297 | 344 | 451 | 892 |
| Coupons à payer | 6 | 8 | 7 | 21 | 29 | 19 | 17 | 15 | 15 | 21 | 32 | 40 | 34 | 27 | 39 | 53 | 62 | » | » | » | » |
| Profits et pertes antérieurs | 9 | 9 | 7 | 8 | 9 | 8 | 9 | 9 | 9 | 10 | 10 | 10 | 14 | 15 | 7 | 12 | 7 | 7 | 8 | 9 | 12 |
| Profits et pertes de l'exercice | 6 | 4 | 7 | 7 | 19 | 10 | 22 | 9 | 13 | 21 | 17 | 15 | 16 | 14 | 12 | 5 | 6 | 8 | 9 | 14 | 32 |
| Total du bilan | 278 | 262 | 277 | 341 | 582 | 464 | 645 | 514 | 499 | 532 | 606 | 597 | 715 | 782 | 608 | 445 | 563 | 619 | 681 | 916 | 1424 |

**Tableau II.** — **Principaux postes des bilans de la Banque de l'Union Parisienne** *(en millions de francs)*

| Au 31 décembre | 1904 | 1905 | 1906 | 1907 | 1908 | 1909 | 1910 | 1911 | 1912 | 1913 | 1914 | 1915 | 1916 | 1917 | 1918 | 1919 | 1920 |
|---|---|---|---|---|---|---|---|---|---|---|---|---|---|---|---|---|---|
| **Actif** | | | | | | | | | | | | | | | | | |
| Espèces en caisse et à la Banque de France | 3 | 7 | 7 | 10 | 11 | 14 | 16 | 48 | 15 | 17 | 18 | 22 | 25 | 26 | 34 | 49 | 57 |
| Portefeuille-effets | 11 | 31 | 33 | 26 | 38 | 46 | 73 | 116 | 63 | 89 | 24 | 26 | 64 | 104 | 119 | 200 | 231 |
| Reports | 14 | 20 | 34 | 26 | 29 | 39 | 71 | 63 | 33 | 44 | 26 | 22 | 17 | 14 | 13 | 16 | 26 |
| Prêts sur titres et avances | 5 | 5 | 7 | 10 | 9 | 10 | 6 | 20 | 22 | 31 | 29 | 27 | 38 | 47 | 47 | 73 | 114 |
| Comptes courants | 29 | 68 | 67 | 63 | 69 | 73 | 84 | 166 | 129 | 81 | 99 | 60 | 80 | 116 | 146 | 213 | 232 |
| Portefeuille-titres | 20 | 24 | 26 | 31 | 28 | 33 | 35 | 35 | 45 | 51 | 54 | 53 | 57 | 59 | 71 | 91 | 135 |
| Participations financières | 8 | 8 | 11 | 12 | 13 | 9 | 13 | 13 | 17 | 22 | 25 | 23 | 12 | 13 | 7 | 6 | 21 |
| **Passif** | | | | | | | | | | | | | | | | | |
| Capital | 40 | 60 | 60 | 60 | 60 | 60 | 60 | 60 | 60 | 80 | 80 | 80 | 80 | 80 | 80 | 100 | 150 |
| Réserves et provisions | | 10 | 10 | 10 | 10 | 11 | 11 | 17 | 23 | 48 | 49 | 38 | 52 | 55 | 56 | 68 | 99 |
| Effets à payer | 21 | 45 | 39 | 45 | 39 | 46 | 48 | 48 | 52 | 49 | 42 | 8 | 5 | 9 | 6 | 4 | 12 |
| Chèques à payer | | | | | | | | | | | | 1 | 1 | 2 | 2 | 10 | 13 |
| Coupons à payer | | | 1 | 1 | 1 | 4 | 5 | 6 | 11 | 14 | 15 | 21 | 21 | 19 | 67 | 34 | 42 |
| Comptes courants | 27 | 63 | 72 | 59 | 82 | 95 | 159 | 315 | 163 | 139 | 89 | 87 | 133 | 213 | 225 | 432 | 502 |
| Report de l'exercice précédent | | | 1 | 2 | 2 | 3 | 5 | 6 | 7 | 8 | 10 | 6 | 6 | 7 | 8 | 7 | 10 |
| Profits et pertes de l'exercice | 2 | 5 | 6 | 5 | 5 | 9 | 14 | 14 | 13 | 10 | » | 4 | 6 | 6 | 12 | 12 | 15 |
| Total du bilan | 98 | 189 | 194 | 189 | 207 | 234 | 308 | 475 | 334 | 352 | 288 | 248 | 389 | 477 | 517 | 742 | 918 |

Tableau III. — **Principaux postes des bilans du Crédit Mobilier Français** *(en millions de francs)*

| Au 30 juin | 1903 | 1904 | 1905 | 1906 | 1907 | 1908 | 1909 | 1910 | 1911 | 1912 | 1913 | 1914 | 1915 | 1916 | 1917 | 1918 | 1919 | 1920 | 1921 |
|---|---|---|---|---|---|---|---|---|---|---|---|---|---|---|---|---|---|---|---|
| **Actif** | | | | | | | | | | | | | | | | | | | |
| Espèces en caisse et dans les banques | 2 | 5 | 6 | 7 | 4 | 3 | 22 | 35 | 22 | 26 | 34 | 27 | 8 | 11 | 10 | 17 | 14 | 7 | 8 |
| Portefeuille-effets (et bons de la D. N.) | | | | 2 | 2 | 1 | 2 | 20 | 39 | 34 | 48 | 51 | 39 | 48 | 74 | 53 | 74 | 114 | 83 |
| Reports | | | 7 | 13 | 17 | 10 | 13 | 65 | 56 | 54 | 16 | 3 | 7 | 4 | 5 | 3 | 3 | 4 | 3 |
| Avances sur garanties | | | | | | | | 12 | 10 | 3 | 5 | 2 | 2 | 2 | 1 | 1 | » | 2 | 1 |
| Comptes courants débit[rs] | 4 | 1 | 1 | 1 | 2 | 5 | 15 | 36 | 48 | 52 | 92 | 48 | 45 | 43 | 41 | 42 | 46 | 50 | 76 |
| Portefeuille-titres | 5 | 4 | 2 | 6 | 11 | 17 | 15 | 15 | 12 | 27 | 31 | 31 | 32 | 31 | 27 | 44 | 43 | 25 | 23 |
| Participations financières | | | | 2 | 2 | » | 1 | 13 | 8 | 9 | 13 | 15 | 1 | 1 | 1 | 1 | 2 | 4 | 4 |
| **Passif** | | | | | | | | | | | | | | | | | | | |
| Capital | 7 | 7 | 10 | 25 | 25 | 25 | 45 | 60 | 60 | 60 | 80 | 80 | 80 | 80 | 80 | 80 | 80 | 80 | 100 |
| Réserves | | 0,7 | 0,8 | 2 | 2 | 2 | 3 | 6 | 7 | 9 | 13 | 14 | 2 | 2 | 2 | 2 | 5 | 7 | 9 |
| Effets à payer | | | | | | | | 10 | 14 | 14 | 26 | 16 | » | » | » | » | » | 1 | » |
| Comptes courants crédit[rs] | 6 | 2 | 5 | 5 | 10 | 9 | 20 | 107 | 81 | 86 | 75 | 57 | 43 | 46 | 45 | 54 | 58 | 64 | 33 |
| Comptes de dépôts | | 1 | 0,6 | 0,8 | 1 | 1 | 1 | 11 | 32 | 36 | 43 | 29 | 17 | 16 | 34 | 27 | 43 | 86 | 56 |
| Report des exercices précédents | | | | | | | | | | | 1 | 1 | 1 | 2 | 2 | 2 | 2 | 2 | 1 |
| Profits et pertes de l'exerc[ce] | 0,4 | 0,5 | 1 | 1 | 2 | 1 | 3 | 5 | 6 | 6 | 7 | 4 | 1 | 2 | 3 | 3 | 4 | 6 | 7 |
| Total du bilan | 14 | 12 | 18 | 35 | 41 | 40 | 74 | 202 | 203 | 215 | 248 | 203 | 145 | 150 | 168 | 191 | 223 | 304 | 251 |

**Tableau IV. — Principaux postes des bilans de la Banque Française** (*en millions de francs*)

| Au 31 juillet | 1902 | 1903 | 1904 | 1905 | 1906 | 1907 | 1908 | 1909 | 1910 | 1911 | 1912 | 1913 | 1914 | 1915 | 1916 | 1917 | 1918 | 1919 | 1920 | 1921 |
|---|---|---|---|---|---|---|---|---|---|---|---|---|---|---|---|---|---|---|---|---|
| **Actif** | | | | | | | | | | | | | | | | | | | | |
| Espèces en caisse et dans les banques | 4 | 11 | 15 | 28 | 8 | 11 | 23 | 20 | 20 | 17 | 34 | 31 | 34 | 32 | 33 | 34 | 27 | 40 | 154 | 108 |
| Bons du Trésor et de la Défense Nat. | | | | | | | | | | | | | | 78 | 68 | 73 | 94 | 147 | 253 | 126 |
| Portefeuille-effets | 5 | 14 | 14 | 22 | 39 | 52 | 56 | 64 | 98 | 93 | 78 | 105 | 44 | 25 | 22 | 40 | 48 | 38 | 82 | 179 |
| Reports | 13 | 24 | 17 | 30 | 35 | 37 | 37 | 66 | 91 | 91 | 75 | 62 | 53 | 24 | 11 | 7 | 6 | 3 | 3 | 2 |
| Avances sur garanties | 7 | 19 | 7 | 4 | 16 | 20 | 20 | 19 | 19 | 15 | 38 | 20 | 22 | 21 | 24 | 18 | 16 | 16 | 24 | 19 |
| Débiteurs par acceptations | | | 20 | 28 | 28 | 33 | 30 | 36 | 35 | 32 | 42 | 49 | 40 | 23 | 7 | 10 | 6 | 3 | 8 | 21 |
| Comptes courants | 6 | 5 | 2 | 3 | 6 | 12 | 14 | 6 | 11 | 23 | 19 | 16 | 26 | 20 | 21 | 23 | 23 | 39 | 84 | 73 |
| Portefeuille-titres | 12 | 12 | 18 | 21 | 20 | 15 | 17 | 14 | 15 | 16 | 22 | -19 | 25 | 27 | 25 | 23 | 23 | 24 | 23 | 29 |
| Participations financières | 6 | 3 | 10 | 6 | 8 | 11 | 8 | 6 | 5 | 10 | 15 | 12 | 13 | 5 | 4 | 6 | 5 | 3 | 6 | 10 |
| **Passif** | | | | | | | | | | | | | | | | | | | | |
| Capital | 60 | 60 | 60 | 60 | 60 | 60 | 60 | 60 | 60 | 60 | 60 | 60 | 60 | 60 | 60 | 60 | 60 | 60 | 100 | 100 |
| Réserves | | 1 | 1 | » | » | » | 1 | 1 | 3 | 5 | 7 | 9 | 10 | 9 | 9 | 9 | 9 | 11 | 15 | 17 |
| Effets à payer et acceptations | 2 | 14 | 25 | 31 | 36 | 38 | 34 | 45 | 50 | 38 | 49 | 54 | 45 | 25 | 9 | 11 | 7 | 7 | 23 | 36 |
| Comptes courants créditeurs — à vue | 8 | 12 | 18 | 36 | 48 | 62 | 67 | 84 | 112 | 121 | 105 | 113 | 87 | 111 | 119 | 130 | 142 | 197 | 476 | 386 |
| Comptes courants créditeurs — à préavis | 7 | 5 | 2 | 13 | 17 | 30 | 42 | 36 | 64 | 72 | 96 | 77 | 61 | 60 | 26 | 27 | 29 | 39 | 48 | 27 |
| Bénéfices reportés | | 1 | » | » | » | 1 | 1 | 1 | 1 | 1 | 1 | 2 | 2 | » | » | 3 | 1 | 1 | 1 | » |
| Profits et pertes de l'exercice | 1 | 2 | 2 | 4 | 3 | 3 | 3 | 4 | 5 | 5 | 6 | 6 | » | » | 3 | 4 | 5 | 5 | 7 | » |
| Total du bilan | 80 | 95 | 112 | 148 | 168 | 198 | 211 | 238 | 300 | 307 | 328 | 326 | 271 | 269 | 231 | 250 | 279 | 367 | 737 | 624 |

TABLEAU V. — **Principaux postes des bilans du Crédit Français** *(en millions de francs)*

| Au 31 décembre | 1911 | 1912 | 1913 | 1914 | 1915 | 1916 | 1917 | 1918 | 1919 | 1920 |
|---|---|---|---|---|---|---|---|---|---|---|
| **Actif** | | | | | | | | | | |
| Espèces en caisse et dans les banques | 6 | 5 | 8 | 2 | 3 | 3 | 8 | 9 | 14 | 33 |
| Correspondants, banquiers et agents | | | | | | | | | 12 | 20 |
| Portefeuille-effets et bons de la D. N. | 3 | 6 | 13 | 7 | 13 | 19 | 24 | 30 | 42 | 90 |
| Reports | 6 | 14 | 3 | 5 | 4 | 4 | » | » | » | » |
| Avances sur garanties | 1 | 8 | 3 | 3 | 3 | 4 | 1 | 1 | 1 | 5 |
| Comptes courants | 7 | 15 | 29 | 26 | 25 | 26 | 54 | 42 | 55 | 76 |
| Débiteurs par acceptations | 2 | 10 | 25 | 3 | 4 | 5 | 3 | 1 | 4 | 6 |
| Portefeuille-titres | 2 | 10 | 15 | 43 | 44 | 36 | 19 | 19 | 15 | 22 |
| Participations financières | 5 | 7 | 14 | 5 | 4 | 4 | » | » | » | 27 |
| **Passif** | | | | | | | | | | |
| Capital | 25 | 25 | 50 | 50 | 50 | 50 | 50 | 50 | 50 | 50 |
| Réserves | | | 1 | 1 | 1 | 1 | 1 | 1 | 1 | 2 |
| Comptes courants | 19 | 42 | 35 | 41 | 46 | 45 | 54 | 50 | 97 | 217 |
| Acceptations | 2 | 10 | 25 | 3 | 4 | 5 | 3 | 1 | 4 | 6 |
| Profits et pertes | 1 | 1 | 2 | 3 | 2 | 2 | 2 | 2 | 3 | 4 |
| Total du bilan | 49 | 80 | 115 | 100 | 105 | 106 | 113 | 106 | 157 | 287 |

TABLEAU VI. — **Principaux postes des bilans de la Société Générale** (*en millions de francs*).

| Au 31 décembre | 1900 | 1901 | 1902 | 1903 | 1904 | 1905 | 1906 | 1907 | 1908 | 1909 | 1910 | 1911 | 1912 | 1913 | 1914 | 1915 | 1916 | 1917 | 1918 | 1919 | 1920 |
|---|---|---|---|---|---|---|---|---|---|---|---|---|---|---|---|---|---|---|---|---|---|
| **Actif** | | | | | | | | | | | | | | | | | | | | | |
| Espèces en caisse et à la Banque de France | 71 | 64 | 67 | 66 | 73 | 95 | 102 | 85 | 123 | 124 | 111 | 212 | 158 | 172 | 101 | 120 | 84 | 290 | 124 | 286 | 634 |
| Portefeuille effets et bons de la D. N. | 305 | 320 | 376 | 430 | 493 | 416 | 570 | 532 | 720 | 825 | 851 | 929 | 936 | 971 | 299 | 283 | 413 | 795 | 1200 | 2793 | 3090 |
| Reports | 12 | 21 | 28 | 46 | 62 | 47 | 64 | 76 | 87 | 105 | 92 | 73 | 119 | 119 | 55 | 30 | 19 | 19 | 16 | 8 | 12 |
| Avances sur garanties | 110 | 122 | 117 | 132 | 125 | 153 | 150 | 172 | 164 | 197 | 232 | 225 | 257 | 328 | 318 | 257 | 248 | 259 | 227 | 321 | 309 |
| Comptes courants divers | 141 | 170 | 172 | 172 | 205 | 259 | 302 | 318 | 307 | 362 | 418 | 425 | 502 | 560 | 608 | 521 | 482 | 561 | 657 | 986 | 1316 |
| Portefeuille titres | 52 | 50 | 37 | 40 | 48 | 46 | 49 | 50 | 51 | 48 | 47 | 47 | 47 | 46 | 53 | 77 | 71 | 69 | 69 | 68 | 61 |
| Participations financières | 57 | 60 | 55 | 56 | 56 | 61 | 63 | 65 | 60 | 66 | 66 | 63 | 65 | 60 | 63 | 60 | 52 | 50 | 50 | 49 | 41 |
| Actionnaires | 80 | 80 | 80 | 100 | 100 | 125 | 150 | 150 | 150 | 200 | 200 | 200 | 250 | 250 | 250 | 250 | 250 | 250 | 250 | 250 | 250 |
| **Passif** | | | | | | | | | | | | | | | | | | | | | |
| Capital | 160 | 160 | 160 | 200 | 200 | 250 | 300 | 300 | 300 | 400 | 400 | 400 | 500 | 500 | 500 | 500 | 500 | 500 | 500 | 500 | 500 |
| Réserves | 18 | 19 | 13 | 21 | 21 | 26 | 36 | 37 | 37 | 63 | 64 | 66 | 121 | 124 | 127 | 117 | 50 | 50 | 50 | 50 | 51 |
| Comptes de chèques | 232 | 251 | 259 | 273 | 323 | 294 | 323 | 339 | 394 | 423 | 418 | 435 | 448 | 466 | 218 | 169 | 213 | 323 | 431 | 919 | 1026 |
| Dépôts à échéance fixe | 114 | 116 | 121 | 124 | 124 | 125 | 128 | 154 | 168 | 158 | 145 | 113 | 147 | 207 | 238 | 218 | 242 | 232 | 233 | 247 | 210 |
| Effets à payer | 69 | 76 | 69 | 81 | 81 | 103 | 115 | 136 | 111 | 140 | 150 | 174 | 212 | 175 | 102 | 44 | 13 | 22 | 18 | 66 | 119 |
| Comptes courants divers | 249 | 288 | 329 | 360 | 435 | 440 | 580 | 520 | 703 | 797 | 939 | 1052 | 977 | 1118 | 623 | 573 | 658 | 1226 | 1436 | 3054 | 3871 |
| Profits et pertes de l'exercice | 5 | 5 | 5 | 6 | 6 | 8 | 10 | 10 | 11 | 15 | 15 | 18 | 22 | 24 | 10 | 10 | 10 | 12 | 15 | 20 | 26 |
| Total du bilan | 818 | 917 | 958 | 1065 | 1194 | 1245 | 1492 | 1495 | 1722 | 1994 | 2130 | 2261 | 2426 | 2611 | 1821 | 1674 | 1693 | 2375 | 2697 | 4362 | 5811 |

TABLEAU VII. — **Principaux postes des bilans de la Société Centrale des Banques de Province**
*(en millions de francs)*

| Au 31 décembre | 1911 | 1912 | 1913 | 1914 | 1915 | 1916 | 1917 | 1918 | 1919 | 1920 |
|---|---|---|---|---|---|---|---|---|---|---|
| **Actif** | | | | | | | | | | |
| Actionnaires | 37 | 75 | 75 | 75 | 75 | 75 | 75 | 75 | 75 | 142 |
| Espèces en caisse et dans les banques | 7 | 17 | 14 | 11 | 19 | 13 | 17 | 21 | 57 | 28 |
| Portefeuille-effets et bons de la D. N. | 1 | 11 | 14 | 10 | 23 | 44 | 121 | 107 | 294 | 149 |
| Avances sur garanties et reports | 4 | 5 | 5 | 5 | 4 | 3 | 2 | 2 | 2 | » |
| Banquiers correspondants débiteurs | | 2 | 2 | » | 3 | 1 | 2 | 5 | 12 | 17 |
| Comptes courants débiteurs | 6 | 1 | 2 | 2 | 3 | 19 | 42 | 47 | 151 | 229 |
| Débiteurs par acceptations | | 7 | 17 | 15 | 13 | 15 | 14 | 17 | 1 | 42 |
| Portefeuille-titres | 3 | 18 | 18 | 21 | 20 | 19 | 19 | 16 | 16 | 21 |
| Participations financières | 2 | 2 | 4 | 4 | 5 | 4 | 3 | 4 | 7 | 9 |
| **Passif** | | | | | | | | | | |
| Capital | 50 | 100 | 100 | 100 | 100 | 100 | 100 | 100 | 100 | 200 |
| Réserves et provisions | | 10 | 10 | 7 | 7 | 7 | 7 | 7 | 8 | 15 |
| Banquiers correspondants créditeurs | | 5 | 12 | 8 | 15 | 20 | 39 | 56 | 96 | 124 |
| Dépôts et créditeurs { à vue | 12 | 12 | 14 | 2 | 5 | 13 | 42 | 69 | 161 | 216 |
| Dépôts et créditeurs { à préavis | | | | 15 | 33 | 42 | 37 | 44 | 56 | 46 |
| Acceptations et dispositions à payer | 2 | 10 | 17 | 15 | 13 | 16 | 15 | 17 | 2 | 13 |
| Report des exercices précédents | | | | | | | | | 1 | 1 |
| Profits et pertes de l'exercice | 1 | 2 | 2 | » | » | » | 2 | 2 | 2 | » |
| Total du bilan | 67 | 142 | 158 | 151 | 178 | 203 | 306 | 304 | 627 | 674 |

## Tableau VIII. — **Placements des banques d'affaires en 0/0 par rapport à l'ensemble de l'actif**

| Au 31 décembre | Caisse, Banques, liquidation, coupons | Portef. effets bons de la D. N. | Reports | Avances sur garanties | Débiteurs | Titres et participat. financières | Divers | Capital non versé | Total |
|---|---|---|---|---|---|---|---|---|---|
| | | | 1. Banque de Paris et des Pays-Bas | | | | | | |
| 1900 | 7,9 | 12,5 | 14,1 | 3,8 | 33,6 | 25,4 | 2,7 | » | 100 |
| 1901 | 6,2 | 9,2 | 17,4 | 3,2 | 30,5 | 30 | 3,5 | » | 100 |
| 1902 | 6,2 | 16,7 | 18,5 | 0,4 | 29,3 | 26,5 | 2,4 | » | 100 |
| 1903 | 5,9 | 22,1 | 18,1 | 0,7 | 26,3 | 25,3 | 1,6 | » | 100 |
| 1904 | 3,4 | 18,9 | 12,7 | 0,3 | 49,7 | 13,1 | 1,9 | » | 100 |
| 1905 | 4,1 | 17,7 | 11,1 | 0,4 | 45,9 | 17,7 | 3,1 | » | 100 |
| 1906 | 6,1 | 16,3 | 11,4 | 0,3 | 47,4 | 15,8 | 2,7 | » | 100 |
| 1907 | 3,7 | 14,1 | 8,3 | 0,4 | 51,9 | 19,3 | 2,3 | » | 100 |
| 1908 | 6,9 | 9,8 | 16,1 | 0,6 | 43 | 20,9 | 2,7 | » | 100 |
| 1909 | 5,9 | 11,1 | 25,7 | 0,8 | 35,6 | 18,6 | 2,3 | » | 100 |
| 1910 | 5,9 | 8,7 | 24,2 | 0,8 | 38,6 | 19,4 | 2,4 | » | 100 |
| 1911 | 5,7 | 10,3 | 14,2 | 0,7 | 43,7 | 22,3 | 3,1 | » | 100 |
| 1912 | 5,5 | 15,7 | 11 | 2,3 | 43,6 | 20,1 | 1,8 | » | 100 |
| 1913 | 6,5 | 15,6 | 9,6 | 3,8 | 42,4 | 20,4 | 1,7 | » | 100 |
| 1914 | 11,3 | 6,7 | 11 | 4,5 | 38 | 26,1 | 2,4 | » | 100 |
| 1915 | 12,9 | 10,6 | 4.6 | 6 | 30,7 | 31,9 | 3,3 | » | 100 |
| 1916 | 13,9 | 15,1 | 3,6 | 2,9 | 21,8 | 27,3 | 15,4 | » | 100 |
| 1917 | 10,2 | 16,1 | 2,6 | 2,4 | 28,4 | 24,8 | 15,5 | » | 100 |
| 1918 | 11,6 | 19,2 | 3,9 | 2 | 23,1 | 24,3 | 15,9 | » | 100 |
| 1919 | 16,3 | 15,8 | 4,5 | 3 | 20,9 | 25,2 | 14,3 | » | 100 |
| 1920 | 20,5 | 28,6 | 2,3 | 1 | 20,3 | 17,7 | 9,6 | » | 100 |
| | | | 2. Banque de l'Union Parisienne | | | | | | |
| 1904 | 4,1 | 12,1 | 14,7 | 5,3 | 29,6 | 28,6 | 5,6 | » | 100 |
| 1905 | 4,4 | 16,8 | 11 | 2,8 | 36,1 | 17,4 | 3,6 | 7,9 | 100 |
| 1906 | 3,8 | 17,1 | 18 | 4 | 34,8 | 19,4 | 2,9 | » | 100 |
| 1907 | 6,2 | 13,9 | 14,1 | 5,6 | 33,8 | 23,7 | 2,7 | » | 100 |
| 1908 | 7 | 18,5 | 14,1 | 4,7 | 33,6 | 20,3 | 1,8 | » | 100 |
| 1909 | 6,7 | 19,6 | 16,7 | 4,2 | 31,5 | 18,2 | 3,1 | » | 100 |

### 2. Banque de l'Union Parisienne (suite)

| Au 31 décembre | Caisse, banques liquidation coupons | Portef-effets bons de la D. N. | Reports | Avances sur garanties | Débiteurs | Titres et participations financières | Divers | Capital non versé | Total |
|---|---|---|---|---|---|---|---|---|---|
| 1910 | 5,8 | 23,8 | 23 | 2 | 27,4 | 16 | 2 | » | 100 |
| 1911 | 10,5 | 24,6 | 13,2 | 4,3 | 35,1 | 10,3 | 2 | » | 100 |
| 1912 | 5,1 | 19 | 9,9 | 6,7 | 38,7 | 18,8 | 1,8 | » | 100 |
| 1913 | 5,7 | 25,3 | 12,5 | 9 | 23,2 | 21 | 3,3 | » | 100 |
| 1914 | 6,5 | 8,4 | 9,2 | 10.3 | 34,4 | 27,7 | 3,5 | » | 100 |
| 1915 | 9,7 | 10,4 | 9,1 | 11 | 24,5 | 31 | 4,3 | » | 100 |
| 1916 | 7 | 16,5 | 4,5 | 10 | 20,6 | 18 | 23,4 | » | 100 |
| 1917 | 6,4 | 21,8 | 3 | 9,8 | 24,4 | 15,1 | 19,5 | » | 100 |
| 1918 | 8,6 | 23,1 | 2,5 | 9,2 | 28,5 | 15,2 | 12,9 | » | 100 |
| 1919 | 8,2 | 26,9 | 2,2 | 9,9 | 28,7 | 13 | 11,1 | » | 100 |
| 1920 | 7,6 | 25,2 | 2,9 | 12,4 | 25,3 | 17 | 9,6 | » | 100 |

### 3. Crédit Mobilier Français

30 juin)

| Au 31 décembre | Caisse, banques liquidation coupons | Portef-effets bons de la D. N. | Reports | Avances sur garanties | Débiteurs | Titres et participations financières | Divers | Capital non versé | Total |
|---|---|---|---|---|---|---|---|---|---|
| 1903 | 17,2 | » | » | » | 33 | 39 | 10,8 | » | 100 |
| 1904 | 42,3 | » | » | » | 8,3 | 35,9 | 13,5 | » | 100 |
| 1905 | 34,1 | » | 37,8 | » | 4,8 | 13,2 | 10,1 | » | 100 |
| 1906 | 20,5 | 5,7 | 38,8 | » | 3,7 | 25,8 | 5,5 | » | 100 |
| 1907 | 10,8 | 5,2 | 41.6 | » | 5,7 | 31,8 | 4,9 | » | 100 |
| 1908 | 7,4 | 3 | 27 | » | 14,3 | 43,4 | 4,9 | » | 100 |
| 1909 | 30.3 | 3,5 | 17.6 | » | 20,8 | 22 | 5,8 | » | 100 |
| 1910 | 17,3 | 10 | 32,2 | 6,3 | 18,1 | 14,3 | 1,8 | » | 100 |
| 1911 | 11,1 | 19,5 | 28 | 5 | 24 | 10,3 | 2,1 | » | 100 |
| 1912 | 12,4 | 16 | 25,4 | 1,5 | 24,6 | 17,4 | 2,7 | » | 100 |
| 1913 | 13,9 | 19,3 | 6,8 | 2,1 | 37,4 | 18,2 | 2.3 | » | 100 |
| 1914 | 13,3 | 25,2 | 1,8 | 1,4 | 24,1 | 23,3 | 10,9 | » | 100 |
| 1915 | 6 | 27,2 | 5,5 | 2 | 31,3 | 23,4 | 4,6 | » | 100 |
| 1916 | 7,6 | 32,5 | 3,2 | 1,4 | 28,9 | 22,1 | 4,3 | » | 100 |
| 1917 | 6,5 | 44,2 | 3 | 0,8 | 24,5 | 17 | 4 | » | 100 |
| 1918 | 9,2 | 27,8 | 2 | 0,4 | 22,3 | 23,6 | 14.7 | » | 100 |
| 1919 | 6,4 | 33,2 | 1.6 | 0,3 | 20,8 | 20,6 | 17,1 | » | 100 |
| 1920 | 2,3 | 47,6 | 1,3 | 0,6 | 16,5 | 9,8 | 21,9 | » | 100 |
| 1921 | 3,3 | 33,2 | 1,3 | 0,4 | 30,4 | 10,8 | 20,6 | » | 100 |

| Au 31 décembre | Caisse, banques liquidation coupons | Portef.-effets bons de la D. N. | Reports | Avances sur garanties | Débiteurs | Titres et participations financières | Divers | Capital non versé | Total |
|---|---|---|---|---|---|---|---|---|---|

#### 4. Banque Française

(31 juillet)

| Au 31 décembre | Caisse, banques liquidation coupons | Portef.-effets bons de la D. N. | Reports | Avances sur garanties | Débiteurs | Titres et participations financières | Divers | Capital non versé | Total |
|---|---|---|---|---|---|---|---|---|---|
| 1902 | 7,1 | 7,1 | 17 | 9,8 | 7,6 | 22,8 | 3,8 | 24,8 | 100 |
| 1903 | 12,4 | 15,2 | 26 | 20,3 | 5,3 | 17,1 | 3.7 | » | 100 |
| 1904 | 15,1 | 13,2 | 15,6 | 6,4 | 2,6 | 25,7 | 21,4 | » | 100 |
| 1905 | 19 | 14,9 | 20,3 | 3,2 | 2,6 | 18,8 | 21,2 | » | 100 |
| 1906 | 5,7 | 23,3 | 21,2 | 9,7 | 3,7 | 17,3 | 19,1 | » | 100 |
| 1907 | 5,8 | 26,5 | 18,7 | 10,5 | 6,2 | 13,7 | 18,6 | » | 100 |
| 1908 | 11 | 26,8 | 17,5 | 9,6 | 6,7 | 12,3 | 16,1 | » | 100 |
| 1909 | 8,7 | 27,3 | 28 | 8,2 | 2,8 | 8,9 | 16,1 | » | 100 |
| 1910 | 7,5 | 32,7 | 30,6 | 6,6 | 3,6 | 6,8 | 12,2 | » | 100 |
| 1911 | 7,3 | 30,4 | 29,8 | 4,8 | 7,6 | 8,8 | 11,3 | » | 100 |
| 1912 | 10,8 | 23,8 | 22,9 | 11,8 | 5,8 | 11,5 | 13,4 | » | 100 |
| 1913 | 9,9 | 32,2 | 19,1 | 6,4 | 5 | 9,8 | 17,6 | » | 100 |
| 1914 | 12,7 | 16,4 | 19,7 | 8,3 | 9,8 | 14,4 | 18,7 | » | 100 |
| 1915 | 12,1 | 38,6 | 9,2 | 7,9 | 7,6 | 12,2 | 12,4 | » | 100 |
| 1916 | 14,5 | 39,6 | 4,7 | 8,9 | 8,1 | 13,1 | 11,1 | » | 100 |
| 1917 | 13,7 | 45,4 | 3 | 7,5 | 9,3 | 11,7 | 9,4 | » | 100 |
| 1918 | 9,7 | 51,2 | 2,2 | 5,8 | 8,5 | 10,4 | 12,2 | » | 100 |
| 1919 | 11,1 | 50,7 | 1 | 4,5 | 10,8 | 7,4 | 14,5 | » | 100 |
| 1920 | 20,9 | 45,5 | 0,4 | 3,3 | 11,4 | 4 | 10,5 | 4 | 100 |
| 1921 | 17,4 | 48,8 | 0,3 | 3 | 11,6 | 6,5 | 12,4 | » | 100 |

#### 5. Crédit Français

| Au 31 décembre | Caisse, banques liquidation coupons | Portef.-effets bons de la D. N. | Reports | Avances sur garanties | Débiteurs | Titres et participations financières | Divers | Capital non versé | Total |
|---|---|---|---|---|---|---|---|---|---|
| 1911 | 12,7 | 6,3 | 13,9 | 2,6 | 14,6 | 15,2 | 11,9 | 22,8 | 100 |
| 1912 | 6,5 | 8,2 | 17,9 | 10,2 | 18,9 | 22,9 | 15,4 | » | 100 |
| 1913 | 7,3 | 11,4 | 3,1 | 2,9 | 25,7 | 25,9 | 23,7 | » | 100 |
| 1914 | 2,6 | 7,4 | 5,5 | 3,5 | 26 | 49,2 | 5,8 | » | 100 |
| 1915 | 3,2 | 13 | 4 | 3 | 24,4 | 47,1 | 5,3 | » | 100 |
| 1916 | 3,5 | 18,2 | 3,9 | 4,2 | 24,7 | 38,2 | 7,3 | » | 100 |
| 1917 | 7,9 | 21.5 | 0,2 | 1,5 | 47,8 | 17,4 | 3,7 | » | 100 |
| 1918 | 8,8 | 28,3 | 0,2 | 1,2 | 40,3 | 19,1 | 2,1 | » | 100 |
| 1919 | 9,7 | 26,9 | 0,1 | 0,6 | 43,9 | 10 | 4,1 | 4,7 | 100 |
| 1920 | 12 | 31,5 | » | 1,8 | 33,7 | 17,4 | 3,6 | » | 100 |

### 6. Société Générale

| Au 31 décembre | Caisse, banques coupons liquidation | Portef.-effets bons de la D. N. | Reports | Avances sur garanties | Débiteurs | Titres et participations financières | Divers | Capital non versé | Total |
|---|---|---|---|---|---|---|---|---|---|
| 1900 | 9,8 | 35,9 | 1,4 | 13 | 16,3 | 13 | 1,2 | 9,4 | 100 |
| 1901 | 8,5 | 35 | 2,3 | 13,4 | 18,6 | 12,1 | 1,4 | 8,7 | 100 |
| 1902 | 8,2 | 39,2 | 3 | 12,2 | 18 | 9,7 | 1,4 | 8,3 | 100 |
| 1903 | 7,3 | 40,4 | 4,3 | 12,4 | 16,1 | 9 | 1,2 | 9,3 | 100 |
| 1904 | 7,5 | 41,3 | 5,2 | 10,5 | 17,2 | 8,7 | 1,3 | 8,3 | 100 |
| 1905 | 9 | 33,5 | 3,8 | 12,3 | 20,8 | 8,9 | 1,7 | 10 | 100 |
| 1906 | 7,8 | 38,2 | 4,2 | 10 | 20,2 | 7,6 | 2 | 10 | 100 |
| 1907 | 6,8 | 35,6 | 5,1 | 11,5 | 21,2 | 7,8 | 2 | 10 | 100 |
| 1908 | 8,8 | 41,8 | 5 | 9,5 | 17,8 | 6,5 | 1,9 | 8,7 | 100 |
| 1909 | 7,7 | 41,4 | 5,3 | 9,6 | 18,1 | 5,7 | 2,2 | 10 | 100 |
| 1910 | 6,9 | 39,9 | 4,3 | 10,9 | 21 | 5,3 | 2,4 | 9,3 | 100 |
| 1911 | 10,9 | 41,1 | 3,2 | 9,9 | 18,8 | 4,9 | 2,3 | 8,8 | 100 |
| 1912 | 8,1 | 38,5 | 4,9 | 10,6 | 20,7 | 4,6 | 2,3 | 10,3 | 100 |
| 1913 | 8,2 | 37,1 | 4,5 | 12,5 | 21,4 | 4,4 | 2,4 | 9,5 | 100 |
| 1914 | 6,4 | 16,4 | 3,1 | 17,4 | 33,3 | 6,4 | 3,3 | 13,7 | 100 |
| 1915 | 8,3 | 16,9 | 1,8 | 15,3 | 31,1 | 8,2 | 3,5 | 14,9 | 100 |
| 1916 | 5,6 | 24,4 | 1,1 | 14,7 | 28,5 | 7,3 | 3,7 | 14,7 | 100 |
| 1917 | 13 | 33,5 | 0,8 | 10,9 | 23,6 | 5 | 2,7 | 10,5 | 100 |
| 1918 | 6 | 44,4 | 0,6 | 8,4 | 24,3 | 4,4 | 2,7 | 9,2 | 100 |
| 1919 | 6,6 | 57,5 | 0,1 | 6,6 | 20,2 | 2,4 | 1,5 | 5,1 | 100 |
| 1920 | 11,5 | 53,1 | 0,2 | 5,3 | 22,6 | 1,7 | 1,3 | 4,3 | 100 |

### 7. Société Centrale des Banques de Province

| Au 31 décembre | Caisse, banques coupons liquidation | Portef.-effets bons de la D. N. | Reports | Avances sur garanties | Débiteurs | Titres et participations financières | Divers | Capital non versé | Total |
|---|---|---|---|---|---|---|---|---|---|
| 1911 | 16,1 | 1,4 | » | 7,4 | 10,2 | 7,8 | 1,4 | 55,7 | 100 |
| 1912 | 12,2 | 7,7 | 2 | 1,8 | 2,8 | 14,9 | 7,8 | 52,8 | 100 |
| 1913 | 8,8 | 9,1 | 3,2 | | 3 | 14,7 | 13,7 | 47,4 | 100 |
| 1914 | 7,4 | 6,5 | 3,1 | | 1,7 | 16,7 | 15 | 49,6 | 100 |
| 1915 | 10,8 | 41,9 | 2,3 | | 6,1 | 15,9 | 10,9 | 42,1 | 100 |
| 1916 | 6,8 | 16,5 | 1,9 | | 10,1 | 12,1 | 15,7 | 36,9 | 100 |
| 1917 | 5,6 | 39,7 | 0,8 | | 14,6 | 7,5 | 7,3 | 24,5 | 100 |
| 1918 | 7,1 | 35,4 | 0,7 | | 17,4 | 6,7 | 8,1 | 24,6 | 100 |
| 1919 | 9,1 | 47 | 0,3 | | 26,1 | 3,8 | 1,8 | 11,9 | 100 |
| 1920 | 4,2 | 22,1 | 0,1 | | 36,5 | 4,6 | 11,5 | 21 | 100 |

TABLEAU IX. — **Pourcentage des Immobilisations, titres et participations par rapport aux ressources propres** (capital et réserves)

*(en millions de francs)*

| Exercices | Banque de Paris et des Pays-Bas | | | Union Parisienne | | | Crédit Mobilier | | | Banque Française | | |
|---|---|---|---|---|---|---|---|---|---|---|---|---|
| | Ressources propres | Titres et participations | 0/0 | Ressources propres | Titres et participations | 0/0 | Ressources propres | Titres et participations | 0/0 | Ressources propres | Titres et participations | 0/0 |
| 1900 | 81,4 | 70,6 | 86,8 | | | | | | | | | |
| 1901 | 81,4 | 78,4 | 96,3 | | | | | | | | | |
| 1902 | 81,4 | 75,2 | 92,3 | | | | | | | 60 | 18,4 | 30,6 |
| 1903 | 81,2 | 86,3 | 106,4 | | | | 7,5 | 5,7 | 76,8 | 60 | 16,4 | 27,3 |
| 1904 | 81,2 | 76,6 | 94,3 | 40 | 28,2 | 70,7 | 8,2 | 4,4 | 53,4 | 61,1 | 28,8 | 47,1 |
| 1905 | 93,2 | 80,6 | 86,4 | 55,1 | 33 | 59,9 | 10,8 | 2,5 | 23 | 61,2 | 27,9 | 45,6 |
| 1906 | 93,2 | 102,3 | 110,9 | 70,3 | 37,7 | 53,7 | 27,6 | 9,2 | 33,3 | 60,4 | 29,1 | 48,2 |
| 1907 | 141,9 | 99,6 | 70,2 | 70,7 | 44,7 | 63,3 | 27,7 | 13,3 | 48 | 60,6 | 27,3 | 45 |
| 1908 | 142,1 | 104,3 | 73,3 | 70,9 | 42,1 | 59,3 | 27,8 | 17,5 | 62,9 | 60,8 | 26,1 | 43 |
| 1909 | 144,4 | 99 | 68,5 | 71,2 | 42,7 | 59,9 | 48 | 16,4 | 34,1 | 60,9 | 21,3 | 35 |
| 1910 | 152,9 | 117,6 | 76,9 | 71,7 | 49,5 | 69 | 66,6 | 29 | 43,6 | 63,2 | 20,5 | 32,4 |
| 1911 | 157,4 | 133,1 | 84,6 | 77,4 | 49,3 | 63,7 | 67,8 | 20,9 | 30,9 | 65 | 27,4 | 42,1 |
| 1912 | 229,1 | 144,2 | 62,9 | 83,1 | 63 | 75,7 | 69 | 37,4 | 54,1 | 67,3 | 37,9 | 56,4 |
| 1913 | 231,6 | 159,8 | 68,9 | 128,8 | 74 1 | 57,5 | 93,7 | 45,1 | 48,1 | 69,1 | 32 | 46,3 |
| 1914 | 191,4 | 159,1 | 83,1 | 129,3 | 80 | 61,8 | 94,6 | 47,3 | 50 | 70,9 | 39 | 55 |
| 1915 | 191,4 | 142,2 | 74,2 | 118,3 | 76,8 | 64,9 | 82,1 | 33,9 | 41,3 | 69 | 32,8 | 47,6 |
| 1916 | 191,4 | 153,9 | 80,4 | 132,6 | 70,1 | 52,9 | 82,1 | 33,2 | 40,4 | 69 | 30,4 | 44,1 |
| 1917 | 191,4 | 153,6 | 80,2 | 135,8 | 72,4 | 53,3 | 82,3 | 28,5 | 34,7 | 69,2 | 29,3 | 42,4 |
| 1918 | 191,4 | 165,9 | 86,7 | 136,7 | 78,7 | 57,6 | 82,4 | 45,1 | 54,7 | 69,8 | 29 | 41,6 |
| 1919 | 263,7 | 231,5 | 87,7 | 168,3 | 97,4 | 57,7 | 85,1 | 46 | 54 | 71 | 27,5 | 38,6 |
| 1920 | 264,3 | 252 | 95,3 | 243,7 | 156,5 | 64,2 | 87,3 | 29,9 | 33,6 | 85,7 | 29,8 | 34,8 |
| 1921 | | | | | | | 109,2 | 27,1 | 24,8 | 117,3 | 40,6 | 34,6 |

TABLEAU IX *(suite)*. — **Pourcentage des Immobilisations, titres et participations par rapport aux ressources propres**

| Exercices | Crédit Français | | | Société Générale | | | Société Centrale des Banques de Province | | |
|---|---|---|---|---|---|---|---|---|---|
| | Ressources propres | Titres et participations | 0/0 | Ressources propres | Titres et participations | 0/0 | Ressources propres | Titres et participations | 0/0 |
| 1900 | | | | 98,7 | 110,4 | 111,5 | | | |
| 1901 | | | | 99 | 111,4 | 112,5 | | | |
| 1902 | | | | 93,2 | 92,9 | 99,7 | | | |
| 1903 | | | | 121,5 | 96,3 | 79,2 | | | |
| 1904 | | | | 121,8 | 104,2 | 85,5 | | | |
| 1905 | | | | 151,3 | 111,6 | 73,7 | | | |
| 1906 | | | | 186,7 | 112,6 | 60,3 | | | |
| 1907 | | | | 187,2 | 116,7 | 62,3 | | | |
| 1908 | | | | 187,7 | 112,3 | 59,8 | | | |
| 1909 | | | | 263,3 | 114,5 | 43,5 | | | |
| 1910 | | | | 264 | 113,3 | 42,9 | | | |
| 1911 | 13,6 | 7,5 | 55,5 | 264,8 | 110,9 | 41,9 | 13 | 6,3 | 48,1 |
| 1912 | 25,5 | 18,4 | 72,2 | 368,2 | 112,7 | 30,6 | 35,1 | 21,2 | 60,3 |
| 1913 | 51,6 | 29,7 | 57,6 | 374,5 | 116,5 | 31,1 | 35,2 | 23,3 | 66,1 |
| 1914 | 51,9 | 49,2 | 94,8 | 377,2 | 117,4 | 31,1 | 32,8 | 26,5 | 80,9 |
| 1915 | 51,9 | 49,4 | 95,3 | 367,2 | 137,4 | 37,4 | 32,8 | 25,8 | 78,7 |
| 1916 | 51,9 | 40,5 | 78,1 | 300,7 | 124,4 | 41,3 | 32,8 | 23,7 | 72,5 |
| 1917 | 51,9 | 19,7 | 37,9 | 300,7 | 120,3 | 40 | 32,8 | 23 | 70,4 |
| 1918 | 51,9 | 20,3 | 39,1 | 300,7 | 120,5 | 40 | 32,9 | 20,6 | 62,9 |
| 1919 | 51,9 | 15,6 | 30,2 | 300,7 | 118 | 39,2 | 33 | 24,3 | 73,7 |
| 1920 | 52,4 | 50,2 | 95,7 | 301,7 | 102,5 | 33,9 | 73,6 | 31,6 | 43 |

## TABLEAU X. — Rendement des Banques d'affaires depuis 1900

| Exercices | Paris et Pays-Bas | | | | Union Parisienne | | | | Crédit Mobilier (4) | | | | Banque Française (5) | | | |
|---|---|---|---|---|---|---|---|---|---|---|---|---|---|---|---|---|
| | Ressources propres (1) (2) | Bénéfices nets (1) | En 0/0 par rapport aux ressources propres | Dividende 0/0 nominal action | Ressources propres (1) (2) | Bénéfices nets déclarés (1) | En 0/0 par rapport aux ressources propres | Dividende 0/0 | Ressources propres (1) (2) | Bénéfices nets (1) | En 0/0 par rapport aux ressources propres | Dividende 0/0 | Ressources propres (1) (2) | Bénéfices nets (1) | En 0/0 par rapport aux ressources propres | Dividende 0/0 |
| 1900 | 90,9 | 6,9 | 7,5 | 11 | | | | | | | | | | | | |
| 1901 | 90,6 | 4,8 | 5,2 | 10 | | | | | | | | | | | | |
| 1902 | 88,9 | 7,2 | 8,1 | 10 | | | | | | | | | 40 | 0,9 | 2,2 | » |
| 1903 | 89,4 | 7,6 | 8,5 | 10 | | | | | 7,5 | 0,4 | 6 | 5 | 60,9 | 2 | 3,3 | 4 |
| 1904 | 90,4 | 19,4 | 21,4 | 12 | 40 | 2,8 | 7 | 5 | 8,2 | 0,5 | 6,6 | 5 | 61,2 | 2,8 | 4,6 | 4 |
| 1905 | 101,8 | 10,8 | 10,6 | 12 | 55,6 | 5,4 | 9,7 | 7 | 10,9 | 1,3 | 11,9 | 6,25 | 61,7 | 4,8 | 7,8 | 5 |
| 1906 | 103,1 | 22,6 | 21,9 | 12 | 72 | 6,7 | 9,3 | 8 | 27,6 | 1,9 | 7 | 6,25 | 61 | 3,7 | 6,1 | 5 |
| 1907 | 151,6 | 9,7 | 6,4 | 12 | 72,9 | 5,8 | 8 | 8 | 27,7 | 2 | 7,4 | 6,25 | 61,7 | 3,4 | 5,6 | 5 |
| 1908 | 151,4 | 13,8 | 9,1 | 13 | 73,5 | 5,9 | 8 | 8 | 27,9 | 1,9 | 7 | 6,25 | 62,2 | 3,5 | 5,7 | 5 |
| 1909 | 154,4 | 21,7 | 14 | 15 | 74,3 | 9,4 | 12,6 | 9 | 49,4 | 3,3 | 6,8 | 6,5 | 62,8 | 4,6 | 7,3 | 5 |
| 1910 | 163,5 | 17,1 | 10,4 | 15 | 77,4 | 14,1 | 18,2 | 10 | 66,9 | 5 | 7,4 | 7 | 64,2 | 5,9 | 9,2 | 5,5 |
| 1911 | 168,1 | 15,5 | 9,2 | 15 | 84 | 14,5 | 17,3 | 10 | 68,4 | 6 | 8,8 | 7 | 66,1 | 5,9 | 9 | 5,5 |
| 1912 | 243,3 | 16,2 | 6,6 | 15 | 90,9 | 13,4 | 14,7 | 10 | 69,8 | 6 | 8,7 | 7 | 69 | 6,1 | 8,8 | 6 |
| 1913 | 247,5 | 14,4 | 5,8 | 15 | 136,9 | 10,3 | 7,5 | 10 | 94,8 | 7,1 | 7,5 | 7 | 71,2 | 6,1 | 8,6 | 6 |
| 1914 | 205,8 | 12,1 | 5,8 | » | 139,6 | » (3) | » | 5 | 95,6 | 4,4 | 4,6 | 2,5 | 73,5 | » (3) | » | » |
| 1915 | 203,5 | 5,2 | 2,5 | 5 | 124,6 | 4,3 | 3,4 | 5 | 83,2 | 1 | 1,2 | » | 69 | » (3) | » | » |
| 1916 | 198,9 | 6,4 | 3,2 | 6 | 139 | 6,3 | 4,5 | 6 | 84,1 | 2,6 | 3,1 | 3 | 69 | 3,8 | 5,5 | 5 |
| 1917 | 199,3 | 8 | 4 | 7 | 139,4 | 6,6 | 4,7 | 7 | 84,4 | 3,4 | 4 | 4 | 69,8 | 4,1 | 5,9 | 5 |
| 1918 | 200 | 9,2 | 4,6 | 8 | 145 | 12,4 | 8,5 | 8 | 84,6 | 3,6 | 4,2 | 4 | 71 | 5 | 7,1 | 6 |
| 1919 | 273,3 | 14 | 5,1 | 10 | 175,9 | 12,6 | 7,2 | 10 | 87,6 | 4,2 | 4,8 | 5 | 72,4 | 5,8 | 8 | 6,5 |
| 1920 | 276,7 | 32,8 | 11,8 | 13 | 254,4 | 15,6 | 6,1 | 11 | 89,8 | 6 | 6,6 | 6 | 87,4 | 7,3 | 8,3 | 8 |
| 1921 | | | | | | | | | 110,8 | 7,1 | 6,4 | 6 | 119,6 | » (3) | » | 5 |

1. En millions de francs.
2. Capital versé, réserves et report de l'exercice précédent.
3. Bénéfices passés en amortissements.
4. Exercice se terminant le 30 juin de l'année indiquée.
5. Exercice se terminant le 31 juillet de l'année indiquée.

TABLEAU X *(suite)*. — **Rendement des banques d'affaires depuis 1900**

*(en millions de francs)*

| Exercices | Crédit Français | | | | Société Générale | | | | Société Banques de Province | | | |
|---|---|---|---|---|---|---|---|---|---|---|---|---|
| | Ressources propres (1-2) | Bénéfices nets déclarés (1) | En 0/0 par rapport aux ressources propres | Dividende en 0/0 nominal actions | Ressources propres (1-2) | Bénéfices nets déclarés (1) | En 0/0 par rapport aux ressources propres | Dividende en 0/0 nominal actions | Ressources propres (1-2) | Bénéfices nets déclarés (1) | En 0/0 par rapport aux ressources propres | Dividende en 0/0 nominal actions |
| 1900 | | | | | 98,7 | 5 | 5 | 5,8 | | | | |
| 1901 | | | | | 99,1 | 5 | 5 | 5,9 | | | | |
| 1902 | | | | | 93,3 | 5,2 | 5,5 | 6,1 | | | | |
| 1903 | | | | | 121,5 | 6,6 | 5,4 | 6,1 | | | | |
| 1904 | | | | | 121,9 | 6,7 | 5,5 | 6,2 | | | | |
| 1905 | | | | | 151,3 | 8 | 5,2 | 6,2 | | | | |
| 1906 | | | | | 186,9 | 10 | 5,3 | 6,4 | | | | |
| 1907 | | | | | 187,4 | 10,4 | 5,5 | 6,4 | | | | |
| 1908 | | | | | 187,9 | 11 | 5,8 | 6,7 | | | | |
| 1909 | | | | | 263,5 | 13,9 | 5,2 | 6,9 | | | | |
| 1910 | | | | | 264,2 | 15,9 | 6 | 7,2 | | | | |
| 1911 | 13,6 | 1,4 | 10,2 | 5 | 267,1 | 18,4 | 6,8 | 7,6 | 13 | 1,1 | 8,4 | 6 |
| 1912 | 25,6 | 1,7 | 6,6 | 5 | 372,2 | 22,1 | 5,9 | 8 | 35,2 | 2,2 | 6,2 | 10 |
| 1913 | 51,7 | 2,7 | 5,2 | 5 | 374,8 | 24,6 | 6,5 | 8,3 | 35,4 | 2,6 | 7,3 | 7,5 |
| 1914 | 52 | 3,3 | 6,3 | » | 377,7 | 10,2 | 2,7 | 4 | 35,8 | » | » | » |
| 1915 | 52,9 | 1,6 | 3 | » | 378 | 10,4 | 2,7 | » | 33,3 | » | » | » |
| 1916 | 52,4 | 1,8 | 3,4 | » | 300,7 | 10,7 | 3,5 | 4 | 33,3 | » | » | » |
| 1917 | 52,3 | 2,3 | 4,4 | » | 301,4 | 12,7 | 4,2 | 5 | 33,3 | 2 | 6 | » |
| 1918 | 52,2 | 2,4 | 4,5 | » | 301,7 | 15,7 | 5,2 | 6 | 33,4 | 2,2 | 6,5 | 6 |
| 1919 | 44,6 | 2,8 | 6,2 | 6 | 302,1 | 20,7 | 6,8 | 7 | 34 | 2,5 | 7,3 | 7 |
| 1920 | 52,5 | 3,9 | 7,4 | 6 | 304,7 | 26,5 | 8,6 | 10 | 75 | —51,5 | » | » |

1. En millions de francs.
2. Capital, réserves et report de l'exercice précédent.

TABLEAU XI. — **Comparaison des bénéfices bruts et des frais généraux**

*(en millions de francs)*

| Exercices | Paris et Pays-Bas | | | Union Parisienne | | | Crédit Mobilier | | | Banque Française | | |
|---|---|---|---|---|---|---|---|---|---|---|---|---|
| | Bénéfices bruts | Frais généraux | En 0/0 par rapport aux bénéfices bruts | Bénéfices bruts | Frais généraux | En 0/0 par rapport aux bénéfices bruts | Bénéfices bruts | Frais généraux | En 0/0 par rapport aux bénéfices bruts | Bénéfices bruts | Frais généraux | En 0/0 par rapport aux bénéfices bruts |
| 1900 | 8,8 | 1,8 | 20,4 | | | | | | | | | |
| 1901 | 6,6 | 1,8 | 27,2 | | | | | | | | | |
| 1902 | 9,4 | 2,1 | 22,3 | | | | | | | 1,8 | 0,9 | 50 |
| 1903 | 9,8 | 2,2 | 22,4 | | | | 0,9 | 0,4 | 44,4 | 3 | 1 | 33,3 |
| 1904 | 23,2 | 3,8 | 16,3 | 4 | 1,2 (1) | 30 | 0,9 | 0,4 | 44,4 | 4,1 | 1,2 | 29,2 |
| 1905 | 14,6 | 3,8 | 26 | 6,7 | 1,2 | 17,9 | 1,7 | 0,4 | 23,5 | 5,9 | 1,1 | 18,6 |
| 1906 | 26,5 | 3,8 | 14,3 | 8,4 | 1,7 | 20,2 | 2,4 | 0,5 | 20,8 | 4,9 | 1,2 | 24,4 |
| 1907 | 14,7 | 5 (1) | 34 | 7,4 | 1,5 | 20,2 | 2,6 | 0,5 | 21,7 | 4,8 | 1,3 | 27 |
| 1908 | 17,2 | 3,4 | 19,8 | 7,6 | 1,6 | 21 | 2,5 | 0,6 | 24 | 4,9 | 1,4 | 28,5 |
| 1909 | 26 | 4,2 | 16,1 | 11,9 | 2,5 | 21 | 4 | 0,6 | 15 | 6 | 1,4 | 23,3 |
| 1910 | 20,9 | 3,8 | 18,1 | 16,4 | 2,3 | 14 | 6 | 1 | 16,6 | 7,4 | 1,5 | 20,2 |
| 1911 | 19,3 | 3,8 | 19,6 | 17,1 | 2,5 | 14,6 | 7,1 | 1 | 14 | 7,6 | 1,6 | 21 |
| 1912 | 20,1 | 3,9 | 19,4 | 16,1 | 2,7 | 16,7 | 7,2 | 1,2 | 16,6 | 7,8 | 1,7 | 21,7 |
| 1913 | 25 | 10,6 (1) | 42,4 | 13,7 | 3,4 | 24,8 | 8,8 | 1,6 | 18,1 | 7,9 | 1,7 | 21,5 |
| 1914 | 15,2 | 3,1 | 20,3 | 11,9 | 2,5 | 21 | 9,3 | 4,7 | 50,5 | 7,9 | 1,9 | 24 |
| 1915 | 8,1 | 2,9 | 35,8 | 9 | 4,6 | 51,1 | 3 | 2 (1) | 66,6 | 3,9 | 1,6 | 41 |
| 1916 | 9,9 | 3,4 | 34,3 | 10,4 | 4,1 | 39,4 | 3,8 | 1,1 | 28,9 | 5,4 | 1,6 | 29,6 |
| 1917 | 11,8 | 3,8 | 32,2 | 14,4 | 7,8 | 54,1 | 4,7 | 1,3 | 27,6 | 6,4 | 1,9 | 31,1 |
| 1918 | 13,7 | 4,5 | 32,8 | 15,9 | 3,5 | 22 | 5,1 | 1,5 | 29,4 | 7,6 | 2,6 | 34,2 |
| 1919 | 21,1 | 7,1 | 33,6 | 17,4 | 4,8 | 27,5 | 6,1 | 1,9 | 31,1 | 8,9 | 3,1 | 34,8 |
| 1920 | 49,8 | 17 | 34,1 | 27,1 | 11,5 | 42,4 | 8,6 | 2,6 | 30,2 | 15,5 | 8,1 | 52,2 |
| 1921 | | | | | | | 10,8 | 3,6 | 33,6 | 16,4 | 7,8 | 47,7 |

1. Y compris amortissements.

TABLEAU XI *(suite)*. — **Comparaison de bénéfices bruts et des frais généraux**
*(en millions de francs)*

| Exercices | Crédit Français | | | Société Générale | | | Banque de Province | | |
|---|---|---|---|---|---|---|---|---|---|
| | Bénéfices bruts | Frais généraux | En 0/0 par rapport aux bénéfices bruts | Bénéfices bruts | Frais généraux | En 0/0 par rapport aux bénéfices bruts | Bénéfices bruts | Frais généraux | En 0/0 par rapport aux bénéfices bruts |
| 1900 | | | | 10,4 | 5,4 | 51,9 | | | |
| 1901 | | | | 10,6 | 5,6 | 52,8 | | | |
| 1902 | | | | 11,5 | 6,2 | 53,9 | | | |
| 1903 | | | | 13,1 | 6,5 | 49,6 | | | |
| 1904 | | | | 13,8 | 7,1 | 51,4 | | | |
| 1905 | | | | 15,4 | 7,4 | 48 | | | |
| 1906 | | | | 18 | 8 | 44,4 | | | |
| 1907 | | | | 18,9 | 8,5 | 44,9 | | | |
| 1908 | | | | 19,9 | 8,9 | 44,7 | | | |
| 1909 | | | | 24,1 | 10,2 | 42,3 | | | |
| 1910 | | | | 26,4 | 10,7 | 40,5 | | | |
| 1911 | 1,9 | 0,5 | 26,3 | 30,7 | 12,3 | 40 | 2 | 0,8 | 42 |
| 1912 | 2,7 | 0,9 | 33,3 | 36,5 | 14,4 | 39,4 | 4,1 | 1,9 | 47,9 |
| 1913 | 3,7 | 0,9 | 24,3 | 41,7 | 17,1 | 41 | 4,9 | 2,2 | 45,7 |
| 1914 | 4,3 | 1 | 23,2 | | (1) | | 2,8 | 2,6 | 95,7 |
| 1915 | 2,5 | 0,8 | 32 | | | | 2,7 | 2,2 | 81,4 |
| 1916 | 2,7 | 0,8 | 29,6 | | | | 4,8 | 2,4 | 51,6 |
| 1917 | 3,3 | 1 | 30,3 | | | | 7,2 | 3,1 | 43,2 |
| 1918 | 3,5 | 1,1 | 31,4 | | | | 9,6 | 4,4 | 45,8 |
| 1919 | 4,6 | 1,7 | 36,9 | | | | 15 | 7,6 | 51,2 |
| 1920 | 8 | 4 | 50 | | | | 14,9 | 16,7 | 112 |

1. Depuis 1914, la Société Générale ne publie plus de compte de profits et pertes.

Tableau XII. — **Détail des bénéfices bruts** (*en millions de francs*)



| Exercices | Banque de Paris et des Pays-Bas | | | | | | Union Parisienne | | | |
|---|---|---|---|---|---|---|---|---|---|---|
| | Commissions | Intérêts et bénéfices du portefeuille | Reports | Fonds publics actions et obligations | Succursales | Total | Intérêts escomptés et produits des reports | Bénéfices sur portefeuille, participation et divers | Commissions, changes et services divers (2) | Total |
| 1900 | 1,28 | 4,16 | 0,85 | 1,86 | 0,43 | 8,85 (1) | | | | |
| 1901 | 2,13 | 3,40 | 0,82 | 1,96 | — 1,63 | 6,68 | | | | |
| 1902 | 3,55 | 3,18 | 0,68 | 1,83 | 0,19 | 9,45 | | | | |
| 1903 | 2,28 | 4,11 | 0,68 | 2,58 | 0,11 | 9,89 (1) | | | | |
| 1904 | 5,19 | 5,24 | 1,18 | 10,87 | 0,73 | 23,23 | 1,35 | 2,01 | 0,65 | 4,02 |
| 1905 | 4,47 | 5,40 | 1,30 | 2,47 | 1,03 | 14,68 | 1,99 | 3,33 | 1,44 | 6,77 |
| 1906 | 6,83 | 7,58 | 2,30 | 8,92 | 0,88 | 26,53 | 3,46 | 2,84 | 2,12 | 8,43 |
| 1907 | 4,52 | 7,73 | 1,58 | » | 0,94 | 14,78 | 3,98 | 1,83 | 1,60 | 7,43 |
| 1908 | 2,98 | 6,11 | 0,76 | 6,51 | 0,89 | 17,26 | 4,17 | 1,80 | 1,63 | 7,61 |
| 1909 | 5,60 | 5,38 | 2,18 | 12,16 | 0,67 | 26,02 | 4,68 | 5,06 | 2,17 | 11,92 |
| 1910 | 4,41 | 4,60 | 3,75 | 7 | 1,20 | 20,97 | 7,11 | 4,68 | 4,68 | 16,48 |
| 1911 | 2,87 | 6,40 | 2,81 | 6,20 | 1,07 | 19,37 | 6,95 | 6,40 | 3,74 | 17,10 |
| 1912 | 3,25 | 7,37 | 2,18 | 6,38 | 1 | 20,19 | 8,54 | 5,25 | 2,35 | 16,15 |
| 1913 | 4,01 | 11,44 | 1,76 | 6,87 | 0,96 | 25,06 | 9,11 | 2,01 | 2,61 | 13,75 |
| 1914 | 2,69 | 6,67 | 1,36 | 4,10 | 0,37 | 15,21 | 8,68 | 1,90 | 1,93 | 11,92 |
| 1915 | 1,36 | 5,43 | 1,02 | » | 0,33 | 8,16 | 6,80 | 0,85 | 1,35 | 9,01 |
| 1916 | 1,85 | 6,43 | 0,72 | 0,42 | 0,49 | 9,92 | 7,37 | 1,81 | 1,23 | 10,42 |
| 1917 | 2,51 | 5,46 | 0,73 | 2,60 | 0,52 | 11,84 | 8,10 | 4,17 | 2,13 | 14,41 |
| 1918 | 2,57 | 7,73 | 0,55 | 2,23 | 0,65 | 13,75 | 7,84 | 6,03 | 2,06 | 15,94 |
| 1919 | 4,08 | 10,39 | 0,90 | 5,15 | 0,60 | 21,14 | 8,57 | 6,16 | 2,75 | 17,49 |
| 1920 | 4,68 | 22,69 | 1,70 | 16,74 | 3,97 | 49,80 | 14,44 | 8,93 | 3,77 | 27,15 |

(1) 1910 — divers : 0,24 ; 1903 — divers : 0,10.
(2) Depuis 1910, les produits du change sont comptés avec les intérêts, escompte et produit des reports

ANNEXES II

---

# MODÈLES USUELS
# D'ACTES SYNDICAUX

---

# ANNEXES II

## MODÈLES USUELS D'ACTES SYNDICAUX

Nous donnons ci-dessous quelques modèles d'actes
syndicaux usités au cours des dix dernières années. Certains d'entre eux ont été employés par de grandes banques d'affaires au cours d'augmentations de capital
récentes.

### I. — Syndicat de prise ferme

ARTICLE PREMIER. — Il est formé entre les soussignés un
Syndicat ayant pour objet :

1° D'assurer la souscription des 52.000 actions nouvelles
de 250 francs de la Société du chemin de fer de.  .  .  .
ainsi que le rachat éventuel des 8.000 actions anciennes
de 250 francs de cette Société ;

2° D'assurer la constitution d'un second syndicat ayant
pour objet de garantir et réaliser le placement de ces
titres.

ART. 2. — Le Syndicat sera géré par un Comité composé de :

La Banque A.
La Banque B.
La Société C.

La présidence du Syndicat appartiendra à la Banque A ; les décisions du Comité seront prises à la majorité des voix.

Art. 3. — Le Comité est investi des pouvoirs les plus étendus pour la gestion du Syndicat. Il a notamment le droit de faire toute répartition.

Les soussignés apportent les titres au Syndicat au prix auquel ils les souscrivent à la Société, soit 250 francs, mais celle-ci verse au Syndicat, comme rémunération, une somme de 18 fr. 75 par titre.

Il est d'ores et déjà prévu que le premier Syndicat conservera pour lui-même une somme de 3 fr. 75 par action de 250 francs, soit 1 1/2 0/0. Il restera donc disponible une marge de 15 francs et il est prévu, dès à présent, que celle-ci sera répartie comme suit :

3 fr. 75 Publicité et Banque A.

11 fr. 25 Bénéfice syndical et commission de placement aux membres du deuxième Syndicat.

Art. 4. — Le Syndicat prendra fin par la réalisation de son objet, c'est-à-dire par la constitution du second Syndicat indiqué ci-dessus. Il devra prendre fin pour le 31 mars 1912 au plus tard, étant entendu toutefois qu'il pourra être prorogé pour une nouvelle période de trois mois, par simple décision du Comité.

Si lors de la liquidation du Syndicat, le Syndicat de réalisation des titres n'était pas intégralement constitué, chaque syndicataire se trouvera engagé pour le solde dans ce second Syndicat, proportionnellement à sa part dans le premier.

Il est entendu, d'ores et déjà, que le second Syndicat à envisager sera constitué sous la forme lyonnaise, c'est-à-dire que les syndicataires seront dégagés d'autant sur leur part syndicale par les placements qu'ils effectueront.

ART. 5. — Chaque membre du premier Syndicat a droit, par préférence. dans le second Syndicat de réalisation, à une participation égale à 30 0/0 de sa part dans le premier Syndicat.

Le soussigné. . . , après avoir pris connaissance du présent acte, déclare y adhérer pour une participation de

. . . . .

## II. — Syndicat de prise ferme et de placement à la parisienne

ARTICLE PREMIER. — Entre les adhérents au présent acte, il est formé un Syndicat ayant pour objet :

1° L'achat ferme au prix de 437 fr. 50, jouissance 1er mars 1912, de 15.000 obligations 5 0/0 de 500 francs de la Compagnie de. . . . , rapportant 25 francs par an, sous déduction des impôts français ;

2° La réalisation par voie de placement de ces obligations au prix de 462 fr. 50.

A partir du 1er avril les prix seront majorés des intérêts courus.

ART. 2. — La marge de 25 francs, entre les prix d'achat et de vente ci-dessus, déduction faite d'une commission de placement de 7 fr. 50 par titre, constituera le bénéfice des syndicataires et sera répartie entre eux au prorata de leur participation.

Le bénéfice syndical à envisager est donc de **17 fr. 50** par obligation garantie.

ART. 3. — Le Syndicat sera géré par la Banque X qui sera investie des pouvoirs les plus étendus pour la gestion du Syndicat et sa liquidation.

Art. 4. — Si les titres placés par le Syndicat revenaient sur le marché au-dessous du prix de vente pendant les trois mois qui suivraient leur livraison, la Banque X aurait le droit de réclamer la commission de placement aux banquiers qui auraient placé des titres.

Art. 5. — Si tous les titres faisant l'objet de la prise ferme n'étaient pas placés le 15 avril 1912, le solde serait réparti entre les participants, au prorata de la participation de chacun d'eux.

Art. 6. — Les membres du Syndicat ne pourront rétrocéder, sous quelque forme que ce soit, à des intermédiaires, une commission supérieure à 7 fr. 50 par titre. S'ils le faisaient, ils perdraient tout droit à leur bénéfice syndical sur la *totalité* de leur participation dans l'affaire et le gérant serait qualifié pour leur refuser le paiement dudit bénéfice syndical.

Art. 7. — Le Syndicat prendra fin par la réalisation de son objet et au plus tard le...

Toutefois, il pourrait être prorogé pour quelque raison que ce soit, sur décision du gérant.

En tout état de cause, la Banque X, gérante du Syndicat, conservera ses pouvoirs pour la clause prévue à l'article 4, jusqu'à l'expiration du délai qui est indiqué dans cette clause.

Après avoir pris connaissance du présent contrat, le soussigné. . . . . déclare y adhérer pour une participation de. . . . . obligations.

## III. — Syndicat de garantie et de réalisation éventuelle du solde implacé

EXPOSÉ :

Le Conseil d'Administration de la Compagnie.  . . . vient, en vertu de l'autorisation reçue de la dernière Assemblée Générale, de décider de porter son capital de 50 à 62 1/2 millions de francs par l'émission de **25.000** actions nouvelles de 500 francs nominal.

Conformément aux statuts, les 25.000 actions nouvelles sont réservées par préférence et à titre irréductible aux actionnaires actuels dans la proportion de **3** nouvelles pour 16 anciennes, et aux porteurs de parts de fondateur dans la proportion de une action nouvelle pour **4** parts.

Les actions nouvelles participeront à l'intégralité des bénéfices de l'année.  . . comme les actions anciennes, auxquelles elles seront assimilées.

Les actions nouvelles sont émises au prix de 575 francs payables : 200 francs en souscrivant, le reste sur appels du Conseil d'Administration avec faculté de libérer par anticipation.

La souscription sera ouverte du.  . . au.  . . 1921 au siège social de la compagnie.  . . . et chez les Banquiers de la Compagnie.

Art. 1. — En vue de la réalisation de cette augmentation de capital, il est formé un Syndicat, qui a pour objet la garantie de la souscription des 25.000 actions nouvelles spécifiées ci-dessus, la réalisation en commun de ceux de ces titres qui auraient dû être éventuellement souscrits du chef de cette garantie, ou rachetés en conformité de l'article 7.

Art. 2. — Les adhérents au présent acte participent sans solidarité entre eux et chacun à concurrence du nombre de titres qu'il indique au bas de la présente formule d'adhésion et dont il garantit la souscription.

Art. 3. — La Direction du Syndicat sera assurée par la Banque A et la Banque B qui disposeront, à cet effet, des pouvoirs les plus étendus. Elle fera notamment tous appels de fonds, procédera à toutes répartitions et fixera le prix de vente des actions à réaliser, s'il y a lieu.

Art. 4. — Le Syndicat recevra, en rémunération de la garantie qu'il donne, une commission de 15 francs par titre garanti.

Cette commission qui est nette de tous frais, sera bonifiée aux syndicataires dans un délai de huit jours après l'Assemblée qui aura vérifié la sincérité de la déclaration de souscription et de versement.

Art. 5. — Le Syndicat prendra fin par la réalisation de son objet, et, au plus tard, six mois après la date de l'Assemblée qui aura reconnu la sincérité de la présente augmentation de capital.

Art. 6. — L'acceptation des comptes du Syndicat, tels qu'ils seront présentés par la Direction, est obligatoire pour tous les participants.

Art. 7. — La Direction du Syndicat a la faculté d'acheter et vendre en Bourse des actions anciennes ou nouvelles pour les besoins du marché, cette faculté étant toutefois limitée de façon que le solde ne puisse excéder, en aucun cas, 2.500 titres, c'est-à-dire une proportion supérieure à 10 0/0 des actions faisant l'objet du présent Syndicat de garantie. .

Art. 8. — Le solde des titres qui, éventuellement, n'auraient pas été réalisés lors de la liquidation du Syndicat, serait réparti entre les participants au prorata de leurs engagements.

Il leur serait alors alloué, en sus de la commission de garantie sur le montant de ces actions, la commission de placement de 10 francs par titre appliqué.

Art. 9. — La Direction du Syndicat ne reconnait comme participants que ceux qui ont adhéré au présent acte au moment de la constitution. Elle reste étrangère à toute rétrocession éventuelle faite à des tiers.

Le soussigné... déclare adhérer au présent Syndicat dans les conditions ci-dessus visées, pour une participation de... titres.


## IV. — Syndicat de garantie et de placement à la Lyonnaise

Art. 1. — Il est formé entre les adhérents aux présentes un Syndicat ayant pour objet de garantir et de réaliser le placement de 23.500 obligations 5 0/0 net de 500 francs de la Société d'électricité de...

Ces obligations portent intérêt à 5 0/0 l'an, net de tous impôts français actuellement existants, et sont créées jouissance 15 mai.

Art. 2. — Le Syndicat garantit le placement des obligations au prix de 487 fr. 50 ; la commission de placement est fixée à 11 fr. 25 par titre de 500 francs. Le bénéfice syndical, tel qu'il résultera de l'arrêté des comptes sera, en fin d'opération, réparti entre les participants au prorata de leur participation.

Art. 3. — Les participants ne pourront rétrocéder aux intermédiaires une commission supérieure à 10 francs par titre, ni faire figurer les dites obligations sur une liste de valeurs à commissions, sous peine de perdre tous droits au bénéfice syndical sur la totalité de leur participation.

En outre du droit d'appliquer cette sanction, le gérant se réserve la faculté de racheter, pour compte des syndicataires qui auraient contrevenu aux dispositions du présent article, et de leur réappliquer les titres qui pourraient être offerts pendant la période de placement avec une commission supérieure à 10 francs.

ART. 4. — Le Syndicat sera géré par la Banque A qui sera investie des pouvoirs les plus étendus pour sa gestion et sa liquidation. Elle pourra notamment faire tous appels de fonds et procéder à des rachats de titres pour compte du Syndicat jusqu'à concurrence de 10 0/0 des titres vendus par lui.

L'acceptation des comptes du Syndicat, tels qu'ils seront présentés par le gérant, est obligatoire pour tous les participants.

ART. 5. — Si des titres placés par un syndicataire reviennent sur le marché, pendant la période de placement et pendant les trois mois qui suivraient, à un cours inférieur au prix d'émission, le gérant sera en droit de les racheter pour compte du participant qui les aura levés.

ART. 6. — Si, lors de l'arrêté du placement par le gérant, tous les titres pris ferme par le Syndicat n'étaient pas placés, le solde serait réparti entre les syndicataires au prorata de la part non placée par chacun d'eux sur le montant de sa participation. Les placements de chaque syndicataire le dégageront donc d'autant sur sa part syndicale.

ART. 7. — L'exécution du présent acte pourra être prorogée par le gérant dans le cas où des événements d'ordre

politique extérieur justifieraient cette mesure en provoquant une importante dépréciation sur l'ensemble du
marché.

ART. 8. — Le Syndicat prendra fin par la réalisation de
son objet et au plus tard le 15 juin 1913. Toutefois, il
pourra être prorogé sur simple décision du gérant.

En tout état de cause et pour l'application des sanc-
tions prévues aux articles 3, 4 et 5, le gérant conservera
ses pouvoirs jusqu'à l'expiration de tout délai de fonctionnement du Syndicat.

Le soussigné... après avoir pris connaissance du présent
contrat, déclare y adhérer pour une participation de ...
obligations.

## V. — Syndicat de garantie et de placement éventuel du solde appliqué, sans commission prévue

En exécution des décisions prises par l'Assemblée Générale des actionnaires de. . . tenue le. . . , le
capital de cette Société doit être porté prochainement de
frs : . . . à frs : . . . par la création de 50.000
actions nouvelles de 500 francs nominal à émettre au
prix de 750 francs, payables comme suit :

375 francs, soit le premier quart plus la prime, lors de
la souscription ; le solde, suivant décision du Conseil
d'Administration de la Société avec faculté pour les
anciens actionnaires de libérer leurs titres par anticipation.

Ces 50.000 actions nouvelles, créées jouissance de
l'exercice ayant commencé le 1er janvier 1921, seront
réservées à titre irréductible, aux porteurs d'actions

anciennes, à raison de deux actions nouvelles pour une action ancienne.

ART. 1er. — En vue de garantir la souscription, aux conditions indiquées ci-dessus, des 50.000 actions précitées, il est formé un Syndicat composé de :

Banque de . . . . . . . . pour X 0/0

et des banques suivantes :

$$\text{Groupe A} \left\{ \begin{array}{c} \cdots\cdots\cdots\cdots\cdots \\ \cdots\cdots\cdots\cdots\cdots \\ \cdots\cdots\cdots\cdots\cdots \end{array} \right\} \text{pour Y 0/0}$$

ces deux groupes agissant sans solidarité entre eux.

ART. 2. — Chacun des participants est intéressé dans ce groupement pour le nombre d'actions indiqué sur la présente formule d'adhésion.

ART. 3. — Sur les actions que les adhérents pourraient avoir éventuellement à souscrire du chef de leur garantie, il sera réservé ............ actions nouvelles pour le Conseil d'Administration de la Société ; le solde sera réalisé pour compte commun.

Chaque adhérent aura le droit d'exclure des ventes communes tout ou partie des actions qu'il pourrait être amené à souscrire, en raison de sa garantie (déduction faite de sa quote part dans les .......... actions nouvelles visées ci-dessus), mais il devra faire connaître son intention dans les 15 jours qui suivront la souscription qui serait effectuée éventuellement par le Syndicat.

ART. 4. — Le Syndicat n'aura droit à aucune commission du chef de sa garantie ; il sera géré par un Comité composé d'un délégué de la Banque de...... et d'un délégué du groupe A.

Ce Comité sera muni des pouvoirs les plus étendus, il règlera, notamment, les prix et conditions de réalisation des titres et autorisera les dépenses à engager dans l'intérêt commun.

Art. 5. — Les comptes seront tenus par la Banque de......... . ; l'acceptation de ces comptes sera obligatoire pour tous les membres du Syndicat.

Art. 6. — Le Syndicat prendra fin par la réalisation de son objet et, au plus tard, huit mois après la clôture de la souscription ; il pourra toutefois, être prorogé de trois mois sur simple décision du Comité de gestion.

Art. 7. — Les gérants du Syndicat ne reconnaissent comme participants que ceux qui y auront adhéré lors de la constitution ; ils restent étrangers à toute rétrocession éventuelle à des tiers et les conditions ci-dessus mentionnées obligent tous héritiers ou ayants-droit quelconques, s'il y a lieu.

Je soussigné :

Demeurant à :

Déclare adhérer au présent Syndicat pour une participation comprise dans la part du Groupe A, de..........  actions.

## VI. — Syndicat de régularisation du marché

Entre les participants aux présentes il est formé un syndicat en vue de la régularisation du marché des actions de la Banque X.

Art. 1er. — Le Syndicat est formé pour un montant de

........ actions de 500 francs capital nominal ainsi réparties :

. . .   .   .   .   .   .   .   .   .   .   .   .   .   .   .   .   .   .   .   .

.   .   .   .   .   .   .   .   .   .   .   .   .   .   .   .   .   .   .   .

.   .   .   .   .   .   .   .   .   .   .   .   .   .   .   .   .   .   .

Le Comité de direction du Syndicat aura la faculté d'admettre, s'il le juge opportun, tous adhérents nouveaux pour des parts syndicales dont il fixera l'importance, soit pour remplacer un ou plusieurs participants, soit pour augmenter le nombre total des .............. actions de 500 francs formant le montant du capital syndical actuel.

Art. 2. — Chacun des participants n'est engagé que pour le nombre d'actions pour lequel il adhère aux présentes conventions.

Art. 3. — Le Syndicat est géré par un Comité de deux membres pris parmi les syndicataires savoir :

La Banque X.
La Banque A.

Les gérants du Syndicat auront les pouvoirs les plus étendus notamment pour acheter et réaliser au mieux des intérêts des syndicataires les actions Banque X.... Pour ce faire, ils pourront faire tous appels de fonds et toutes répartitions.

Les appels de fonds qui pourraient être faits par les gérants devront être pour tous les syndicataires proportionnels à la part prise par chacun dans le Syndicat.

Art. 4. — La Banque X sera chargée d'exécuter et de centraliser les opérations et tiendra les comptes syndicaux.

Art. 5. — Le présent Syndicat est constitué pour une

durée de six mois à dater du .... juillet 1920, expirant le
.... janvier 1921. A cette dernière date, les gérants du
Syndicat auront qualité pour décider la prorogation du
Syndicat pour une nouvelle période de six mois.

Art. 6. — Lors de la liquidation du Syndicat les répartitions ou les attributions résultant de cette liquidation
seront opérées par les soins de la gérance entre les syndicataires, proportionnellement à la part prise par chacun d'eux.

Art. 7. — Lors de la liquidation du Syndicat chaque
participant sera tenu de lever la part des titres pouvant
éventuellement lui incomber du fait de son engagement
syndical et à en payer le prix.

Le soussigné ............................................ déclare
adhérer au Syndicat ci-dessus pour une participation de
....... actions.

# BIBLIOGRAPHIE


ALLIX (E.). — *Des reports dans les bourses de valeurs*. Paris, 1900.

BECQUÉ. — *L'internationalisation des capitaux*. Montpellier, 1912.

COLLAS. — *La Banque de Paris et des Pays-Bas*. Dijon, 1908.

COURCELLE-SENEUIL. — *Traité théorique et pratique des opérations de banque*, 11ᵉ édition revue par Liesse. Paris, 1919.

DOMERGUE. — *La question des Sociétés de crédit*. Paris, 1910.

FROBERT. — *L'orientation actuelle de l'activité des banques de dépôts*. Paris, 1903.

GERMAIN-MARTIN. — *Les problèmes du crédit en France*. 1919.

GUILLAUME. — *L'épargne française et les valeurs mobilières étrangères*. Paris, 1908.

HARISTOY. — *Le marché financier en France*. Paris, 1908.

HUART. — *L'organisation du crédit en France*. Paris, 1913.

KAUFMANN. — *La Banque en France*. Traduction Sacker. Paris, 1914.

LE ROY. — *Les syndicats d'émission*. Paris, 1914.

LIEFMANN. — *Beteiligung und Finanzierunggesellschaften*.

LYSIS. — *Contre l'oligarchie financière en France*. Paris, 1908.

MAYER. — *Le marché de Londres au point de vue de l'émission des valeurs mobilières*. Paris, 1913.

NEYMARCK. — *Finances contemporaines*. Tomes VI et VII : *L'épargne française et les valeurs mobilières* (1872-1910). Paris, 1911.

SAYOUS. — *Les banques de dépôts, les banques de crédit et les sociétés financières*. Paris, 1901.

TESTIS. — *Le rôle des établissements de crédit*. Paris, 1907.

THALLER. — *Les syndicats financiers d'émission*. *Annales de droit commercial*, 1911, p. 5 et 83 et brochure. Paris, 1910.

THÉRY (A.). — *Les grands établissements de crédit français avant, pendant et après la Guerre*. Paris, 1921.


25

*Rapports* de la commission extraparlementaire pour la réforme bancaire, instituée par le décret du 14 mai 1911.

*Rapports* Landry à la Chambre des députés sur le projet de loi pour l'organisation du crédit à la moyenne et à la petite industrie (loi du 13 mars 1917).

*Rapports aux Assemblées générales ordinaires et extraordinaires des diverses banques d'affaires, de 1900 à 1921.*

*L'Economiste Européen.*

*L'Economiste Français.*

*La France Economique et Financière.*

*Le Globe.*

*L'Information.*

*Le Pour et le Contre.*

*La Réforme économique.*

*La Revue économique et Financière.*

*La Revue Politique et Parlementaire.*

*La Vie Financière.*

# TABLE DES MATIÈRES

## INTRODUCTION



## PREMIÈRE PARTIE

## ÉTUDE GÉNÉRALE DES BANQUES D'AFFAIRES

## TROISIÈME PARTIE

### LES BANQUES D'AFFAIRES PENDANT LA GUERRE



## QUATRIÈME PARTIE

### LES BANQUES D'AFFAIRES APRÈS LA GUERRE.

## ANNEXES I

### *Tableaux statistiques*